破产法文库

总主编 王欣新

学术系列

个人破产的权利冲突与衡平

尤冰宁 著

RIGHT CONFLICTS AND EQUITY

IN PERSONAL BANKRUPTCY

法律出版社 LAW PRESS · CHINA

北京

图书在版编目(CIP)数据

个人破产的权利冲突与衡平 / 尤冰宁著. -- 北京 : 法律出版社, 2023

(破产法文库 / 王欣新总主编)

ISBN 978 - 7 - 5197 - 8408 - 9

Ⅰ. ①个… Ⅱ. ①尤… Ⅲ. ①个人 - 破产法 - 研究 - 中国 Ⅳ. ①D922.291.924

中国国家版本馆 CIP 数据核字(2023)第 188662 号

个人破产的权利冲突与衡平
GEREN POCHAN DE QUANLI CHONGTU YU HENGPING

尤冰宁 著

策划编辑 沈小英
责任编辑 毛镜澄
装帧设计 汪奇峰

出版发行 法律出版社
编辑统筹 法治与经济出版分社
责任校对 李慧艳
责任印制 吕亚莉
经　　销 新华书店

开本 710 毫米 × 1000 毫米　1/16
印张 16.75　**字数** 278 千
版本 2023 年 10 月第 1 版
印次 2023 年 10 月第 1 次印刷
印刷 固安华明印业有限公司

地址:北京市丰台区莲花池西里 7 号(100073)
网址:www.lawpress.com.cn
投稿邮箱:info@lawpress.com.cn
举报盗版邮箱:jbwq@lawpress.com.cn
销售电话:010 - 83938349
客服电话:010 - 83938350
咨询电话:010 - 63939796

书号:ISBN 978 - 7 - 5197 - 8408 - 9
定价:98.00 元

凡购买本社图书,如有印装错误,我社负责退换。电话:010 - 83938349

总　序

现代破产法融清算退出与挽救更生程序于一体，是警醒正常市场主体“向死而生”之法，是帮助困境企业“涅槃重生”之法，是促使失败企业“规范退出”之法。破产法律制度是市场经济法律体系不可或缺的重要组成部分，甚至被称为市场经济之“宪法”。市场经济社会的基本法则乃公平竞争、优胜劣汰。故，凡市场经济之法治国家，无不将破产法视为其法律体系不可或缺之重要组成部分，并将其作为评价一国市场经济地位和营商环境水准的重要标志。

中国自改革开放以来，高度重视营商环境建设。1986年12月2日第六届全国人民代表大会常务委员会审议通过了《中华人民共和国企业破产法（试行）》，于1988年11月1日起施行。2006年8月27日第十届全国人民代表大会常务委员会第二十三次会议审议通过了《中华人民共和国企业破产法》，自2007年6月1日起施行，《中华人民共和国企业破产法（试行）》同时废止。2013年11月《中共中央关于全面深化改革若干重大问题的决定》指出：“健全优胜劣汰市场化退出机制，完善企业破产制度。”2014年10月《中共中央关于全面推进依法治国若干重大问题的决定》指出：“社会主义市场经济本质上是法治经济。使市场在资源配置中起决定性作用和更好发挥政府作用,必须以保护产权、维护契约、统一市场、平等交换、公平竞争、有效监管为基本导向,完善社会主义市场经济法律制度。”2018 年 9 月第十三届全国人大常委会立法规划发布,《中华人民共和国企业破产法》的修订纳入立法规划,属于“需要抓紧工作、条件成熟时提请审议”的项目。2018 年 11 月中央全面深化改革委员会第五次会议审议通过了《加快完善市场主体退出制度改革方案》,将加快以破产法为核心的市场主体退出制度建立健全的步伐,以更好地服务供给侧结构性改革和营商环境优化建设。

我国破产法的历史虽然短暂,但也已走过了 30 余个春秋,《中华人民共和国企业破产法》及其司法解释构成了较为完整的破产法制度体系,全国各地各级法院组建了约 100 家破产审判庭,北京、上海、深圳三地更是在最高人民法院的批准下组建了破产法庭,破产审判的法治化、专业化建设取得了长足的进步,破产案件数量逐渐上升,破产法的理念、文化与制度规则也得到了更广泛的传播和认可。

破产法律制度的建立健全和破产审判的法治化、常态化推进,是市场经济可持续发展、营商环境优化建设的重要保障,市场经济之发展亦注定离不开破产法学研究之繁荣。中国人民大学破产法研究中心和北京市破产法学会自成立以来,始终坚持学术为本、理论联系实际和以问题为导向的研究理念,不遗余力地创办“中国破产法论坛”及其专题研讨会等权威交流平台,多年来持续编辑出版《破产法论坛》等图书,凝聚了中国破产法理论与实务界之顶尖研究力量,致力于破产法治事业之发展与进步,赢得了全体“破人”之赞誉与支持。

为进一步整合中国破产法理论界与实务界之研究力量,经与浙江省高级人民法院民四庭庭长章恒筑法官、中国人民大学破产法研究中心副主任郑志斌律师、中国人民大学破产法研究中心副主任兼秘书长徐阳光教授、法律出版社法治与经济出版分社社长沈小英编审反复商议,中国人民大学破产法研究中心、北京市破产法学会决定联合法律出版社创办“破产法文库”,面向国内外同仁开放。

“破产法文库”设置 5 个子系列,其中,学术系列希冀广纳中国学界高水准之破产法专著；译著系列拟推介域外之经典破产法文献与法典；论坛文集系列继续推出“中国破产法论坛”及其专题研讨会之优秀论文；实务系列侧重出版破产法实务经验总结之佳作；茶座系列则旨在分享破产法实施中的趣闻轶事以及破产法同仁办理破产案件的心得体会。

从历史上看，中国缺乏破产法文化传统与理论实务研究积淀。“破产法为一重要之法律，然学者研究之者，远不如研究民刑之法之夥；良以向者适用较少，兴趣遂减。”民国法学家吴传颐先生数十年前之感慨，仍让今人有现实之叹。而今，破产法的社会调整作用日益得到人们的认可与重视，破产法的研究也日益深入。破产法是一个综合性的法学领域，破产法治建设是我们共同的事业追求。但愿“破产法文库”之创办能够团结更多法学同仁来关注和研究破产法理论与实践之重点难点问题，并将自己高水平的研究成果纳入文库中出版，共同推动中国破产法学术之繁荣、立法之完善与司法之进步。

是为序！

*

2016 年 7 月 16 日撰写

2019 年 2 月 26 日修订

---

* 中国人民大学法学院教授、博士研究生导师，中国人民大学破产法研究中心主任，北京市破产法学会名誉会长。

序一　个人破产制度的价值再造

破产是市场经济主体在商品经济优胜劣汰竞争规律下必然发生的社会现象。个人破产制度作为概括性集体清理自然人债务的法律制度，是一国经济市场化、法治化发展到一定阶段的产物，其制度完善与否、实施情况如何，标志该国市场经济的成熟水准和营商环境的优劣程度。

个人破产立法的重要意义，在于其不仅是单纯一项破产法律制度，对个人债务人与债权人的正当权益会起到重要的保障作用，可以实现“促进竞争、鼓励创新、宽容失败、保障生存”的立法目的，而且还是我国在市场化、法治化、国际化方面全面推进的一项重大的政策，是对法律、经济与社会的深度改革、开放，是对市场经济体制及其法律体系的健全、完善，对营商环境的优化具有重要意义。个人破产立法的社会目的，还包括通过其对市场经济与社会全方位、多层次的调整，实现更广泛、深入的社会利益，这是我们在评价和进行个人破产立法时应当充分考虑的。个人破产的立法与实施将促进社会与经济的实质性进步，实现人民的法律与社会福祉，是我国深化改革开放必然且迟早要走出的重要一步。

随着社会与经济的发展,个人破产立法的社会需求日益凸显,立法也呼声愈加强烈。2018 年 10 月,时任最高人民法院院长周强在全国人大会议上的工作报告中提出,建立个人破产制度是畅通“执行不能”案件的退出路径。2019 年,十三部委联合发文,出台《加快完善市场主体退出制度改革方案》,将个人破产立法作为完善市场主体退出的一项重要改革措施。2020 年,国务院《关于新时代加快完善社会主义市场经济体制的意见》中提出了健全破产制度,推动个人破产立法的意见。2020 年 8 月 31 日,我国首部个人破产地方性法规《深圳经济特区个人破产条例》(以下简称《深圳条例》)出台,自 2021 年 3 月 1 日起施行。一些地方法院在最高人民法院的指导和支持下,通过个人债务清理的方式试点解决个人债务的公平清偿与困境挽救问题。建立个人破产制度,对我国改革开放以及市场经济持续深入发展将起到重要的调整与促进作用,具有重要、基础、广泛和深远的社会意义。

本书作者尤冰宁长期从事金融和破产审判工作,在书中以生产要素理论为基础,以权利冲突为视角,深入审视、研究个人破产问题,从制度的成本和收益的角度出发,站在国家治理层面,对个人破产制度的功能、运行机理、利益衡平机制进行探讨,提出一些颇具新意的看法,以期探索寻找一条适合中国国情的个人破产之路。

作者认为,如何解决债务人的逃债欺诈道德风险与社会性死亡是个人破产中的两大棘手难题,也是个人破产立法必须认真研究解决的关键问题。个人破产制度的目的在于解决权利冲突,衡平债权人和债务人之间的利益,打击逃债欺诈行为,进而实现社会利益并优化社会治理机制。如从制度收益的角度分析,个人破产权利冲突衡平的目标在于:实现债权公平清偿原则下的债权人收益的提升;清偿价值最大化原则下的债务人“重生”;高效原则下的社会整体效益优化。为此,要实现个人破产权利冲突的衡平应当有一个避免权利冲突、鼓励债务人进行信用自我修复的机制,并辅之以信用社会修复,才能彻底解决债务人的社会性死亡问题。

除导论和结语,本书共分六章,分别从个人破产权利冲突与衡平的基本原理、个人破产权利冲突与衡平的中国实践、个人破产权利冲突与衡平的域外实践、我国个人破产权利冲突的实体衡平机制、我国个人破产权利冲突的程序衡平机制、我国个人破产权利冲突衡平的信用机制，全方位、多角度探讨个人破产制度，并着重就以下方面提出个人的研究观点与成果。

第一，对个人破产运行机制的理论进行研究探索。本书以权利冲突为视角，基于利益衡平的角度，从理论上揭示了个人破产的本质是从利益平衡的角度系统性地解决债权人、债务人及国家之间的权利冲突。换言之，个人破产制度是多元论价值体系构建出的系统性冲突规则。利益冲突与衡平理论，明确提出了破产制度的价值及其排序，指出破产制度应当聚焦破产事实发生后的出清与恢复平衡。具体到个人破产，应当于每个个案中聚焦寻找能够最高效、最大化市场出清与恢复平衡的可用资源。显而易见，对于无力清偿债务的个人来说，在此过程中，往往所剩者仅劳动力而已，劳动力这个生产要素在多大程度上恢复其功能与价值，取决于制度设计和个人努力因素，将决定个人破产最终的价值，其实也决定了利益再平衡的最大实现程度。

作者从劳动力这个生产要素引出生产要素理论，同时揭示了个人破产法的独特品质——破产的目的在于恢复生产要素价值，然而生命无价，劳动者的劳动能力也是无价的。劳动力这种生产要素价值难以量化，所以个人破产程序必然带有人道主义底线的特性。一个有效率的个人破产制度不是轻易鼓励个人选择清算，而应鼓励个人再生重整。未来个人破产机制设计时，建立劳动力价值估值机制十分重要，否则可能会引起程序的滥用。生产要素理论的应用，对于后续个人破产立法中要不要借鉴“收入测试”制度，以及商主体、消费者破产是否分开立法，个人破产制度如何在我国推行将提供一定的理论支持。

对于个人破产背后理论多方位的深度研究，可以提供个人破产制度立法所需的理论指导。通过深入地研究和分析，可以揭示个人破产的本质、原因和影响，探索解决个人破产问题的理论框架和最佳实践。这些理论指导对于制定系统性、科学性和可行性的法律制度具有非常重要的意义。

第二，为个人破产制度的构建提出系统性建议。本书以问题解决为导向，采用实证分析的方法，通过对我国个人破产历史渊源和现状的考证，以及对个人破产的中国实践——深圳个人破产的立法与实践以及其他地方法院个人债务集中清理机制进行研究，分析我国个人破产面临的现实困境。作者从理论上揭示了个人债务清理试点机制的地方化对其实施存在的障碍，厘清个人破产立法中央化的性质，指出个人破产并不适合地方性立法。从国家层面出台适用于全国的个人破产法是稳定有序清理债权债务关系的前提，地方立法一定会面临制度不足的缺陷，统一破产立法已大势所趋。

在此基础上，作者通过比较分析个人破产制度在不同国家和地区的适应性，选取英、美、德、日等为样本，重点考察上述国家在个人破产立法上的发展，司法改革中存在的争议，以及司法改革对社会的影响，对其成效进行适应性分析。以实体权衡的逻辑进路，探讨域外个人破产的具体制度在解决权利冲突衡平问题上的理论证成和在我国可供考察的实践进路。最后，根据权利冲突衡平理论论证我国个人破产权利冲突的程序衡平机制的设置与优化，提出设立个人破产的前置审查过滤机制和个人破产的准入门槛设置，构建和解前置程序、破产简易程序和"执转破"的衔接程序。

第三，探索个人破产制度的社会协同配套机制。个人破产是一个社会性问题，其解决不能仅依靠破产法规定的各种庭内程序，还需要在个人破产法的基础支撑和原则指导下的各种组织实施机构和辅助机构的合力。本书主要从信用机制入手，将个人信用体系视为个人破产制度的重要配套制度，深入分析了两者良性衔接的可能性，提出从信用评价、失信惩戒、个人信息保护、信用恢复等方面加强我国信用制度建设，解决个人破产中的信息不对称以及债务人信用修复等问题，助力个人破产制度的顺利建设与实施。

个人信用机制提供了评估个人破产的依据和参考。信用评分和信用记录等信息可以帮助法院、债权人和利益相关方判断个人破产的真实性、严重程度和可行性，这对于决定是否启动破产程序以及如何处理破产案件非常重要。同时，个人信用机制对于破产后的信用恢复和重建非常重要。通过记录个人破产信息和相应的信用评分，可以帮助个人在破产后重新建立良好的信用记录和信用评级，这对于个人重新进入劳动力市场，再次获得借贷、租赁和其他金融服务等至关重要。

个人破产作为一个综合性的社会问题，其解决不能仅依靠破产法规定的各种法庭内程序，还需要在个人破产法的基础支撑和原则指导下通过多种法庭外债务清理制度共同解决。这不仅可以提高个人债务问题的解决效率，降低债务清理的社会成本以及对债务人的不良影响，有利于取得更加良好的社会效果，而且有助于改变民间存在的对个人破产的一些不当观念，引导舆论导向，加强对个人破产制度的社会宣传，辅助个人破产法的顺利实施。

市场经济与破产法存在有机互动的关系。从历史发展的整体角度看，两者经常是处于撕裂与弥合交替、相互促进、不断发展的进程中，这是市场经济的规律。虽然在对个人破产制度的探索中，可能由于种种原因出现暂时的停滞甚至倒退，但历史的发展趋势是无法从根本上改变的，破产法前进发展的脚步终究是不会停止的。

作者从经济与法律的视野，揭示了个人破产制度设计所面临的广泛问题和复杂的衡平规则，在当前有关个人破产的研究成果中具有一定的新意和创见。我相信本书的出版对读者尤其是破产法界的各位同仁，可以从多角度提供启发和借鉴，促进我国个人破产法的研究、立法与实施。

是为序。

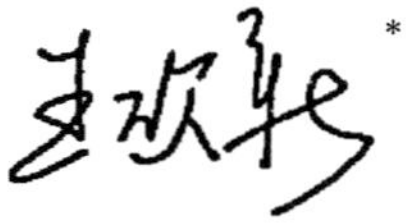*

2023 年 7 月 28 日

---

* 中国人民大学法学院教授、博士研究生导师，中国人民大学破产法研究中心主任，北京市破产法学会名誉会长。

序二　多元价值冲突中的个人破产

冰宁原是厦门市中级人民法院民二庭法官，有丰富的商事、金融、破产审判实务经验，多次立功受奖，曾荣获全国法院先进个人、福建省最美法官、厦门市审判业务专家等荣誉称号。她在工作实践中，一直勤于思考，笔耕不辍，读博期间，发表了多篇高质量的论文。本书从经济学的宏观视野与商法学的微观视角，融合经济学理论和法学理论进行交叉研究，让我欣喜地看到法学学科与其他学科交叉融合的一部新作。

义利之辨自春秋起而历久不衰。国人不断在前人论述的基础上推陈出新，找到它在每一个时代的切合点。法学人追求的公平与正义更多的是对“义”的坚持，而经济学又是一门研究“利”的学问。宋代文豪苏洵在《利者义之和论》中开门见山写道：“义者，所以宜天下……”何为“宜天下”？符合天下最大多数人的利益就叫“宜天下”。正是在此，本书的作者找到了个人破产中义利之平衡的突破口，并展开有益的系统性研究。

首先，运用生产要素理论对个人破产底层逻辑进行创新性解析。本书将生产要素理论这一经济学理论工具运用到个人破产法的立法价值研究中，更透彻地解释了个人破产法的运作机理。底层逻辑是人们在思考问题时的首个核心切入点,围绕核心切入点作出的决定才能与初心一致。个人破产的底层逻辑是什么?为什么要有个人破产?只有当我们搞清楚我们要通过个人破产实现什么目标,我们对个人破产制度的构建才能紧紧围绕这一目标展开,并得到正向回馈。作者从生产要素理论出发,厘清个人破产的制度价值,揭示了个人破产的底层逻辑是解放生产力,发展生产力。

个人破产起初是为了解决债权人债权的公平受偿问题。债务人的财产始终是处理破产最关注的核心问题。从各国处理个人破产的经验来看,债务人工作和创造未来收入的能力虽不是通常意义上的财产,却是债务人最具价值的财产。美国破产法中防止债务人"实质滥用"和对债务人的"经济状况审查"实际上都体现了对债务人价值创造的重视。作者从生产要素理论出发审视个人破产,提出劳动力作为一种生产要素,其经济意义在于人力资本既是一种资产,也是一种资本。个人破产就是关于失效的劳动力生产要素组合的市场出清与重构,其最终目标必然指向劳动力生产与配置的优化。作者应用生产要素理论解析了劳动者对未来价值创造的重要性,以及建立劳动力价值估值机制的必要性。

当我们关注劳动力价值时,个人破产的实质就顺理成章地呈现出来了,即让债务人摆脱债务的"奴役"。围绕劳动者—生产要素—价值创造的理念,在权利冲突的视野下,从利益博弈的角度出发,作者论证了个人破产制度的多元价值构成及个人破产制度在解决冲突过程中的制度收益,提出个人破产制度的最终目标是为了解放生产力并进而推动社会生产力的发展,其变革将不可避免地围绕这个目标加以开展。

其次,权利冲突理论对个人破产制度构建的具体应用。如何建立一整套既有利于债权人也有利于债务人利益保护的约束机制,进而促进社会整体利益的提升?本书将个人破产制度作为系统性冲突规则进行研究,从权利冲突的衡平理论来分析个人破产规则的重构,系统性地提出了构建个人破产的权利冲突衡平机制。

作者认为,个人破产的权利冲突存在于债权人、债务人、国家三者之间。债权人、债务人、国家的冲突则源于对个人破产制度作为权利冲突衡平机制的理解。个人破产制度实际是一个债务人与债权人风险共担机制,其背后强大的推动力是减轻未经监管的不良债务带来的消极系统性影响,规范债权人有关的各种利益，关注债务人的参与和生产力最大化的国内和国际利益。个人破产制度为系统性解决这些矛盾提供规则，以多元论价值体系构建冲突规则，在动态价值观的指引下，按照生存权优先、人身权优先、社会公共利益优先原则进行排序。

作者应用权利冲突理论分析认为，个人破产的权利冲突衡平机制包括冲突规则、实体衡平机制、程序衡平机制。个人破产权利冲突程序衡平机制从和解、重整程序的程序预防，防止权利冲突的形成，通过实践寻找调和解决权利冲突的最佳方案。个人破产权利冲突通过个人破产的三大核心制度——自由财产制度、免责制度、失权和复权制度进行实体衡平，以权利位阶确定目的正当性，通过比例原则在禁止不足和禁止过度限制之间寻找可接受的方案，最终实现个体正义与社会正义的衡平。同时，个人征信机制作为个人破产重要的辅助机制，从信息和信用两个端口，解决个人破产权利冲突衡平过程的信息确认和信用恢复问题。

总之，本书从交叉学科的视野对个人破产问题的观察，让读者看到法律研究不仅是法律技术问题，还涉及更多的政治、经济、社会的多元价值选择问题。本书涉及的内容范围较广。因此，如何把权利冲突理论和生产要素理论这一创新观点，更好地在立法、司法方面进行应用、对个人破产权利冲突与衡平制度设计的针对性、衔接性、可操作性进行细化，仍有进一步探索的必要。期待她对这些问题进行更深入的探索和研究，并产出新的研究成果。

冰宁博士《个人破产的权利冲突与衡平》一书纳入《破产法文库》即将付梓，作为她的老师，我感到十分欣慰。

是为之序。

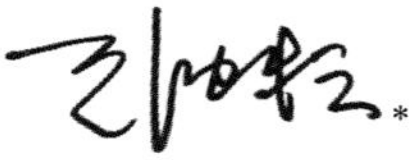*

2023 年 6 月 28 日于上海

* 华东政法大学教授、博士研究生导师，中国法学会经济学研究会副会长、中国法学会商法学研究会副会长、上海市法学会商法学研究会会长。

前　言

个人破产是自然人出现支付不能时对债权人进行集体清偿的制度。我国破产法因缺乏个人破产相关规定而有“半部破产法”之称。从全国各地法院对个人债务集中清理机制的探索到深圳个人破产地方立法的试点,我国个人破产地方立法及其实践已竞相开展。由于个人破产涉及权益复杂,亟须讨论与之相关的理论及实践问题。其中,“逃废债”与债务人的社会性死亡系个人破产两大棘手难题。如何建立一整套既有利于债权人也有利于债务人利益保护的约束机制,成为个人破产理论与实践亟须解决的问题。学者从市场出清理论、信用公平理论、人权保障理论、经济效用理论、利益冲突与平衡理论等各种角度探讨个人破产制度运行的理论基础,以及个人破产中存在的道德风险与欺诈和债务人社会性死亡问题的理论解决方案。本书以生产要素理论为基础,以权利冲突为视角,从制度的成本和收益的角度出发,站在国家治理层面,对个人破产制度的功能、运行机理、利益衡平机制进行探讨,以期探索出一条适合我国国情的个人破产之路。

第一章“个人破产权利冲突与衡平的基本原理”作为本书的中心,围绕“问题—目标—路径”的思路展开,重点解决什么是个人破产、个人破产存在何种权利冲突及负面效应、个人破产制度要达到的目标是什么、个人破产制度如何在衡平理念的指引下依据冲突规则实现这个目标等问题。

本章以利益博弈为视角,从“权利五要素”即利益、主张、资格、力量和自由的概念出发,阐述权利的本质是正当化的利益。利益冲突和价值冲突是权利冲突的实质。个人破产中的权利冲突从静态角度观察,主要有:债权人之间债权公平受偿权的冲突,债权人的清偿利益与债务人的人身、财产利益之间的冲突,债权人、债务人的个人利益与社会整体利益的冲突。在解决个人破产权利冲突的同时应关注个人破产的负面效应,强化债务人道德风险与欺诈的防范、债务人耻辱感的消除和信用恢复,防止债务人社会性死亡。

个人破产制度是由多元论价值体系构建的系统性冲突规则。个人破产制度从通过程序预防防止权利冲突的形成开始,到权利冲突形成之后通过实践调和寻找最佳解决方案,以权利位阶确定目的正当性,并通过比例原则寻找可接受方案,最终实现个体正义与社会正义的平衡。

个人破产制度的功能在于减少个人破产的社会成本,保障债权人公平受偿及清偿价值最大化,保护债务人的生存权和发展权,以“保护、激励、发展”促进债务人“重生”,通过制度引领生活,实现社会治理的有效控制,保障社会生产力的发展。其运行机理在于解决权利冲突,衡平债权人和债务人之间的利益,优化社会治理。从制度收益的角度分析,个人破产权利冲突的衡平目标在于:实现债权公平清偿原则下的债权人收益提升、清偿价值最大化原则下的债务人“重生”、高效原则下的社会整体效益优化。

第二章“个人破产权利冲突与衡平的中国实践”从我国个人破产探索过程中遇到的“瓶颈”及立法争议切入,在理论层面提炼个人破产在我国碰到的问题及成因。

本章采用实证分析的方式,通过对我国个人破产的历史和现状的考证,梳理个人破产中的争议问题,以及相关问题中出现的立场、价值观和法理基础。通过考察目前地方法院在个人债务清理机制方面的实践,检视个人债务清理机制。基于执行和解机制原理,个人破产冲突规则的构建应当在程序预防和实践调和上有所突破。由于强制执行程序缺乏债权统一清偿机制和债务人“重生”的制度安排,强制执行措施的失信联合惩戒无法取代个人破产的信用惩戒,个人债务集中清理机制实际上存在无法形成取代个人破产制度的体系性冲突规则的“瓶颈”。由我国个人破产地方立法《深圳条例》的实施情况可知,我国个人破产地方化立法存在障碍。究竟应当如何实现破产公平与破产保护?个人破产立法是一个系统性工程,需要权衡国家的司法成本,衡平个人破产的权利冲突,系统性解决债务人所有的法律关系和法律行为。

我国个人破产的现实困境是如何应对个人破产中的道德风险与欺诈和债务人的社会性死亡问题。个人破产过程是一个利益博弈和信息博弈的过程。个人破产存在诸多负面效应,即因个人破产滥用与个人破产欺诈产生的债务人利用个人破产“逃废债”的问题、因信息不对称产生的债务人精准画像的问题、进行信用破裂产生的债务人社会性死亡的问题。要解决上述问题,帮助债务人进行信任重建,建立个人破产的社会认同,实现破产利益最大化,一定要追根溯源,解决信息不对称问题,否则负面效应一定会通过其他程序外溢。因此,在个人破产的权利冲突衡平机制的设置上,如何提供一个信息对称的司法环境,实现对债务人的震慑和债权人参与程序的获得感,“让人民群众在每一个司法案件中感受到公平正义”是个人破产制度有效运行的关键。债务人的信任重建是债务人信用自我修复和社会修复的过程。个人破产权利冲突衡平机制应当有一个避免权利冲突、鼓励债务人进行信用自我修复的机制,并辅以信用的社会修复,才可以彻底解决债务人的社会性死亡问题。

第三章“个人破产权利冲突与衡平的域外实践”。个人破产制度安排涉及社会经济、政治变革、政党政治等问题,也涉及债权债务关系、信守承诺、个人责任、失败救济、家庭关系等公共价值观,涉及不同群体的价值取向或者立场。就制度供给安排中需要权衡的要素,本章围绕理念发展与价值认同、制度收益、衡平要素对个人破产的域外立法实践进行反思。

首先,利益衡平价值观的改变对个人破产制度变革的影响。以个人破产制度的历史沿革为进路,剖析域外个人破产基本理念及其演变过程:从以债权人为中心,强调公平清理债务,保证债权公平受偿的债权人保护主义;到强调对债务人提供社会保障，为诚实而不幸的债务人提供一种“重生”机会的债务人保护主义。通过历史的脉络，可以看到社会的发展对个人破产的制度需求和价值观念的改变，让我们重新思索现代个人破产中要达到的目标以及要坚守的原则。

其次，一国国情对个人破产立法的影响及相互作用。个人破产问题不仅是债权债务的经济问题，也是政治问题。个人破产制度对权利冲突控制的成本与收益，间接地通过市场和公共分配体制的形式予以传导。个人破产制度的变革在何种程度上以什么方式反映当代社会文化和政治的变迁？对此，不可能从单一的法学、经济学、社会学、政治学等学科内部观察，必须在不同学科交叉处予以观察。本章采用比较法分析的方法，以两大法系代表国家英国、美国、德国、日本为样本，重点考察上述国家在个人破产立法上的发展、司法改革中存在的争议、司法改革对社会的影响，对司法改革的成效进行适应性分析。就个人破产与生产力发展的关系、个人破产与信贷供应的关系，以及个人破产与创业之间的关联性，整体阐述个人破产对社会经济发展的影响。

通过总结域外个人破产制度从严格限制到结合本国国情调整立法松紧尺度的互相融合模式，可以看到个人破产制度的功能是处理破产而非预防破产。个人破产制度本身无法创造价值，但个人破产程序可以阻止债权人进行无效催收，防范债务人道德风险，通过债权人风险承担，防止沉没成本进一步产生。它通过制度设置保障债务人“重生”，实现生产力恢复，客观上有预期收益。预期收益是程序有效运行的结果，并非目标。预防破产应当有许多社会机制另行运作，因此，个人破产最重要的功能是保护而不是救济，救济只是破产保护的结果。它通过制度鼓励创业，建立适当的中长期估值机制，鼓励债权人负责任地放贷，重塑债权风险控制系统，对社会信贷供给发挥调节作用，从而在宏观上影响社会经济的发展。如何鼓励诚信破产，遏制个人破产中的道德风险，培育良好的偿债文化，消除债务人社会性死亡，帮助债务人“重生”，以达到债权人与债务人利益平衡，一直是个人破产立法变革的主线，也应当是未来个人破产的立法核心。

反思现代个人破产制度面临的困难和挑战，将为后续个人破产制度的本土化改良夯实理论基础、提供实践方案。中国现阶段因信贷消费者脆弱性引发的破产需求并不强烈,现阶段对社会冲击影响最大的是因企业破产产生的自然人连带责任担保债务问题。针对企业家群体强烈的破产需求,中国的个人破产制度着力点应在于商主体个人破产。具体的制度引入模式可以结合中国的国情,采取渐进式立法,放宽破产主体保护;从债权人、债务人权利冲突衡平机制入手,着力破产欺诈防治;在解决冲突的路径选择上设立繁简分流程序,鼓励重整、和解;加强信用机制等配套机制建设。在冲突的价值认同上淡化破产有罪观,内化破产不慎观,在社会范围内培育良好的偿债文化。

在上文对个人破产权利冲突与衡平的探讨、中国现状和问题的分析以及域外法考察的基础上,第四章至第六章将重点讨论我国个人破产制度中权利冲突衡平机制的引入模式及实现路径,围绕《深圳条例》的改进与优化,论证我国个人破产权利冲突衡平机制的立法实现。

第四章"我国个人破产权利冲突的实体衡平机制"的目标是对个人破产的三大实体制度提出本土化建议,以实体权衡的逻辑进路探讨自由财产制度中"重生"与滥用的博弈;免责制度设置中免责与欺诈的博弈;失权、复权制度中破产惩戒与信用修复的博弈,探讨域外个人破产的三大具体制度在解决权利冲突衡平问题上的理论证成。

我国自由财产制度的设置可以兼采概括式和列举式立法,对自由财产的标准适用比例原则,以债务人生活的最低限度保障、债务人重新起步的最低限度保障,同时对自由财产中具有专属性特定物的保留,以示对人格尊严的尊重。通过确定自由财产限额,解决自由财产设定过于宽泛的问题。

我国个人破产的破产免责制度可以采用许可免责模式,根据债权人放贷风险的分担机制、债务人投资机会均等的实质公平、社会整体福利增加的综合考量,对非市场背景债务进行免责例外设置,在适用比例原则解决债权人的清偿利益与债务人的财产权利冲突时可将清偿比例与免责挂钩,并对免责例外和不予免责的情形予以设定,对破产滥用和欺诈进行免责撤销,以解决破产"逃废债"的现实路径。

我国个人破产的失权、复权制度设置应就失权与复权的平衡,解决破产惩戒和信用修复的问题,为解决债务人社会性死亡提供制度支持。在个人破产权利冲突衡平中要权衡个人承诺的信守与破产公平的维护,人格减等与债权人利益补偿。复权制度对债务人社会信用的恢复等因素,可以采用当然失权和许可复权模式,并对权利限制范围和权利限制期限加以规定。

第五章“我国个人破产权利冲突的程序衡平机制”。个人破产是一个处理债务违约和信用修复的过程。根据权利冲突衡平规则,应当尽力防止权利冲突的形成,在冲突形成之后通过实践调和寻找最佳方案。因此,和解和重整程序实际上就是债务人努力弥补违约,进行信用自我修复的过程。只有上述程序无法实现债务处理的情况下,才启动清算程序。本章重点解决我国个人破产权利冲突的程序衡平机制设置。

首先,就道德风险与欺诈的防范问题,探讨是否设置收入测试等前置审查的甄别过滤机制,以及如何设定个人破产准入规则。通过严格个人破产准入规则,充分利用庭外债务清理机制,防止破产滥用与欺诈,解决债务人信息披露的真实性问题。

其次,就程序对权利冲突的预防,探讨和解前置和债务清理分流机制的可行性和必要性。从社会治理角度,探讨破产管理机构的行政职能分流,庭外债务分流机制的构建,提出建立具有中国特色的金融协同、民间调解组织协同以及破产预防机制的社会协同机制。

最后,就程序对权利冲突衡平的优化,探讨破产程序的优化。从效率与公平的角度入手,考察美国无产可破案件和德国无受托人债务免除程序,建立破产简易程序。建立“执转破”——执行与个人破产衔接机制,简化破产运行程序,提高运行效率,实现个人破产程序优化和实践调和的优化路径。

第六章“我国个人破产权利冲突衡平的信用机制”。信用机制作为个人破产的配套机制,在信息披露、信息核实和信用评价、信用恢复方面发挥重要作用,是个人破产权利冲突衡平机制不可缺少的配套机制。本章针对个人破产中信息不对称以及债务人信用破裂的修复问题,提出从信用评价、失信惩戒、个人信息保护、信用修复等方面加强我国信用机制建设。

首先,我国个人信用体系对个人破产权利冲突衡平机制起到重塑作用。

从信用和信息两个方面论述个人信用如何作用于个人破产权利冲突衡平机制,确保个人的"诚信"和个人破产程序的透明。利用信用评价和信息查询解决破产受理阶段的债务人信息披露问题,确保债权人的信息对称与破产公平。利用信用恢复机制解决债务人的复权,注意个人信息保护,加强反破产歧视,为重建信任、实现债务人"重生"创造条件。一个强大的信用体系能节约大量的破产成本,保障个人破产机制的顺利运行,实现个人破产的功能,达到个人破产的目的。其次,为解决个人破产的道德风险,我国应当对个人信用奖惩机制进行重构。我国现行的失信联合惩戒制度存在无差别对待及滥用的问题,致使现有的惩戒标准有失公允,设立个人破产的分级惩戒制度极具必要性。可以借鉴已有的立法和实践经验,对个人信用进行相应量化,设立失信分级惩戒机制。最后,针对我国现有的市场信用主体发展程度低,个人信息采集和个人信息利用存在较大随意性,对个人信息保护不周严的情况,提出建立以"政府部门的监管为主导,市场主体参与"的个人信用体系约束机制,重建个人信息保护机制。

结语"衡平:系统思维的艺术"。本书从生产要素理论对个人破产制度的论述,为理解个人破产法,理顺个人破产中债权人利益与债务人利益、社会公共利益三者关系提供了新的视角。在生产要素理论下,个人破产法的独特品性被揭示出来:破产的目的在于恢复生产要素价值,然而生命无价,劳动者的劳动能力也是无价的,劳动力这种生产要素价值难以量化,所以个人破产程序终止必然带有人道主义底线的特性。无论债权人公平感恢复与否,个人破产制度有义务保护任何人作为劳动者最基本的劳动权。在此意义上,个人破产要达到的目标是债权人公平清偿、债务人"重生"和社会效率提升。我国个人破产中权利冲突的衡平路径可以结合我国国情,从实体和程序设置上通过对债务人信息披露、破产惩戒,债务人自由财产设定,失权、复权,免责制度的设定加以调整。从社会治理角度,作为债务风险的"减压阀",个人破产制度可以通过制度引领生活,提高债权人、债务人的风险控制能力,进而整体推进社会稳定发展。

目 录

导　论

一、问题的提出

个人破产制度的本质，在于概括性地执行债务人的债务以使债权人受偿，并对未清偿债务予以免责，让经济上陷入困境之人得以"重生"，对于促进生产力的发展具有不可估量的制度价值。然而，制度是一把"双刃剑"。个人破产制度，一方面，保护了债务人，让一时失败的人可以有尊严地活下去；另一方面，也被部分债务人利用，恶意逃废债，最终由全社会兜底。《世界银行自然人破产问题处理报告》指出，一半以上的中等收入和低收入国家没有任何关于自然人破产的法律制度。即使拥有个人破产制度，也会由于各国设定的关于个人破产法律处理标准不同，而对国际金融稳定和经济发展及融资渠道产生一定的影响。因此，如何结合一国的实际需要构建一个既适合本国国情，又能与世界接轨的个人破产制度，营造一个良好的营商环境，以促进本国经济的发展，是一个国家在经济发展到一定阶段时，不可避免要面对的难题。

我国社会征信体系以及各种配套制度的不健全等原因，使我国立法机关在考虑是否引入该制度时始终采取谨慎态度。在2004年审议《企业破产法（草案）》

时,有关个人破产的立法建议并未被采纳。目前,个人破产制度有深圳等地进行地方试点立法探索。构建我国个人破产制度的必要性、可行性及立法的成本收益引发了广泛的争鸣。

随着我国经济高速发展,大众创新、万众创业,消费贷升级,创业者、企业家因投资或交易产生的个人负债无力清偿的局面,扩展为普通民众因消费升级而无法偿还贷款的局面。在司法实践中,许多无法执行的案件因为被执行人没有财产而搁置,执行难、"老赖"等问题不仅是强制执行的难题,更是全社会关注的热点问题。2018 年 10 月 24 日,时任最高人民法院院长周强向第十三届全国人大常委会第六次会议报告关于人民法院解决执行难工作情况时强调,建立个人破产制度是畅通执行不能案件的依法退出路径。2019 年 6 月 3 日,最高人民法院《关于深化执行改革健全解决执行难长效机制的意见——人民法院执行工作纲要(2019—2023)》明确指出,要开展与个人破产制度功能相当的试点工作,为建立个人破产制度打下实践基础。2019 年 6 月 22 日,国家发展改革委、最高人民法院等十三部委联合印发《加快完善市场主体退出制度改革方案》,明确分步推进建立自然人破产制度。该方案为我们清晰地描绘了个人破产制度在我国落地的"路线图"。

人是最重要的生产要素。生产要素理论从二元论到六元论,以及马克思主义理论都将劳动作为最重要的生产要素。无论生产要素理论如何变化和发展,人都是最重要的生产要素之一。2020 年 3 月 30 日,中共中央、国务院印发《关于构建更加完善的要素市场化配置体制机制的意见》,将土地、劳动力、资本、技术、数据作为五大生产要素,提出完善要素市场化配置,推动经济高质量发展。这是我国全方位推进要素市场化改革的纲领性文件。要素市场化改革要求破除阻碍要素自由流动的体制机制障碍,让五大生产要素充分公平自由地流动。这样才能让人才实现抱负,让一切生产要素活力竞相迸发,让一切创新创业源泉充分涌流。

2020 年 5 月 11 日,中共中央、国务院印发《关于新时代加快完善社会主义市场经济体制的意见》,要求"健全破产制度,改革完善企业破产法律制度,推动个人破产立法,建立健全金融机构市场化退出法规,实现市场主体有序退出”。2021 年 3 月 1 日,我国首部地方个人破产条例《深圳条例》开始实行。个人破产法的出台已然在司法、行政、立法部门中达成共识,并以地方立法的形式先试先行。然而,对于如何构建符合中国国情的个人破产制度,在畅通执行不能案件退出路径时,保障债权人合法权益,平衡债权人、债务人之间的利益,地方立法走向中央立法面临着“最后一公里”的困境,仍有待从理论和实践层面进行深入探讨。

《世界银行自然人破产问题处理报告》强调,个人破产制度中应注意个人破产中的对抗因素,加强道德风险的防范和债务人耻辱感的消除。个人破产在中国面临的现实困境是:如何解决信息不对称,给债务人精准画像,厘清“诚实而不幸”的债务人的范围;如何惩治利用破产制度“逃废债”现象;如何让债权人接受个人破产,避免债务人个人破产后社会性死亡等问题。围绕上述问题,本书拟从生产要素理论出发,以权利冲突为视角,从利益衡平的角度,站在国家治理层面,对个人破产制度的功能、目标、运行机理、方法路径和个人破产的权利冲突衡平机制进行探讨。具体而言,本书拟解决如下问题:(1)从理论上揭示个人破产制度的价值、目标以及运行机理;(2)从实证角度发掘个人破产在中国的现实困境;(3)寻找我国个人破产中权利冲突衡平机制及实现路径。

二、研究价值及意义

竞争优势是一国财富的源泉。良好的经营环境和支持性的制度是国家竞争力的来源。美国等商事法发达的国家,日益强调国内法体系的融洽一致,以实现法律规则的整体竞争效果。破产法作为国家立法竞争的重要环节,其完善与否,标志该国市场经济的成熟程度。个人破产法的作用并不局限于保护债权人受偿,其核心是对诚信债务人的救济,是解决生存与发展、个人利益与社会利益的平衡问题。化解个人破产中的权利冲突,实现个人破产法与部门法的协同,避免不同部门法之间的内在精神、规范结构乃至法律效果的断裂、分裂,提升我国商事法的“一揽子”竞争力,也是本书希望达到的一个目标。总体而言,本书的价值与意义体现在以下两方面。

（一）系统性的理论价值

本书以权利冲突为视角，从理论上揭示了个人破产的本质是从利益平衡的角度系统性地解决债权人、债务人及国家之间的权利冲突。本书从生产要素理论对个人破产制度的论述，为理解个人破产法，理顺个人破产中债权人利益、债务人利益与社会公共利益的关系提供了新的视角。在生产要素理论下，个人破产法的独特品性被揭示出来：破产的目的在于恢复生产要素价值，但由于生命无价，劳动者的劳动能力也是无价的，所以劳动力这种生产要素价值难以量化，致使个人破产程序终止必然带有人道主义底线特性。无论债权人公平感恢复与否，个人破产制度有义务保护任何人作为劳动者最基本的权利。在此意义上，个人破产要达到的目标是债权人公平清偿、债务人“重生”和社会效率提升。

（二）较高的实际应用价值

本书针对我国个人债务清理实践中存在的“逃废债”、债务人精准画像难和债务人社会性死亡的问题，从权利冲突理论的角度进行观察，提出我国个人破产首先要解决的是商主体破产的问题，其次才是消费者破产的问题；并结合我国民众将个人破产等同“逃废债”的现实国情，提出如果强迫债权人接受个人破产，必将造成负面效应外溢，对社会交易秩序和市场经济产生一定的影响，因此，我国目前不适合建立宽松的鼓励个人进行破产的制度，个人破产在我国必须循序渐进。从权利冲突解决路径上看，“冲突预防，实践调和”更具现实意义。我国个人破产制度的建立应考虑和解前置、庭外债务清理程序、社会协同和破产行政管理机制等多轨道的协同机制。同时，我国的个人征信机制可以从信用和信息两个端口对个人破产权利冲突的衡平予以辅助，并设立失信分级惩戒机制、个人信息保护和信用恢复机制，从而防止破产“逃废债”、恢复债务人信用。本着“实践是检验真理的唯一标准”的求真务实精神，本书立足从实践中来，到实践中去，具有较高的实际应用价值。

第一，时效性强。当前，个人破产制度受到各方高度关注，不仅国家发展改革委等十三部委联合印发推进个人破产制度的相关文件，而且江苏、山东、浙江、四川等地法院也在积极探索推进个人债务清理的试点工作，以此对个人破产法进行投石问路的立法探索。最高人民法院、地方人大均已进行了个人破产法的立法草案起草工作。其中,《深圳条例》已于2020年8月通过,并于2021年3月正式施行。由于各地面对的社会需求不同、实际问题不同、解决问题的目的不同,因此适用的主体以及采用的相关措施、方法当然也会有所不同。然而,地方法院试点的个人债务集中清理机制涉及管辖权、免责、失权、复权等一系列制度,如果将这些制度不加区分、简单地实行地方化,极易产生差异。是故,笔者认为,只有建立兼顾差异化的、中央化的个人破产制度,才能稳定有序地清理债权债务。在这样的背景下,本书率先从司法层面展开及时调研,加强研究内容、方案、对策的时效性。

第二,可操作性强。本书就目前法院系统对个人破产制度的探索和实践予以深入剖析,有利于及时纠偏。同时,调研论证个人征信机制和配套的破产行政协同机制的建立,能够为个人破产制度的设立扫清障碍。本书充分利用前人的研究成果,借鉴前人的有益方法和工具提升研究质量,有助于构建我国个人破产制度。

三、文献综述

(一)国内研究现状

个人破产制度对市场经济国家具有重要意义。在市场竞争优胜劣汰规律的作用下,个人破产已成为世界各国经济运行中的必然现象。个人破产制度能保护债权人的利益并给予债务人一个重新开始的机会,其作为一种司法制度,因不同国家的法律体系和文化传统观念的不同而各异。针对个人破产中的权利冲突与衡平,以及我国引入个人破产制度的现实意义和如何构建个人破产制度的问题,国内学者既有立足于全局的宏观讨论,也有着眼具体政策的微观论证。现简要归纳和述评如下:

1. 个人破产制度的功能定位与理论基础

我国学者对个人破产法的功能定位、立法目的极为重视。对个人破产法功能定位的不同见解,呈现了学者们对个人破产法理性状态的期待。关于个人破产法的功能定位,以下几个功能为学者所一致认同:公平保护债权人利益;给予债务人重新开始的机会;维护市场经济秩序。[①] 在此基础上,学者分别基于市场出清理论、信用公平理论、人权保障理论、经济效用理论、利益冲突与平衡理论等不同的理论角度提出各自的观点。

(1)市场出清理论。作为长期深耕破产领域的专家,中国政法大学李曙光教授一直认为,破产制度是资源的市场配置、公平竞争与优胜劣汰的核心。作为与市场经济最紧密相关的法律,破产法具有宪法意义。破产法为市场经济提供了统一、公平、可预期的市场规则和制度,完善并有效实施的破产制度可以充分发挥市场经济的替代法则和市场出清功效。[②]

(2)信用公平理论。信用是对交易者合法权益的维护与尊重。在经济生活中,信用不仅是一种资格和能力,也是一种资本和财富,还是一种公众可以共享的信息资源。应当建立信用标尺,保护债权人的利益,以市场出清理论和信用公平理论在宏观层面和微观层面指导个人破产制度的运行。[③] 作为确立现代立法理念的重要文件,英国《科克报告》[④]提出将个人破产制度纳入国家信用体系和金融基础设施建设。[⑤]

(3)人权保障理论。汤维建教授、许德风教授等学者认为,个人破产法是一项补救人性弱点的制度。现代个人破产法除保障债权人公平清偿外,还有一个主要功能就是对陷入困境的债务人进行破产救济和司法的强制保护,其是债务人的人道保护法。[⑥] 个人破产制度是否可行应以是否足以保护个人生存权益为标准。[⑦] "去人格化"地将劳动者的尊严、生计抛之脑后,只关注效率,

---

① 参见李永军:《破产法律制度》,中国法制出版社2000年版,第11~13页。

② 参见李曙光:《破产法的宪法性及市场经济价值》,载《北京大学学报(哲学社会科学版)》2019年第1期。

③ 参见刘冰:《论我国个人破产制度的构建》,载《中国法学》2019年第4期。

④ 英国政府于1977年1月27日任命了一个由肯尼斯·科克爵士担任主席的委员会,由其负责对英国当时的破产法及相关法律制度进行全面的审查评估。该委员会于1981年4月提交了最终报告。《科克报告》强调,破产问题的社会和金融含义以及债务人、债权人和社会三方面的利益,对英国破产立法、司法和学术研究具有重要价值,奠定了现行英国破产制度的根基。

⑤ 参见徐阳光:《英国个人破产与债务清理制度》,法律出版社2020年版,第42页。

⑥ 参见汤维建:《〈个人破产法〉的立法研究》,载《山东警察学院学报》2010年第5期;许德风:《破产法论——解释与功能比较的视角》,北京大学出版社2015年版,第520、532页。

⑦ 参见胡玲:《债务人生存权益视角下的我国个人破产立法研究》,中国法制出版社2014年版,第2页。

并不能实现个人破产法的功能。①

(4)经济效用理论。该理论强调个人破产制度具有维护经济和社会秩序,促进经济和社会持续发展的功能。王欣新教授提出,个人破产的立法目的是促进竞争、鼓励创新、宽容失败、保障生存。我国的个人破产法应从市场经济的理念和规律出发,溯本求源,符合我国市场经济理念和需求。②

齐砺杰教授等学者从金融维度的角度出发,探讨个人破产和金融稳定的关系,指出个人破产程序对银行呆坏账核销制度的意义是降低金融不良贷款总体催收成本,保障住房贷款整体安全,构筑社会经济风险的防火墙;强调个人破产法对整个现代经济和金融体系无可替代的重要作用。③ 也有学者从个人破产法的引入对民营企业发展的现实意义的角度,提出在当前民营企业融资难、融资贵的背景下,过分宽松的个人破产法将推高民营企业信贷壁垒。④易有禄教授、万文博创新地运用经济学分析方法对个人破产制度进行研究,从法经济学角度对个人破产进行分析,提出个人占有效用原理,即个人破产的经济学原理是"个人提前占有了一部分本不属于自己的效用水平"。⑤

(5)利益冲突与平衡理论。杨忠孝教授等学者对破产法的研究聚焦于破产程序中最复杂困难,也是最本质的问题——利益冲突及其协调。要解决破产程序中尖锐的利益冲突,需要对政策目标、价值导向、合理的平衡利益的方式进行明确,并对制度进行精致细密的设计。破产法的利益平衡机制是私法原则在破产法中的具体体现,包含整体利益优先、破产利益平衡与破产治理、破产程序中的利益调整规则。⑥

---

① 参见阎天:《破产法上劳动者形象的变迁及其宪法根源》,载《中国法律评论》2020 年第 6 期。

② 参见王欣新:《用市场经济的理念评价和指引个人破产法立法》,载《法律适用》2019 年第 11 期。

③ 参见齐砺杰:《个人破产的金融维度》,载《中国政法大学学报》2019 年第 4 期。

④ 参见蔡嘉炜:《个人破产立法与民营企业发展:价值与限度》,载《中国政法大学学报》2019 年第 4 期。

⑤ 易有禄、万文博:《个人破产的法经济学分析》,载《江西财经大学学报》2019 年第 5 期。

⑥ 参见杨忠孝:《破产法上的利益平衡问题研究》,北京大学出版社 2008 年版,第 2 页;丁文联:《破产程序中的政策目标与利益平衡》,法律出版社 2008 年版,第 2 页;丁燕:《现代个人破产法的基础、价值与选择》,载《上海政法学院学报》2021 年第 4 期。

邹海林教授则从破产法的制度价值入手，提出破产法的制度价值包括制度选择和价值排序。破产法的核心功能是保护债权人公平受偿和债务人“重生”，市场经济秩序的维护是核心功能的延伸。破产程序的目的在于给所有债权人的利益平等和均衡。破产法在本质上属于执行程序的范畴，系采用概括执行的形式，通过国家的公权力来解决不能清偿的债权债务问题，功能与民事诉讼法是一样的。破产主体是企业法人或自然人本质上没有差别。希望破产法能够杜绝自然人恶意逃债的行为，是间接模糊了破产法的功能。① 学者陈醇从死亡哲学的角度，将破产法视为破产主体提供的诊疗程序，并制订治疗方案，认为破产法区别于民法的最大差异，就是以系统性思维“一揽子”解决债务人相关的所有法律关系或法律行为，其实质是冲突规则。②

综上所述，李曙光教授的市场出清理论直接指向了资源配置这一根本目标，给出了破产的根本经济目的，开启国内以经济视角考察破产问题的先河，为笔者的思考与论证奠定了理论基础。刘冰的信用公平理论和齐砺杰教授、蔡嘉炜等学者的经济效用理论指向了健康金融市场的建设，但如果将资本作为生产要素的构成之一，那么，信用作为市场主体获得资本的能力的根本保证，实际上也是要素市场配置的一部分。更进一步地说，金融虽然并不直接指向传统的生产要素的配置，但它其实不过是要素配置的一种“润滑剂”和媒介，最终还是服务于生产要素的最优配置。从这个意义上而言，个人破产应当首先重视劳动力要素的恢复与最优配置。汤维建教授、许德风教授等学者的人权保障理论否定了破产中只注重效率的观点，但还是潜在地承认了破产中对效率的追求是正当的。该理论对人格保护的重视，实际上也是基于人或者说劳动者在社会生产中具有核心地位，不应当被简单地物化成为经济工具。当一个人无论是否在破产中被豁免债务都不能给予债权人利益时，对其进行人格追杀没有任何意义，反而在尊重其人格的基础上，恢复其作为劳动者应有的

① 参见邹海林：《破产法——程序理念与制度结构解析》，中国社会科学出版社2016年版，第48页。

② 参见陈醇：《破产法学习：死亡哲学、变量观念与系统重要性权利》，载微信公众号“商法原理重述”2020年4月15日，https://mp.weixin.qq.com/s/4IeUDeeN_fQyBG0d8BR-9w。

地位与活力,对整个社会都是积极的。王欣新等学者的经济效用理论也从市场或者说经济角度对破产制度进行考察,但似乎并未解决破产机制“到底带来了什么效用”的问题,也没能解决如何衡量破产带来的效用价值的量化问题,或者说没有提出效用价值高低的“标尺”,并且还是更多地集中于企业破产的研究。但这并不能否认他们的研究思路在个人破产,尤其是商主体破产制度研究中的借鉴意义。只有能实实在在地以可接受的代价,给社会总产出或总财富带来增长或是减少损失,才能证实其经济效用价值。从这一点上来看,以劳动要素价值最大化作为破产制度经济效用最大化的标尺,进而衡量、厘定个人破产案例中各方的权利义务平衡,才能够突出重点、直指核心。当其他人的合法利益已经无法通过债权的保留得以保证时,将破产人恢复为一个劳动者,就成为别人的情况没有变得更坏而社会变得更好的“帕累托改善”。在利益冲突与平衡理论中,邹海林教授明确提出了破产法的制度价值,其关于“不能给破产法增加任何额外的功能,个人破产中存在的实施困难,自然人的财产透明度的制度保障,自然人的逃债行为,超出了破产法的目的和作用范围……”的观点,暗合了日益淡化“破产有罪观”的趋势。

笔者十分赞同追究破产原因并非破产制度的职能这样的观点。破产制度应当聚焦如何在破产事实发生后出清与恢复平衡。具体到个人破产,应当于每个个案中,聚焦寻找能够最高效、最大化市场出清与恢复平衡的可用资源。显然,对于无力清偿债务的个人来说,在此过程中,所剩者无非劳动力而已。劳动力这个生产要素在多大程度上恢复其功能与价值,不仅决定了个人破产的最终价值,也决定了利益再平衡的最大实现程度。这正是笔者拟从生产要素理论寻找解决个人破产权利冲突衡平之道的缘由。

2. 衡平我国个人破产权利冲突的现实意义

针对我国个人破产制度立法空白的情况,1994 年 11 月,企业破产法修改组组长吴春生在“94 中国产权流动与破产实务研讨会”上提出“维持现状说”、“所有企业说”和“全部主体说”3 种观点。此后,能否在中国建立个人破产制度的话题开始受到民法理论界及实务界的关注,并在 20 世纪 90 年代和现行破产法制定实施前,形成两次论战高潮,但两次立法努力均因条件不成熟以失败告终。目前,从大量文献来看,结合国内地方立法和司法实践,学界对个人破产法在我国建立的必要性并不存在争议,皆认为个人破产制度是中国市场经济发展和法治建设完善的必要一环。执行难的很大一部分原因是个人破产制度的缺位,况且司法实践已为个人破产立法奠定了良好基础,应当尽快立法。①

3. 构建我国个人破产权利冲突衡平机制面临的诸多困境

自个人破产制度话题受到关注开始,我国便开始了对其所面临的困境的研究。20 世纪 90 年代末,全国人大常委会法工委曾从破产需求、制度土壤和破产监管的角度进行解释:一是我国的居民储蓄率较高,没有形成超前消费习惯,无个人破产的需求;二是我国信息化建设还不够完善,没有全国性财产登记制度和个人诚信体系,缺失个人破产制度推行的土壤;三是囿于我国金融体系的互联网经营尚未建立,很难监控个人破产的实施。这样的解释因我国 20 多年来的经济飞速发展已然不适用。但时至今日,我国仍未制定个人破产法,许多学者对这个问题进行了分析。一是个人破产理念尚未被接受。个人破产制度在我国发展面临传统文化的束缚,由于“父债子还”“欠债还钱,天经地义”等传统观念深入人心,人们会认为个人破产制度中的债务免除有悖公平。② 二是个人破产的制度土壤尚未成熟。社会信用体系欠佳及个人财产登记制度尚不完善是个人破产制度落地的阻碍。③ 三是个人破产案件太多,其中不乏“逃废债”以及滥诉的现象,法院将不堪重压。④ 学者普遍担心,超现实需求制定的个人破产法导致的破产滥用和破产欺诈,会使不良资产规模上升,加剧隐性债务关系的混乱。不可否认,这些情况都是可能出现的,但“两利相权取其重,两害相权取其轻”,在大家对制定个人破产法的必要性已无争议的情况下,学者面临的最大任务是寻找可行的方案。我们不能因噎废食,而应迎难而上,寻求

① 参见李曙光:《中国其实只有“半部破产法”》,载《商界(中国商业评论)》2007 年第 1 期;许德风:《论个人破产免责制度》,载《中外法学》2011 年第 4 期;倪寿明:《积极推动建立个人破产制度》,载《人民司法》2018 年第 31 期。

② 参见李宏伟:《我国构建个人破产制度的现实困境与法治对策》,载《中州学刊》2019 年第 11 期。

③ 参见张阳:《个人破产何以可能:溯源、证立与展望》,载《税务与经济》2019 年第 4 期。

④ 参见杨显滨、陈风润:《个人破产制度的中国式建构》,载《南京社会科学》2017 年第 4 期。

破局之策。

4. 构建符合我国国情的个人破产权利冲突衡平机制的破局之策

梳理这方面的研究成果,主要分以下几种类型:一是个人破产制度的整体构建。学界关于建立个人破产制度的研究,最早且最具影响力的研究是1995年汤维建教授发表的论文《关于建立我国的个人破产程序制度的构想》。我国第一本关于个人破产制度的专著是2006年文秀峰博士的《个人破产法律制度研究——兼论我国个人破产制度的构建》,该书提出应根据我国国情,选择和确立合适的立法理念进行制度构建。我国尚处市场经济初建时期,尚未形成崇尚契约神圣和所有权绝对的稳固的社会心理,信用缺失仍是影响经济发展的痼疾。我国所面临的问题并不是对债务人过于严苛,而是对债权保护不足。刘静教授的专著《个人破产制度研究——以中国的制度构建为中心》从个人破产制度的历史考察、变革与现状、必要性及可行性、立法规划、程序结构和特殊制度几个方面对中国个人破产制度提出立法构想。① 二是区分破产主体予以构建。例如,2008年殷慧芬的博士学位论文《消费者破产制度研究》和2013年卜璐的专著《消费者破产法律制度比较研究》从消费者破产的角度论证了我国消费者破产制度的构建。三是从权益保护类型谈个人破产制度的整体构建,如2014年胡玲的专著《债务人生存权益视角下的我国个人破产立法研究》等。②

总体而言,对于如同构建符合我国国情的个人破产冲突衡平机制的共识与担忧主要有以下3点:一是个人破产制度具有当前的债务分配制度所不具有的重建、预防和公平分配等功能。为此,在个人破产结构的安排上,可以以标准司法程序为基础程序,连同消费者破产程序、财产破产构成个人破产制度的三大主干程序,并且以合伙破产和住宅贷款清偿的特殊规则为辅助,以司法外

① 参见汤维建:《关于建立我国的个人破产程序制度的构想》(下),载《政法论坛》1995年第4期;文秀峰:《个人破产法律制度研究——兼论我国个人破产制度的构建》,中国人民公安大学出版社2006年版,第53、57页;刘静:《个人破产制度研究——以中国的制度构建为中心》,中国检察出版社2010年版。

② 参见殷慧芬:《消费者破产制度研究》,上海交通大学2008年博士学位论文;卜璐:《消费者破产法律制度比较研究》,武汉大学出版社2013年版;胡玲:《债务人生存权益视角下的我国个人破产立法研究》,中国法制出版社2014年版。

破产程序为有力补充,形成一个立体生动、切实可行的个人破产程序构架。二是鉴于眼下惩戒失信被执行人的措施越来越严苛,要强调个人破产制度的底线,确保个人破产制度在构建过程中不变形走样为诚实债务人的惩罚法。三是如何防止债务人滥用个人破产制度“逃废债”。①

5. 个人破产在我国的探索实践与争鸣

个人破产究其实质是概括地清理个人债权债务的司法程序,在个人破产制度未有立法的情况下,全国各地法院通过执行程序探索个人债务集中清理机制。2020 年 12 月,浙江省高级人民法院在《先行先试积极探索　稳妥推进债务清理——浙江高院关于个人债务集中清理(类个人破产)工作情况的调研报告》中指出,目前开展个人债务集中清理工作(类个人破产)面临债权人表决机制存在局限、对“逃废债”行为的管控亟须加强,以及债权人与债务人缺乏对个人债务清理机制的支持与配合,在实操中存在强制执行制度中的规则障碍等困难。但浙江法院仍通过府院联动机制平台,探索发挥政府相关部门在个人债务集中清理工作中的公共服务职能作用,如公职管理人、专项资金、财产信息查询、信用联合惩戒等。并且,浙江法院积极推动个人破产立法,针对实践中的问题加强研究,从而为个人破产立法提供充分的实践案例素材。②

个人债务清理机制究其实质仍是强制执行程序,该机制如何与个人破产衔接、能否取代个人破产程序也为学者所关注。赵万一教授、高达指出,作为个人破产替代性制度——参与分配制度自身存在的缺陷与不足,无论在效力层次还是实施效果上都有较大差距。③ 强制执行乃是个别执行而非概括执行,

---

① 参见袁佩如、尚黎阳:《个人破产要来了吗? 李曙光:这是共同富裕的底层制度》,载《南方日报》2021 年 9 月 1 日;孙颖:《论我国个人破产法律制度的构建》,载《现代法学》2006 年第 3 期;王之洲:《个人破产法制之比较研究:现代化改革、运作机理与滥用规制》,上海交通大学 2011 年硕士学位论文;陈夏红:《个人破产制度,如何防止沦为逃债工具》,载《民主与法制》2019 年第 29 期;欧元捷:《论个人破产建构的中国逻辑——以破产与免债的界分为起点》,载《山东社会科学》2020 年第 3 期;徐阳光:《个人破产免责的理论基础与规范构建》,载《中国法学》2021 年第 4 期。

② 参见浙江省高级人民法院:《先行先试积极探索　稳妥推进债务清理——浙江高院关于个人债务集中清理(类个人破产)工作情况的调研报告》,载《人民法院报》2020 年 12 月 24 日,第 8 版。

③ 参见赵万一、高达:《论我国个人破产制度的构建》,载《法商研究》2014 年第 3 期。

不宜由执行法院主持类似破产清算的财产分配;概括执行优先于个别执行,但现行的“执转破”制度缺乏实效性,应予重新审视。① 民事执行程序不能真正取代个人破产制度。②

2021 年 3 月 1 日,作为我国个人破产地方立法的破冰之举——《深圳条例》正式施行。2021 年 7 月 19 日,深圳审结全国首例个人破产案,引起了社会的极大关注。如何客观地评价《深圳条例》?《深圳条例》的起草者——深圳市中级人民法院破产法庭庭长白田甜指出,《深圳条例》将商自然人和消费者破产均纳入其中,立法目的兼顾了救济贫困与促进经济发展双重价值。《深圳条例》最大的贡献是收录了设立破产管理机构及规定其职责的相关条文,并将破产信息公开和登记制度从简单的信息化办案发展为独立且重要的破产配套保障机制。但《深圳条例》仍存在许多宏观和微观的问题尚未厘清,如过度投资和消费行为是否应予保护、债权人申请权、个人破产原因的界定、偿债能力测试、个人破产与执行程序的衔接问题等。③ 对于地方立法如何上升为中央立法,有学者认为,下一步应着重关注:如何以诚信、负责的理念构建个人破产制度,进而制定统一的个人破产法;是否针对不同类型的主体设计适当的程序规则,增强程序的可适性,实现程序间的合理转换;对自由财产的处理、失权与复权制度与婚姻法的衔接、破产事务管理部门与法院之间的合理分工等,不仅应当体现个人破产制度对负债的清偿、诚信的激励,也应当为制度的执行留下一定的裁量空间。④

(二)域外研究现状

个人破产制度的安排往往与一国的社会经济及政治变革有密切联系。个人破产制度伴随资本主义经济的发展而历经变迁。随着时代的变化,各国关于个人破产的立法不断修改,各国学者也在不断反思改革的成效,无论从实体

---

① 参见雷运龙:《强制执行之基本定位》,载《民事程序法研究》2016 年第 2 期。

② 参见刘恒:《执行视角下的个人破产制度研究》,载《社会科学动态》2019 年第 5 期。

③ 参见白田甜:《个人破产立法中的争议与抉择——以〈深圳经济特区个人破产条例〉为例》,载《中国人民大学学报》2021 年第 5 期。

④ 参见张玉燕、张文越:《个人破产立法的展望与优化——基于对〈深圳经济特区个人破产条例〉的思考》,载《西部金融》2021 年第 2 期。

上还是从程序上对于个人破产制度的研究成果都非常显著。极具参考价值的有如下译著:英国学者费奥娜·托米(Fiona Tolmie)所著的《英国公司和个人破产法》对英国破产法的结构、历史、制度运行进行了详细介绍。英国学者伊恩·拉姆齐(Iain Ramsay)所著的《21世纪个人破产法——美国和欧洲比较研究》检视了1979年以来美国和欧洲的个人破产立法的政治与制度变迁,从历史比较的角度分析了社会变化和内生法律发展所引致的政策改变,探讨了一国社会经济条件、利益集团、文化价值或法律渊源对个人破产处理模式差异的影响。[①] 美国学者大卫·G.爱泼斯坦(David G. Epstein)所著的《美国破产法》和查尔斯·J.泰步所著的(Charles J. Tabb)《美国破产法新论》,对美国破产法的运行现状进行了介绍,并通过对问题作出解释的新型研究风格,解释了个人破产的基本概念、术语和案例应用。美国学者小戴维·A.斯基尔(David A. Skeel Jr.)所著的《债务的世界:美国破产法史》详细介绍了美国破产法的历次变革和成因,为我们了解美国破产法的历史打开一扇窗。日本学者石川明所著的《日本破产法》是关于日本破产法的标准教科书,通过对此书的阅读可以了解日本破产法对个人的破产能力、破产免责、复权制度的规定。[②] 德国学者莱因哈德·波克(Reinhard Bork)所著的《德国破产法导论》和乌尔里希·福尔斯特(Ulrich Foerste)所著的《德国破产法》,对德国破产程序的运行作出了逐一介绍,同时还对个人破产法领域相关争议性问题进行了阐述和评论,[③]为快速全面了解德国破产制度打开方便之门。

1.个人破产的功能

对于个人破产的功能,学术界有过大规模的争论。以罗切斯特大学法学院教授托马斯·H.杰克逊(Thomas H. Jackson)(1986年)为首的学者认为,破产法应更加具有限制性:“破产法的目的是清收债务,为协调债权人的请求权,

---

① 参见[英]伊恩·拉姆齐:《21世纪个人破产法——美国和欧洲比较研究》,刘静译,法律出版社2021年版,第2页。

② 参见[日]石川明:《日本破产法》,何勤华、周桂秋译,中国法制出版社2000年版,第29~33、244~248页。

③ 参见[德]莱因哈德·波克:《德国破产法导论》(第6版),王艳柯译,北京大学出版社2014年版,第8~9页。

以增进债务人财产的价值。破产法应该保证全体请求权人至少能够获得他们通过各自主张权利的措施所能够得到的保障的总和。"①伊利诺伊大学厄巴纳－香槟分校法学教授查尔斯·J. 泰步(1995 年)也认为,"破产清算具有两个方面的独立目标:债务人的救济和债权人的公平对待,后面一方面更接近破产案件的核心"。② 与之相对,以哈佛大学法学院教授伊丽莎白·沃伦(Elizabeth Warren)(1987 年)为首的学者则认为,破产法"旨在提供一个可以对所有利益进行权衡的平台"。③

美国学者罗伯特·J. 兰迪(Robert J. Landry)在《美国消费者破产改革 10 年后:希望渺茫和公平的十年》中认为,个人破产的哲学基础是希望和公平。④美国杜克大学法学教授约翰·C. 维斯特(John C. Weistart)在《破产的成本》一文中指出,研究破产程序应当追问,为什么破产,国家在调整源自私人合同的关系中应该扮演什么角色,国家在保护公民不受债权人越权侵害方面应该发挥什么作用,国家在破产系统的管理中应该发挥什么核心作用,个人破产体系应该承担的救济程序是什么。⑤

无独有偶,其他国家对个人破产的功能的认识也有同样的对立。德国汉堡大学法学院前院长莱因哈德·波克(Reinhard Bork)(2012 年)认为破产程序的目的便是对债务人的债权人的共同清偿。⑥ 日本一桥大学法学院教授山本和彦(2003 年)认为,个人破产制度不仅仅具有人道上的意义,其更重要的价值在于,为自然人准备好败者复活的制度框架,为经济的复苏和社会的获利构建

---

① Thomas H. Jackson, Douglas Baird, *The Logic and Limits of Bankruptcy Law*, Harvard University Press,1986, p. 5.

② [美]查尔斯·J. 泰步:《美国破产法新论》,韩长印、何欢、王之洲译,中国政法大学出版社 2017 年版,第 3 页。

③ Teresa Sullivan, Elizabeth Warren & Jay Lawrence, *As We Forgive Our Debtors*, Beard Books 1999.

④ See Robert J. Landry, *Ten Years after Consumer Bankruptcy Reform in the United States: A Decade of Diminishing Hope and Fairness*, Catholic University Law Review, Volume 65, p. 693 (2015).

⑤ See John C. Weistart, *The costs of bankruptcy*, Law and Contemporary Problems, Vol. 41: No. 4, p. 107(1977).

⑥ 参见[德]莱因哈德·波克:《德国破产法导论》,王艳柯译,北京大学出版社 2014 年版,第 1 页。

基本制度保障。①

2. 个人破产的权利冲突与衡平

围绕个人破产的权利冲突与衡平问题,英国学者费奥娜·托米(2003年)在《英国公司和个人破产法》中提出,现代破产法的本质乃是对债权人、债务人以及社会公共利益之间的关系和利益的平衡,破产法的拯救文化和维持公众对破产法的底线信赖感是破产立法应关注的永恒话题。② 美国宾夕法尼亚大学法学院教授小戴维·A. 斯基尔(2001年)在《债务的世界:美国破产法史》中介绍了美国破产法历史和现行破产法框架,以及破产法如何在适应商业和科技领域变革的同时,历经数次修改,将债权人、亲债务人主义和破产专业人员各派势力容纳其中,相关各方的利益博弈过程及对斗争结果的影响。③ 德国奥斯纳布吕克大学乌尔里希·福尔斯特教授(2020年)在《德国破产法》中指出,平衡债权人和债务人的利益要受限于按份清偿,是因为债务人处于危机时缺乏操控能力,所有债权人可能通过设立债权、追诉及实施债权影响到破产,这也必然影响债务人的财产和责任关系。立法者不允许债权人通过快速行动获得任何好处。余债免除是为了避免债务人一生纠缠于"现代的债台高筑"。为逃避扣押威胁,许多债务人不得已以"打黑工"等方式生活,有孩子的家庭更是深受其害。出于对债务人人格尊严的保护和对债权人已成立的请求权的干预,应在合宪的范围内进行解释,并排除滥用余债免除。④

鉴于域外个人破产领域已有较成熟的实践经验,许多学者开始从法律以外不同的角度研究该问题,包括法社会学及政治的视角。美国学者埃里克·波斯纳(Eric Posner)在一篇关于1978年《美国破产法典》(Bankruptcy Code)的

---

① 参见[日]山本和彦:《日本倒产处理法入门》,金春等译,法律出版社2016年版,第3页。

② 参见[英]费奥娜·托米:《英国公司和个人破产法》,汤维建、刘静译,北京大学出版社2010年版,第4~5页。

③ 参见[美]小戴维·A. 斯基尔:《债务的世界:美国破产法史》,赵炳昊译,中国法制出版社2010年版,第1~5页。

④ 参见[德]乌尔里希·福尔斯特:《德国破产法》,张宇晖译,中国法制出版社2020年版,第10、285~287页。

文章开头写道："详细分析政治因素对破产法的影响意义重大。"①美国学者泰德·J. 兹维基(Todd J. Zywicki)认为,将破产归入关于个人责任、道德的社会意识形态框架,改变了关于破产的政治平衡。②

3. 个人破产的社会影响

法经济学的鼻祖理查德·艾伦·波斯纳(Richard Allen Posner)认为,个人破产让个人获得了重新开始的机会,无论是消费破产还是经营破产,个人破产都为个人提供了保险,并节约了司法成本。但要注意个人破产法会产生财富再分配效应,将财富从债权人向债务人分配,从审慎的债务人向轻率的债务人分配。个人破产会对借款利率造成影响,要避免陷入利率和违约率双提高的恶性循环。③ 其一,个人破产严格与否对于创业者有较大的影响。美国学者杰里·贝尔科维奇(Jeremy Berkowitz)和米歇尔·怀特(Michelle White)(2004年)发现在美国豁免财产较多的州的创业者更难获得融资。④ 英国约翰·阿默(John Armour)(2008 年)推断出在个人破产"宽恕"程度较少的国家,人们成为企业家的可能性较小。⑤ 韩国学者白庸旭(Paik Yongwook)(2013 年)发现在2005 年美国破产改革法案(The Bankruptcy Reform Act of 2005)之后,因为该法案使申请第七章破产的难度增加,个人在非法人企业中成为自营职业者的可能性下降。⑥ 其二,个人破产对社会劳动力的影响。美国学者大卫·K. 马斯托(David K. Musto)(2002 年)发现,但破产仍保留在信用记录中,个人获得借

---

① Eric Posner, *The Political Economy of the Bankruptcy Reform Act of* 1978, Michigan Law Review, Vol. 96, p. 47(1997).

② See Todd J. Zywicki, *The Past, Present, and Future of Bankruptcy Law in America*, Michigan Law Review, Vol. 101, p. 2016(2003).

③ [美]理查德·艾伦·波斯纳:《法律的经济分析》,蒋北译,法律出版社 2012 年版,第 224 页。转引自田季煌:《关于个人破产,波斯纳让我们思考什么?》,载微信公众号"个人破产法研讨"2022 年 1 月 19 日,https://mp.weixin.qq.com/s/Yp9c1S8hB-uGI5Lw5cieGg。

④ See Jeremy Berkowitz, Michelle White, *Bankruptcy and Small Firms' Access to Credit*, The RAND Journal of Economics, Vol. 35, p. 69(2004).

⑤ See John Armour, *Personal Insolvency Law and the Demand for Venture Capital*, European Business Organization Law Review, Vol. 5, p. 87(2004).

⑥ See Paik Yongwook, *The Bankruptcy Reform Act of* 2005 *and Entrepreneurial Activity*, Journal of Economics & Management Strategy, Vol. 22, p. 259(2013).

款的机会非常有限。[①] 其三,个人破产对消费者信贷需求的影响。前述美国学者雷思特·格罗普、约翰·卡尔·肖尔茨、米歇尔·怀特(1997 年)认为,宽松的破产豁免通过提供部分消费保险增加了消费者的信贷需求,但却导致贷款人通过增加违约率来减少信贷供应。[②] 前述德国学者乌尔里希·福尔斯特也提出,余债免除的利益似乎非常大,但实际受益者是大量完全不可供劳动力市场使用的债务人。[③]

英国学者伊恩·拉姆齐(2021 年)通过对美国和欧洲的个人破产法进行比较研究后发现,当经济增长依赖中低收入者通过信贷资金增加支出时,这种经济模式可能导致持续的经济危机和债务累积,个人破产法是这种经济模式不可或缺的组成部分。对于个人破产制度是否能真正实现让债务人重新开始的目标的研究虽然少之又少,但仍存在两种不同的研究结论:一种认为很多债务人并未实现重新开始的目标,破产制度仅为 1/3 的债务人提供了有效援助,无法提供整体有效的救济。另一种认为和被驳回破产保护申请的债务人相比,被批准破产的债务人的财务状况明显更好,破产保护能够激励个人重返工作,增强经济稳定性。同时,个人破产法在非法律制裁领域如不良信用评分、信用评级和征信报告上发挥重要的社会控制功能。[④]

综观上述各种学术观点,域外学者对个人破产的功能虽存在各种各样的分歧,但几乎都承认破产对债务人的保护与救济功能,其核心问题在于对个人破产的实质即个人破产制度目标认识上的差异。其中,美国学者托马斯·H.杰克逊明确提出"增进债务人的财产价值",这不由得让我们思索,一贫如洗的破产自然人还剩下什么样的财产?除保证基本生活的生活资料外,就只剩下劳动力了,也只有劳动力具备大的增值空间,其实质是劳动力价值的恢复。虽

① See David K. Musto, *What Happens When Information Leaves a Market? Evidence from Postbankruptcy Consumers*, Journal of Busines, Vol. 77, p. 725(2004).

② Reint Gropp, John Karl Scholz, Michelle White. ,*Personal Bankruptcy and Credit Supply and Demand*, The Quarterly Journal of Economics, Vol. 112, p. 217 (1997).

③ 参见[德]乌尔里希·福尔斯特:《德国破产法》,张宇晖译,中国法制出版社 2020 年版,第 287 页。

④ 参见[英]伊恩·拉姆齐:《21 世纪个人破产法:美国和欧洲比较研究》,刘静译,法律出版社 2021 年版,第 340 ~ 346 页。

然商主体自然人破产情况更复杂一些，但走到破产地步时，其经营性的财产已基本灭失或者远低于其经营性负债，实际上处于事实死亡的状态，唯有与人的生存密不可分的劳动力不会灭失，只是因为债务压力无法发挥其应有的作用。败者“重生”，在现实中主要还是劳动力要素的“重生”。如果“重生”效果良好，白手起家，重建一个具有重大价值的商主体也不是梦想，贾跃亭便是一个例证。

个人破产除经济考量外，还有政治、文化、法律渊源等各种社会因素的考量。根据马克思主义理论中“经济基础决定上层建筑”的理论，即使是政治考量，也是为了维护特定阶级的经济利益。笔者旨在提出个人破产制度安排最核心的目标或功能，其他的目标应当服从于它，只能根据具体实际情况加以必要的协调与平衡，但不能伤及各相关方，最终实现全社会根本利益最大化或者优化这个总体目标。人的价值观、正义观、公平感等意识形态上的东西，最终是随着生产力的发展和生产关系的演进而不断变化的。因此，未来个人破产制度在设计上既要兼顾现实，更重要的是，要准确把握社会发展的阶段和未来变化趋势，使之具备前瞻性。符合社会最根本的长期经济利益，应当成为各种权利冲突与衡平过程中牢牢坚守的基本准则。域外经验的考察是为了让我们对我国个人破产何去何从有一个更清醒的认识。

(三)域内外研究小结

综上所述，笔者通过研读个人破产制度研究的专著和论文，将我国对个人破产的权利冲突与衡平的研究现状概括为如下几点：

(1)国内学者对于个人破产制度的必要性持一致认同态度。随着我国经济的发展，构建个人破产制度的条件已日趋成熟。需要立足当下，着眼未来，从宏观角度定位个人破产制度的应然位置，审慎评估个人破产制度对我国现有法律体系带来的冲击。

(2)如今国内个人破产制度面临的难题主要集中在债务人利用破产制度“逃废债”和民众的破产意识尚未建立、个人征信体系不够完善及社会保障体系不够完善。

(3)各国构建个人破产法的机理要素中确有许多对我国有借鉴意义，但具体哪些得以形成我国个人破产法的必要基础？各国个人破产法改革发展中的问题，有哪些经验教训值得吸取？相较详细分析我国建立个人破产制度的基础和条件是否已经达到个人破产制度发达国家的水平，上述问题更具现实意义和挑战性。

(4)大多数学者侧重对个人破产制度具体内容的讨论，但对支撑个人破产制度运行机制背后的理论及与经济的相互作用鲜有深入论述，对国际上代表性国家的免责路径具体规则、保障措施的设计和各方立法取舍的论证分析较少。

(5)学者对于个人破产制度在我国的建设多从宏观的角度论证，鲜有微观落地考证和案例研究支持。如何根据我国的实际国情及现实状况对个人破产制度的构建进行实证研究仍有待探索。此外，国内现有研究对于个人破产的道德风险和债务人社会性死亡的研究涉足较少。

本书将针对以上研究空白区域展开论述。由于个人破产法实质上提供的是权利冲突的衡平机制，所以本书从冲突规则的深层次内涵入手，从理论上廓清个人破产的制度价值和运作机理。并通过比较法分析个人破产制度在不同国家和地区的发展及改革的适应性，总结制度供给安排中需要权衡的要素，包括利益衡平价值观的改变对个人破产制度变革的影响，以及一国国情对个人破产立法的影响和相互作用。最后针对我国个人破产立法中的现实困境，从权利冲突衡平机制的实体机制、程序机制以及配套机制建设等方面提出立法建议与应对措施。

四、主要研究方法

本书从法解释学、法理学、法社会学的角度，从个人破产法的制度价值、理论依据入手，选择两大法系个人破产制度为分析模型，结合我国国情，探讨我国个人破产权利冲突衡平机制的建立应关注的问题和具体的举措。围绕这一核心观点，本书主要研究方法如下：

(1)历史研究法。对法律的理性研究在很大程度上仍然是历史研究，本书尝试将个人破产制度价值放在特定的历史背景下展开，通过对破产法的源流和演变进行历史语境的动态考察,探究个人破产制度的生长逻辑和理论支持,形成对个人破产制度价值的重新认识。

(2)实证分析法。实证分析主要是验证所提出理论的真伪,制度的生命在于实施,实施的效果需要通过实践验证得知。本书通过对各地法院已施行个人债务清理、个人破产案件的实证调查,从中找到个人破产制度在我国实施所要面对的困难,并提出有针对性的立法准备建议。

(3)比较研究法。通过比较不同国家和地区、不同法系的个人破产制度的立法发展和司法改革,揭示个人破产制度随着经济发展在不同历史时期及地区的发展和演变,分析适应性原因。

(4)法经济学分析法。用经济学的分析工具如生产要素理论、效率、价值等,分析有效的个人破产制度应当如何与其国情相结合而设置,如何达到预期的效果或目标。

第一章　个人破产权利冲突与衡平的基本原理

第一节　个人破产的权利冲突原理

一、个人破产的内涵

（一）破产的内涵

“破产”（bankruptcy）①二字也许对于商业社会来说，是最令人生畏的字眼。对“破产”的词源考察可以

---

① “insolvency”一词通常也被译为“破产”。对于两者的区别，学界存在不同理解：卜璐在《消费者破产法律制度比较研究》一书中认为，从严格意义上来说，“bankruptcy”是一个正式的法律用语，是指债务人依据破产法取得的法律地位。“insolvency”表示的则是一种情形，是指债务人不能偿还到期债务或负债大于资产的状态，还未达到“bankruptcy”的程度。判断一个人是否“bankruptcy”，可以通过查询法院的破产判决完成；判断一个人是否“insolvency”，则需要对事实情况进行综合分析，无偿还能力的人最终可能会破产，也可能不会破产。刘伟光认为，在英国、加拿大、澳大利亚的法律体系中，一般用“bankruptcy”表示与个人有关的破产程序，用“insolvency”表示与法人有关的破产程序。在英国，“bankruptcy”一词仅适用于个人破产，其他的破产主体，尤其是公司破产用“insolvency”。韩长印教授认为，美国破产法上，最初的“破产”（bankruptcy）一词具有特定的法律内涵，破产法仅针对实施了特定破产行为的商事债务人的债权人提供单方面的保护。“倒产法”（insolvency law）则被当作救济债务人的法律，倒产救济可由陷入贫困的个人债务人自愿启动。如今，“破产”与“倒产”两个概念的差异几乎不复存在。“破产”的内涵不仅包括对债权人保护，也包括债务人救济。

揭示其产生时的内涵。因年代久远，对“破产”一词的来源现在莫衷一是。一种说法是“破产”一词起源于拉丁语，因为“破产”的词根是拉丁语中的“bancus ruptus”，直译为“打烂桌子或柜台”。在中世纪，商人如果丧失了偿债能力，会砸坏经营使用的桌子用以表明歇业。另一种说法是“破产”一词起源于法语中的“banque route”，直译为“案桌”“痕迹”，意指经营失败的商人往往会收起自己的交易案桌而悄无声息地走人。① 实际上“债务人是一个为避免法律追究，欺诈性地逃离债权人的人”。②

从法律层面而言，“破产”一词涵盖了整个破产法律体系，③包含两个层面的含义：一为客观状态，二为法律程序。客观状态层面上，破产指的是债务人无法清偿到期债务的事实；而在法律程序层面上，破产指的是对无法清偿到期债务的债务人实行的特别程序，也就是破产程序。④ 由这两层含义可以看出，破产法律体系要解决破产应承担的救济程度问题。当债务人陷入破产状态时，私人合同在保护债权人利益方面是一种无效的工具。所有的债权人都会担心，要如何应对债务人的经济状况恶化到无法偿债的状况。通过诉讼来执行合同显然存在巨大风险，因为债务人可能通过私下安排或其他可能的方式消耗其他资产，其他债权人也可能存在优先执行的问题。在此种情况下，选择让国家管理一个要求所有债权人参与的体系，将会避免许多效率低下的情形。因此，破产法律体系不仅是为帮助债务人摆脱经济上的困局而建立的，更是为债权人提供救济的程序，保护双方之权益而建立的，具有能动性和积极性。

（二）个人破产的界定

个人破产最显著的特征在于主体（见图 1－1），其强调主体为“个人”。关于“个人”的界定一直备受争议。目前，世界各国个人破产法有两种立法模式。一类是一般破产主义立法例，即所有的个人均有破产能力，不区分个人是否有行为

---

① 参见［美］查尔斯·J. 泰步：《美国破产法新论》（上），韩长印等译，中国政法大学出版社 2017 年版，第 2 页。

② 刘静：《起源与词源的双重困境——解析破产制度的历史误读》，载《西南民族大学学报（人文社会科学版）》2010 年第 3 期。

③ 参见卜璐：《消费者破产法律制度比较研究》，武汉大学出版社 2013 年版，第 13 页。

④ 参见邹海林、周泽新：《破产法学的新发展》，中国社会科学出版社 2013 年版，第 13 页。

能力,也无论个人是否为商人。目前,世界上大多数国家包括英国、美国、德国、日本等采用此立法例。另一类是商人破产主义立法例,即只承认商自然人有破产能力,如意大利、比利时、埃及、阿根廷等国。对此,我国的法学专家有不同的观点:

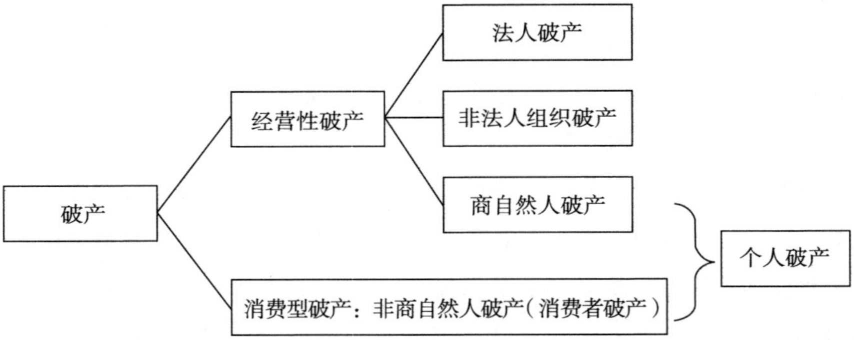

图 1－1　破产主体的分类

第一种观点主张个人就是我国《民法典》所界定的“自然人”,即个人破产就是自然人破产。这样的个人破产被称为一般自然人主义。① 自然人破产适用的效力从自然人出生开始至死亡终止。

第二种观点则以汤维建教授为代表其将个人概括为自然人和所有承担无限财产责任的非法人企业经济主体。② 这一观点的来源是美国破产法,其将所有无法清偿到期债务而适用破产程序的主体统称为“债务人”,包括自然人和各种类型的经济组织。据此,个人既包括自然人,也包括非公司型的个体企业。③

第三种观点将个人解释为民法意义上的自然人和商自然人。其中,自然人主要是指普通消费者,商自然人是指所有参与经济活动的个人,涵盖所有独立参加经济活动的个体,包括公司股东、企业合伙人、投资人、个体工商户等。④

---

① 参见文杰、张丽琴:《建立我国个人破产制度问题研究》,载《上海社会科学院学术季刊》2002 年第 3 期。

② 参见汤维建:《关于建立我国个人破产制度的构想》(上),载《政法论坛》1995 年第 3 期。

③ 潘琪:《美国破产法》,法律出版社 1999 年版,第 4～5 页。

④ 文秀峰:《个人破产法律制度研究——兼论我国个人破产制度的构建》,中国政法大学 2004 年博士学位论文,第 12 页。

在我国当下社会中,商自然人破产有强烈的市场需求。企业家及其亲友为企业担保的情况屡见不鲜,重整程序挽救了企业,却挽救不了企业家及其家庭。一个企业家往往因无法获得个人破产救济而被社会淘汰,不仅使企业丧失了获得活力的机会,也使社会丧失了获得未来生产力的机会。[①] 不仅从事商业活动的自然人存在强烈的个人破产需求,非商自然人因为疾病、灾难、不慎的诱导性消费、借贷等问题,也很易陷入债务困境。如果无法妥善处理,有可能产生极大的社会矛盾、负面影响,甚至引发犯罪。

没有个人破产的破产法只是半部破产法,无法真正为市场经济提供制度支撑。为此 2019 年十三部委联合印发的《加快完善市场主体退出制度改革方案》,明确了我国分步推进个人破产立法的路线图:商自然人破产重点解决为企业担保,因企业破产产生的个人连带负债——消费者破产——全面个人破产制度。因此,未来我国立法应对商自然人、消费者给予平等的保护,个人破产法应覆盖所有类型的自然人,包括从事商业经营活动的自然人和纯粹的消费者。[②] 据此,笔者认为,对于“个人破产”的理解应该包括因承担经济实体破产带来无限责任导致的个人破产和一般自然人的个人破产,即商自然人破产和普通自然人破产。

(三)生产要素理论框架下的个人破产

1. 个人在生产要素理论中的意义

生产要素理论是经济学的主要理论,是探索人类社会经济发展中关于生产的要素构成以及彼此之间相互关系并作用于经济的理论。生产要素理论随着历史的发展不断地进化(见表 1 - 1)。

---

① 参见自然人破产处理工作小组起草:《世界银行自然人破产问题处理报告》,殷慧芬、张达译,中国政法大学出版社 2016 年版,第 21 页。

② 参见徐阳光:《英国个人破产与债务清理制度》,法律出版社 2020 年版,第 14 页。

表 1－1　生产要素理论

理论	二元论	三元论	四元论	六元论
生产要素	劳动	劳动	劳动	人力(体力和智力劳动者)
	土地	土地(自然力)	土地	自然力(土地、大气、水等)
	—	资本	资本	财力(固定资产、流动资产等),运力(物流、人流)
	—	—		物力(能源、原材料)
	—	—	组织	时力(时间)
代表学者	威廉·配第,理查德·坎蒂隆,欧根·冯·庞巴维克	让·巴蒂斯特·萨伊,约翰·穆勒,威廉·罗雪尔,亚当·斯密	阿尔弗里德·马歇尔	徐寿波

“土地为财富之母,而劳动则为财富之父和能动的要素”——经济学家威廉·配第将土地和劳动作为生产的两个要素,被后世学者认为是生产要素二元论的创始人。此后,经济学家亚当·斯密在代表作《国富论》中提出,“无论在什么社会,商品的价格归根结底都分解成为这三个部分(劳动、资本和土地)”,形成了生产要素三元论。①

马克思在《资本论》中明确提出,劳动过程的基本要素是人类的目的活动(劳动)、劳动对象(arbeitsgegenstand)和劳动手段(arbeitsmittel)。② 劳动对象与劳动资料被合称为生产资料。生产资料和劳动者是生产力发展的要素。因此,从根本上说,马克思的生产要素理论也可以是一种二元论,即以劳动和生产资料为生产要素。根据马克思的生产要素理论,劳动最先是人与自然之间的过程,在这一过程中,人以他自己的活动引起、规划、统制人与自然之间的物质代谢。劳动力的使用即是劳动,劳动的出卖者即劳动者。③

19 世纪末 20 世纪初,西方经济学家阿尔弗里德·马歇尔认为,资本是为

① 参见徐斌、李燕芳:《生产要素理论的主要学派与最新发展》,载《北京交通大学学报(社会科学版)》2006 年第 3 期。

② 参见[德]马克思:《资本论》,郭大力、王亚南译,上海三联书店 2011 年版,第 109～111 页。

③ 参见[德]马克思:《资本论》,郭大力、王亚南译,上海三联书店 2011 年版,第 109 页。

了生产物质、货物和获取通常被算作收入一部分的利益而储备的一切设备。资本大部分由知识和组织构成，组织是指资本家对企业的管理和监督。据此，他在《经济学原理》中将组织作为第四生产要素，形成生产要素四元论。① 组织要素被视为企业家的经营和管理能力。后来的经济学家又将技术列为第五生产要素。20 世纪 80 年代，我国著名学者徐寿波首次提出生产要素六元论，即劳动、生产必须同时具备六个条件或六个力：六个条件，是指劳动人员、劳动资料、劳动对象、劳动环境、劳动空间和劳动时间；六个生产要素，是指人力、自然力、财力、运力、物力和时力。还有一些学者将信息归为第六要素，认为劳动、土地、资本、组织、技术、信息为生产的六要素。② 此外，有学者将教育资源、金融、创新能力、制度、政府行为、经济政策甚至管理都作为生产要素对待。

然而进一步对除劳动以外的其他因素的分解表明，其他要素也是可以分解为劳动和生产资料的。土地毫无疑问属于生产资料的范畴，而其他要素如组织、管理、技术、信息等则可以对其进行分解：构建组织、建立管理体制并维持其稳定运转是劳动；进行科学技术研究开发，应用其成果是劳动；收集处理信息，对信息的使用也是劳动。经过这些劳动而形成的相对稳定的组织架构、管理体制、科研成果以及信息库等，则表现为无形资产的物化劳动，本质上就是生产资料的范畴。将资本作为生产元素在定义与逻辑上存在严重的问题：实际上资本（capital value）是资产（captical asset）的市值，就像财富一样，是现值，也是收入以利率折现而得的。生产要素都是资产。作为生产要素的资产，其市场价值是资本。可见，把资本作为生产要素的各理论都将资产与资产的价值表现混为一谈，把不同质的东西并列了。

综合各理论可以看出，无论生产要素理论如何变化和发展，生产要素归根结底只有两个元素：劳动和生产资料。可见，劳动始终是生产要素之一，其重要性不言而喻。与马克思理论不谋而合的是，阿尔弗里德·马歇尔也意识到，

---

① 参见［英］马歇尔：《经济学原理》（上），商务印书馆 1983 年版，第 157 页。

② 参见徐斌、李燕芳：《生产要素理论的主要学派与最新发展》，载《北京交通大学学报（社会科学版）》2006 年第 3 期。

生产要素在某种意义上只有两个,即自然与人。① 人是最重要的生产要素。

2. 个人的经济意义

劳动创造价值,劳动是价值的唯一源泉。既然劳动创造了财富,创造了丰富多彩的人类世界,那么人类尽了这个伟大的义务,就应当拥有与之相匹配的权利。劳动作为一种生产要素,其经济意义在于人力资本既是一种资产,也是一种资本。

有经济学家从市场与非市场的等级排列来看待人类的权利,认为人类的权利可分两种:一是产权,二是人权。前者包括人力资产,是指拥有及享受资产或资产带来的收入的权利。每个社会成员的资产所值(包括自己的人力资产)主要由市场决定。后者没有牵涉实物,是指不侵犯他人产权的所有其他权利:如信仰、思想,以及在有产权界定之下的选择权等,则为非市场等级排列。由于先天与后天的差别,人与人之间的权利不可能平等:要产权平等,人权不平等必须增加;要人权平等,产权不平等必须增加。这就是重要的权利定律。

显然上述理论中的产权、人权与法律意义上的或社会一般认知的大有不同:(1)产权指向资源的利用并期望创造更多的产权。产权增加,就是劳动者利用自己拥有的资产(包括劳动力)获取利益的效率的增加,追求社会资源配置效率的最大化。人权则指向人自身的发展,但对于人的发展所需要的资源从何而来,并不在讨论之列。由于人性发展的无限性,没有任何人可以自证自身未来发展比别人更优秀、更正确,只能平均化地分配资源及其产出,以保证每个人个体发展的机会均等,这实质上最终追求的是公平。(2)产权的增加倾向要求有资产者、有能力者支配无资产者、无能力者的行为,即限制其人权的发展,以追求更高的效率,让人类利用资源创造更多资源。实际上,资产也不是从天上掉下来的,有能力者有更大的可能得之,所以有资产者往往有更大的概率是有能力者。比如,通过继承拥有大量资产的人,其取得资产与能力无关,但优越的生活条件显然更有利于其成长为有能力者。所以产权的核心其

---

① 参见徐斌、李燕芳:《生产要素理论的主要学派与最新发展》,载《北京交通大学学报(社会科学版)》2006 年第 3 期。

实还是能力，即获取资源、利用资源的能力，其拥有的资产但是其个人（或其先人）能力运用后果的表象。人权的增加则倾向于平均化分配资源及其产出，这与一个社会成员既往利用资源的能力无关，也没有人能证明他未来的利用效率与以前一样甚至更差，只能平均化地给所有人平等的发展机会。

综上所述，该理论的权利定律实际上就是效率与公平的均衡与取舍。对于效率与公平，市场早有论断：公平与效率之间存在矛盾，追求公平不利于效率，而追求效率终将带来不公平。当然，值得注意的是，追求效率而忽视公平，或是正好相反的选择并不是一种错误。人类生产的最终目的是人类自身的全面发展和人性的实现，生产只是手段，因而人性的充分发展与效率也不存在绝对的矛盾。人性的充分发展本身意味着劳动力素质的提高，最终对效率提高有决定性的作用；所谓效率的核心，从根本上说，也是劳动者能力的生产和再生产的效率。因此，效率优先还是公平优先，只是人类不同发展阶段的不同侧重与取舍。一般而言，社会生产力发展水平越高，越是要追求公平，而在社会生产力发展水平低的情况下，生存则成了第一需要，必须追求效率。作为人类社会目前发展的最高形式，社会主义社会和理想中的共产主义社会，必然是要以公平作为第一追求目标。落实到非常现实的具体目标来看，就是要实现共同富裕，为每个社会成员人性的全面发展提供尽可能公平的机会。

由权利定律推导不难得出结论：劳动力是劳动者最核心的资产，劳动者的产权和人权的平衡与取舍，也体现市场经济中效率与公平的平衡与取舍。在经济活动中，一切权利义务不过是指导规范经济行为的行为规则，而行为规则的形成与变革，则取决于特定发展阶段中社会对效率与公平的侧重与平衡。任何要素均存在市场估值，并通过其估值表明市场对其配置效率的认可程度。如何达到要素的最优配置，一直是经济研究的核心问题，所以我们可以通过更直观的要素价值最大化，来衡量既有的要素配置是否已经达到最优。具体到劳动而言，我们要重点关注劳动价值的最大化，不仅要解决劳动创造价值以及如何创造价值的问题，还要直面劳动力再生产的生产成本和生产方式是否合理以及适度的问题，除关注市场对劳动力的历史定价外，还要预测劳动力的未来市场定价。如果一个劳动者的劳动力归零,那么这个劳动者的生产力也就归零了;如果千千万万名劳动者的劳动力归零,那么对社会生产力产生的破坏和负面作用将是显而易见的。

3. 个人破产在生产要素理论框架下的特殊问题

解构、重组一个错误、失败的生产要素组合,是实现生产力高效率发展的重要手段,而破产则是这种解构重组行为的最终手段。破产制度是对失效的生产要素组合进行重构,让市场出清更规范、有序与高效,从而完善生产要素市场化配置的重要机制。尽管消费者破产和商主体破产存在差别,但再贫穷的消费者(劳动力的生产与销售单位),也有衣食住行等物质资料加持,资产再多的商主体,也少不了劳动者这一最基本的身份(商主体的企业主从事的投资、经营、管理等活动也是劳动,因而他们也是劳动者)。因此,当破产情形发生时,商主体与作为劳动力再生产单位的破产消费者之间只存在占有的物质资料多寡的差别,而破产本质并没有差别。所以,个人破产制度,就是针对最具微观形态的生产力单元—劳动者—进行优化配置机制的一个特殊市场资源配置方式,它并不能独立于整体破产机制的根本目标而存在。也就是说,个人破产就是关于失效的劳动力生产单元要素组合的市场出清与重构,它的最终目标也必然要指向劳动力生产与配置的优化,指向劳动力价值的最大化。

在传统政治经济学中,劳动力和生产资料的自由转移是衡量生产要素交易是否公平、分配是否合理的前提。改革开放以来,我国经济发展40多年的经验充分说明,发展经济、提高经济效率需要节约生产要素成本、降低制度成本。产权界定和要素流动是建立有效的要素市场的关键。要素市场建设的关键标志是,实现要素在市场的进入和退出之间的无障碍流动。[①] 2020年3月30日,中共中央、国务院发布全方位推进要素市场化改革的纲领性文件——《关于构建更加完善的要素市场化配置体制机制的意见》。该意见要求完善要素市场配置,推动经济高质量发展;提出要素市场化改革要围绕土地、劳动力、资本、

① 参见于立、王建林:《生产要素理论新论——兼论数据要素的共性和特性》,载《经济与管理研究》2020年第4期。

技术、数据五大生产要素，破除阻碍要素自由流动的体制机制障碍，激发要素活力，鼓励创新创业，实现要素充分公平自由地流动。最终让寒门也能出贵子，让人才能够实现抱负，让个人奋斗能够实现社会阶层流动。

个人作为生产要素的意义前所未有地得到关注。从生产要素理论阐释，个人破产制度是完善要素市场化配置体制的一个重要机制。个人破产制度作为摆脱个人债务“枷锁”、恢复个人自由的一项重要制度，从生产要素理论阐释具有不可估量的经济价值。在推进个人破产立法的过程中，一方面，要立足于要素配置范围不断扩大和要素市场快速发展的现实情况；另一方面，要结合要素属性、市场化程度差异和经济社会发展需要，分类施策、循序渐进，构建更加完善的权利冲突衡平机制。

在生产要素理论框架下，个人破产制度运行的基本逻辑是：(1)劳动力是生产要素中的关键因素；(2)在人口红利逐渐消失的背景下，劳动力的生产要素意义日益重大，在发达国家以及劳动力供应紧张的国家，个人破产制度推进更迅速、高效；(3)个人破产是为了恢复破产者与其素质相当的基本劳动能力，而非让其借此致富；(4)破产财产的界定，尤其是家庭共同财产的界定与分割将非常关键；(5)对于破产个人来说，劳动力是其核心的破产财产，其合理估值和处置方式，对于个人破产进程的推进效率、实施效果和提高债权人合法权益的保护程度至关重要。

在生产要素理论框架下，个人破产的权利冲突与衡平面临劳动者生产要素利益的衡平问题，即公平和效率之间的选择问题，因此在生产要素利益和个人破产的规范设计之间应有多维度的考虑。一是劳动力价值是破产个人中最重要的财产，应该解决劳动力要素的合理估值问题；二是对于劳动力的生产与再生产问题，必须考虑债务人的破产免责与重新进入社会生产的设计；三是基于对劳动权的保护，对于自由财产的设计不仅应保护生存权，还应保护发展权；四是个人的清债方式，是债务清理，更是通过个人重整制度等更积极的方式最大化实现劳动力价值。在社会主义制度框架下，为实现共同富裕的整体目标，个人破产作为劳动力生产要素恢复的机制，在设计上应更进一步考虑其特殊性。

二、个人破产的权利冲突

(一)权利的本质

权利的本质是正当化的利益。[①] 从词源上看,“权利”与“正当”的英文表达都是“right”。有学者认为,“权利”与“正当”并非完全不同。[②] 权利的要素包括利益、主张、资格、力量和自由。这五个词汇亦可表示权利的某种本质。因此,权利可被定义成:被道德、法律或习俗所认定为正当的利益、主张、资格、力量或自由。[③] 权利的享有者被称为权利主体,主要包括国家、个人、法人和其他组织。权利客体是权利主体的权利与义务指向的对象,包括国家、社会、法人、其他组织和个人的基本经济、政治和精神文化财富、物质财富、非物质财富、行为结果,[④]甚至包括信息、自然人的人身与人格。[⑤]

权力、人权与权利概念相近。权力与国家密不可分,国家行使组织管理职能的权力对内会产生两种影响:一是保障权利,促进权利实现;二是侵害权利。人权,是指人们主张应该有或者有明文规定的权利,它与公民权利的区别是超越了国籍限制。人权包括道德权利、法定权利和实然权利 3 种。道德权利是天赋权利,法定权利是法律规定的权利,实然权利是能够实现的权利。《世界人权宣言》第 3 条规定:“人人有权享有生命、自由和人身安全。”人权问题的核心是权利救济问题。[⑥] 公民权利是个人因国籍身份而享有的受一国国家权力保护的权利,与公民义务相对应,包括社会保障、失业救济等权利。这些权利受法律的确认和保护,可以保障个人在人格、精神、道德和其他方面的独立得到全面、自由发展。

个人破产中涉及的人的权利主要有以下几种:

---

① 参见王克金:《权利冲突论——一个法律实证主义的分析》,载《法制与社会发展》2004 年第 2 期。

② 参见张恒山:《权利与法律权利概念再辨析》,载《中外法学》2002 年第 4 期。

③ 参见夏勇:《权利哲学的基本问题》,载《法学研究》2004 年第 3 期。

④ 参见沈宗灵主编:《法理学》,高等教育出版社 1994 年版,第 394 页。

⑤ 参见李步云主编:《法理学》,经济科学出版社 2000 年版,第 200 页。

⑥ 参见陈瑞华:《论法学研究方法》,法律出版社 2017 年版,第 219 页。

1.生存权

生存权是在生命权的基础上发展出来的一种社会权利。生存权在人权发展史上经历了生命体的维护、有尊严的生活和安全的生活3个逐步扩展权利领域范围的阶段。作为保证人的基本生活需要的最重要的一项基础性权利，生存权是人享有其他各种权利的前提。因此，维持生命、保护生存权当属人的首要利益。当生存权与其他权利发生冲突时，应当优先对其予以保护。

人权，是指作为人必不可少的权利。我国《宪法》第33条第3款规定，国家尊重和保障人权。尊重，是指免予强制和干预。保障，是指保护，一是指"使不受侵犯和破坏"；二是指提供起保障作用的物品。国务院新闻办公室在《为人民谋幸福：新中国人权事业发展70年》白皮书指出，生存权、发展权是首要的基本人权，人民幸福生活是最大的人权。生存权既是人的自然权利，也是法律权利。当生存权作为一项法律权利时，对于生存权的实现，谁是义务主体？负有哪些义务？需要什么样的法律机制保障这些义务的履行？劳动创造财富，是人的第一需求，是谋生之本。作为公民生存之本，劳动既是权利又是义务，国家有义务保护公民作为劳动者最基本的劳动权。国家对公民的生存权的保护可以从以下几个维度进行阐述：保障安全，维护秩序，实现就业，保障公民出于市场竞争等原因无法实现充分就业情况下的基本生活和基本人格尊严。

在个人破产的情况下，公力救济遇到的实质性障碍是，强制执行债务人财产将会与保障债务人的基本人权发生冲突。基于对债务人提供人权保障的要求，债务人无论经过何种程序，均应保留供其本人及抚养、赡养人基本生活所需、继续劳动所需和基本发展所需的财产。

2.人身权与财产权

人身权高于财产权是基于人身利益高于财产利益而作出的价值选择。[①] 人身权包括人格权与身份权。郝铁川教授由王锡锌教授《收买妇女罪刑责的讨论：一个重申人的权利的宪法时刻》有感而发，撰文写道：人格权是最基本的人权，是人的本质体现，是人区别于动物的根本所在，在人权体系中处于基础

① 参见刘国利、谭正：《人文主义法学视野下的解决权利冲突的原则》，载《法律科学（西北政法学院学报）》2007年第4期。

性地位。人格权的地位高于生存权,生存权说到底是服务于人格权的实现。拥有了人格权,才是一个人;如果不具有人格权,就不是严格意义的人。一部人权史,最根本的就是人格权不断实现的历史。人是生产力的第一要素,解放生产力的前提是解放人格。

人格权体现人的价值。作为人享有民事主体资格及一切法律主体资格的基础性权利,人格权一旦丧失,人将不再享有作为人的资格。就像古罗马时代的奴隶,没有市民法上的人格权,其自身是奴隶主的财产,仅是一个会说话的“物”,再享有包括财产权在内的其他的民事权利即成为空谈。①

3. 个人信息权

2021 年 8 月通过的《个人信息保护法》第 4 条第 1 款将个人信息定义为“以电子或者其他方式记录的与已识别或者可识别的自然人有关的各种信息,不包括匿名化处理后的信息”。个人信息包括个人身份信息、个人财产信息、个人账户信息、个人信用信息、个人金融交易信息、衍生信息以及其他个人信息。敏感的个人信息一旦泄露或者非法使用,容易导致自然人的人格尊严受到侵害或者导致人身、财产安全受到危害。敏感个人信息包括生物识别、宗教信仰、特定身份、医疗健康、金融账户、行踪轨迹等信息,以及不满 14 周岁的未成年人的个人信息。

个人信息与个人信用信息系种属关系,即包含与被包含关系。个人信用信息,是指包括信用卡还款情况、贷款偿还情况,以及个人在经济活动中形成的能够反映其信用状况的其他信息。个人信用信息与其他个人信息的区别在于,个人信用信息是由个人信用行为产生的信息(如信用卡开立、贷款偿还);其他个人信息并非由信用行为产生,如个人行踪轨迹信息,体现性别、年龄、生物特征的个人自然属性信息,体现学历、职业等个人社会属性信息等,均不属于个人信用信息。

个人信息具有人格权与财产权的双重法律属性,人格权属性系因其包含信息主体的相关身份信息,含有人格利益;财产权属性系因其经过收集和加

① 参见杨立新:《人身权法论》,人民法院出版社 2002 年版,第 3 页。

工,能满足交易主体的商业需要,具有财产价值。在大数据时代,数据作为要素市场的五大要素之一,蕴含大量经济价值。个人信用信息因此更具金融属性,经济价值更显著。

个人信用信息的生长周期一般分为采集、储存、处理、使用4个阶段。[①] 不同阶段的权利属性体现各有侧重。在信息采集和储存阶段,个人信用信息体现更多的是人格权属性。信息采集者获得与储存的多为原始信息。这些信息多产生于自然人的主动行为,与其身份强烈关联,体现为零散无序、高识别性、低应用价值。在信息处理阶段,由于个人信用信息已被处理者数字化,其人格属性被弱化,财产性价值更加凸显。在信息使用阶段,个人信用信息的财产属性更甚。[②]

个人破产信息是个人信用信息的组成部分,因此,个人信用体系与个人破产制度可以相互成就。一方面,个人信用体系可以推进个人破产制度的发展。作为价值运动的特殊形式,信用是社会产品分配和交换的特定形式。[③] 个人信用体系可以帮助个人破产制度解决信息不对称问题,预防和监测个人非理性商业活动。[④] 另一方面,个人破产制度的建立有助于个人信用体系的完善,是信用经济发展的必要保障。[⑤] 缺乏个人破产制度,债务人债务无法出清,信用无法恢复。

哈佛大学经济学家乔治·阿克洛夫(George Akerlof)在1970年撰写的《柠檬市场:质量的不确定性和市场机制》一文中首次将信息不对称问题引入经济学研究领域。柠檬市场,也称次品市场,是指在同一个交易过程中,买卖双方持有的有关商品的信息的质量是不同的,在这样的环境下,买方不愿意冒风险以高价购买看似高质量的商品,只愿意用平均价格去判断市场上所有商品的

---

① 参见夏海波:《数据权利边界之廓清》,载《上海法学研究》2020年第1期。

② 参见李海敏:《我国政府数据的法律属性与开放之道》,载《行政法学研究》2020年第6期。

③ 参见韩喜平:《马克思的信用理论及我国信用制度的构建》,载《当代经济研究》2000年第7期。

④ 参见马学荣:《论新时代个人信用制度的完善——基于个人破产制度的视角》,载《征信》2020年第9期。

⑤ 参见于海斌:《论个人破产制度——兼论个人信用体系之完善》,载《长白学刊》2012年第6期。

质量水平,那么持有真正高质量商品的卖方当然不会接受这样的价格,结果就会导致高质量的商品被淘汰,市场逐渐被质量相对较低的商品即次品所占领。①

在市场经济中,信息不对称现象通常会导致两种结果:一是掌握信息的一方经常会作出违反道德行为;二是市场交易中信息占有方利用不对称信息以损害对方利益的方式使自己受益时,未掌握信息的消费者就难以顺利地作出买卖决策,从而面临交易中的逆向选择。投射到个人破产中,只有债务人对自己的财务情况最了解,因此,也只有债务人最有条件作出违反道德行为。大量失信被执行人利用债权人的信息不对称来隐匿财产、逃避执行,让债权人无能为力。所以出于短期利益(尽快加速回收债权)的考虑,债权人更倾向用严苛的惩戒措施对债务人施压,或快速变现债务人财产,或坚持追责,而不愿采用"放水养鱼"的做法,与债务人和解或让债务人重整,实现共赢。逆向选择的最终结果是诚实而有未来偿还能力的人无法翻身,而隐匿财产的人可以成功实现"逃废债"。

(二)权利冲突

1. 权利冲突的本质

权利冲突,是指两个及两个以上具有法律上之依据的权利,因法律没有对他们的关系作出明晰的边界界定所导致的权利边界的不确定性、模糊性,而引起的不和谐状态或矛盾的状态。②

权利冲突是法律世界的正常现象。罗斯科·庞德曾经指出,社会科学的任务就是为了解决如何在满足人们的权利主张与要求的前提条件下减少摩擦现象,并使这一过程变得更高效。研究权利冲突的意义在于为解决权利冲突提供理论原则,实现公平正义。

权利冲突的本质是利益冲突与价值冲突。利益冲突与价值冲突的区别在

---

① 参见乔治·阿克洛夫:《柠檬市场:质量的不确定性和市场机制》,载《经济导刊》2001年第6期。

② 参见王克金:《权利冲突论——一个法律实证主义的分析》,载《法制与社会发展》2004年第2期。

于表现形式不同，部分为纯粹的利益冲突，部分为纯粹的价值冲突，更多时候表现为两者合一的冲突。[①] 权利是一种主客观相结合的产物，客观表现为利益需求，主观表现为价值需求，即主体对客体的需求和满足需求的程度。权利体现的是法律所认可和保障的利益，其实质是正当化的利益。权利的行使是利益追逐的过程，不同主体的利益交叉导致了不可避免的权利冲突。[②] 从主观价值需求的角度理解，权利实质上就是指价值观。当个体认知的差异性与对立性达到事实上且剧烈对立的程度，便会导致冲突的发生。因此，个体对问题不同的认知亦是引起冲突的重要原因。[③]

调整利益、实现利益平衡是法律的重要使命。要化解不同主体之间的利益冲突，必须在利益转化过程中划定权利界线。权利是合法化的利益。立法者依据特定的价值标准，将利益转化为权利，再以法律的强制力加以保障，进而实现社会秩序的和谐。然而，社会变动及立法者的有限理性等因素，都可能导致权利边界无法被立法清晰界定，亦会引发争议及冲突。

2. 权利冲突与权利滥用

权利冲突虽然表面上体现为两个权利的保护范围发生了触碰，导致二者都无法充分实现，但产生的最终根源是人的社会性和资源的稀缺性。清晰的权利边界只能避免权利滥用或侵权，避免不了人与人之间的摩擦和对有限资源的争夺。因此，权利冲突是合法、正当的冲突。在权利冲突中，权利双方行使权利的目的正当，行使的幅度也没有超过权利保护范围，既没有突破各自的权利界限，也没有侵入对方的权利范围，仅是因正当地行使权利陷入对峙与僵局。[④] 也就是说，权利冲突只是法律所确定的价值秩序之间的冲突。[⑤]

权利滥用是权利人（滥用者）在突破自己的内在权利界限的情况下，外在

---

① 参见刘作翔：《权利冲突的几个理论问题》，载《中国法学》2002 年第 2 期。

② 参见王克金：《权利冲突论——一个法律实证主义的分析》，载《法制与社会发展》2004 年第 2 期。

③ 参见程春华：《破产救济研究》，西南政法大学 2005 年博士学位论文，第 61 ~ 62 页。

④ 参见彭诚信、苏昊：《论权利冲突的规范本质及化解路径》，载《法制与社会发展》2019 年第 2 期。

⑤ 参见王克金：《权利冲突研究中需要进一步澄清的问题》，载《法制与社会发展》2010 年第 5 期。

地侵入他人权利的范围。[①] 由于在权利滥用的情况下，权利行使的目的与本来的目的不符，所以权利滥用属于一种虚假的权利行使行为，不应受到保护。[②] 权利滥用与侵权行为都属于不受法律保护的不正当行为。权利滥用由于其行使目的不正当或不合原告目的而不受保护，侵权行为则由于其违法性而不受保护。

3. 权利冲突的根源

权利冲突的根源是社会存在阶级与阶层、强势群体与弱势群体、发达地区与落后地区、城市居民与乡村居民等利益主体多元化的客观现实。多元利益主体必然会发生矛盾，进而导致法律领域的权利冲突。

（三）个人破产权利冲突的界定

个人破产制度将与债务人相关的所有法律关系或法律行为视同一个系统"一揽子"处置，提供一种冲突规则用于寻找综合价值最大化。它不是调整单个合同的法律制度，也不是调整单个关系或单个法律行为的法律制度，而是为众多法律关系或法律行为提供冲突规则的法律制度。一个合同的当事人追求自治、安全和效率之时，另一个合同的当事人也有这样的追求，当众多合同当事人的利益在个人破产时发生了冲突，就应当对他们的利益作系统性的考虑。在将利益冲突转化为制度设计时，因为制度以权利形态表达，所以就出现了权利冲突的问题。在这种存在价值选择的情况下，应当确定不同权利各自的边界。因此，个人破产的权利冲突究其实质是参与方的利益冲突，其内在动因和内在经济价值在于实现社会财富的最大化。个人破产法是实体与程序、公权力应用与私权利保护的混合，其可平衡公平、效率、自治与安全等价值，并试图以此权利结构来解决各种价值冲突。这种分权制约是一种动态制约，贯穿个人破产程序中。与一般民商法法理不同，民法学提供了各种权利序列理论，如物权优于债权、人身权优先于财产权、有担保的债权优先于无担保的债权等。个人破产法作为"一揽子"解决方案，需要对所涉及的各方利益进行平衡。以下对个人破产中面临的几组最主要的权利冲突展开讨论。

---

① 参见彭诚信、苏昊：《论权利冲突的规范本质及化解路径》，载《法制与社会发展》2019 年第 2 期。

② 参见王锴：《基本权利冲突及其解决思路》，载《法学研究》2021 年第 6 期。

1. 债权人之间公平受偿权的冲突

债务人的数个债权在地位上是平等的，在实现机会上没有先后之分。这种情况下，债权人之间在权利实现上就会展开竞争。美国政治经济学家埃莉诺·奥斯特罗姆对“公共事物的治理”提出公共池塘资源理论模式——一群人同时使用整个资源系统但分别享用资源单位的公共资源时，理性的个人可能导致资源使用拥挤或者资源退化的问题。① 在个人破产中，债务人财产好比“公共池塘”。为防止债权人在债权实现上的过度竞争，应当制止债权人在“公共池塘”中任意“垂钓”。债权人之间的公平受偿权的冲突属于民事权利冲突，即债权人 A 享有的债权允许其向债务人作出债权追偿的行为，但债权人 B 享有的债权同时可以要求债权人 A 不得就债务人的财产全部求偿。② 破产法的本质就是集中债务人的财产进行集体清偿，实现债权人公平受偿。

2. 债权人和债务人之间的权利冲突

英国经济学家亚当·斯密提出“经济人”的假设——人的行为动机根源于经济诱因，每个利益主体都要争取最大的经济利益。在个人破产中，债权人和债务人作为理性“经济人”，有截然相反的利益诉求。债权人的偿债诉求与债务人的免责诉求逆向而行。债务人希望调整债权、减轻压力，与债权人达成债务减免协议，以保证当下的生存及日后的发展。债权人与债务人之间的权利冲突实质上是债权人的财产权与债务人的生存权、发展权之间此消彼长的冲突。债权人的清偿利益与债务人的人权利益衡平是解决个人破产权利冲突的核心问题。

3. 债权人、国家、债务人三方的冲突

债权人与债务人之间的权利冲突虽然作为私人之间的民事权利冲突存

---

① 参见[美]大卫·G. 爱泼斯坦：《美国破产法》，韩长印等译，中国政法大学出版社 2003 年版，第 12 页。

② 参见王锴：《基本权利冲突及其解决思路》，载《法学研究》2021 年第 6 期。权利冲突是 21 世纪初我国法学界的研究热点。对于权利冲突与基本权利冲突的关系有“泛化说”、“虚无说”和“介入说”。“泛化说”认为，任何权利冲突本质上都是基本权利冲突。“虚无说”认为，不存在基本权利冲突，甚至连权利冲突都是伪命题。“介入说”认为，基本权利冲突是权利冲突的子类型，从民事权利冲突上升到基本权利冲突需要一个转化过程。本书引用作者的观点，认为民事权利冲突发生在私人之间，而基本权利冲突发生在“私人—国家—私人”之间。民事权利冲突可以通过私人协商解决，而基本权利冲突的解决主要依靠国家履行消除冲突的义务。

在,但在该冲突无法通过私人协商解决时,则需要国家介入干预,履行消除冲突的义务。同时,对债务人的生存权和发展权的保护涉及基本权利保护。基本权利具有主观权利和客观价值秩序的双重性质。基本权利国家保护义务是客观价值秩序的延伸,表现为国家保护公民的基本权利免于其他公民侵害的积极作为义务。① 于是,债权人与债务人之间的冲突演化为债权人—国家—债务人之间的冲突,如图 1 – 2 所示:

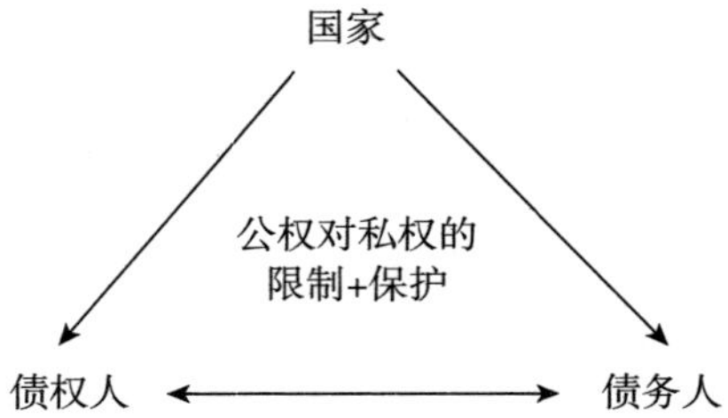

图 1 – 2 债权人、国家、债务人权利冲突

国家权力源于公民的权利。德国学者施瓦德勒认为,“正是在对人诸权利的尊重中,国家权力资格的根据和界限就重合了”。② 权利性、义务性、责任性是国家权力的 3 种内在属性。其中,国家权力的义务性旨在对人的尊严的维系,国家有义务合理确定符合人的尊严的最低生存条件,使人们在任何情况下都能维持起码的生活水准。权力的运作和行动的界限在于保障人的权利。现代法治的根本价值在于对国家权力的理性要素进行优化,减少意志要素,最大限度地保障公民权利和人的尊严。③

(1)国家权力与债权人权利的冲突:对债权人权利的限制和保护

一方面,债权人过度放贷造成债务人过度负债,从而产生的相关的债权核销、税收、社会保障成本由国家承担。另一方面,国家要求债权人豁免债务,实际上就是国家对资源的强行分配。这种冲突直接由立法对权利边界进行明晰

① 参见李海平:《基本权利的国家保护:从客观价值到主观权利》,载《法学研究》2021 年第 4 期。

② [德]瓦尔特·施瓦德勒:《论人的尊严——人格的本源与生命的文化》,贺念译,人民出版社 2017 年版,第 160 页。

③ 参见胡杰:《论权力的义务性》,载《法学》2021 年第 10 期。

界定予以调整。而且，债权人在个人破产中有可能通过偏颇清偿受益，导致其他债权人的利益损失，破坏个人破产秩序，此时需要国家权力干预。

(2)国家权力与债务人权利的冲突：对债务人权利的限制和保护

从法经济学角度，个人破产的经济学原理就在于个人提前占有了一部分本不属于自己的效用水平。个人破产，特别是商自然人破产，因商自然人本身更具创造社会财富的能力而更具破坏力。破产其实就是其滥用自己能力和资源造成的破坏性后果。① 个人破产制度通过失权、复权制度对其进行权利限制和剥夺，不让其轻易再次掌握大量社会资源，造成社会资源的浪费。

国家权力的义务性通过对公民权利的创设、国家权力的作为和政府义务的履行进行良性互动和密切配合，为公民身份与国家职能的协调性、公民理性与权力理性的融贯性提供务实的方案。因此，国家权力合法性和正当性的反向要求是，公民应当保持对合法合理、正当行使的国家公权及其具体行为的忠诚和容忍，以此增进国家与公民间的相互认同感。从这种意义上而言，自由财产制度、免责制度、失权与复权制度，均是国家权力的义务性对公民的反向要求。② 因此，欠债还钱的理念就不那么显得天经地义了。

(3)个人权利与公共利益的冲突

个人破产法的功能中，除对债权人清偿利益和债务人人权利益的维护外，对社会利益的维护也是重要的考量环节。破产制度的设计是否应当考虑社会公共利益，并以此为基础建立多元化的破产目标，曾经引起英美破产法学者的激烈争论。以道格拉斯·白耶德(Douglas Baird)、托马斯·H.杰克逊(Thomas Jackson)和斯格特·桑德奇(Scott Sandage)为代表的学者，强调破产法的立法目标是债权人利益最大化，并认为该目标是判断破产程序正当与否的唯一标准。但以伊丽莎白·沃伦和简·维斯特布鲁克为代表的美国学者则强调破产的损失分担，认为破产制度应当考虑受到破产消极影响的所有利害关系群体的利益。③

---

① 参见易有禄、万文博：《个人破产的法经济学分析》，载《江西财经大学学报》2019年第5期。

② 参见胡杰：《论权力的义务性》，载《法学》2021年第10期。

③ 参见殷慧芬：《个人破产立法的利益平衡机制探究》，载《山西省政法管理干部学院学报》2015年第4期。

人是社会整体的一员。人的利益根据性质可以区分为公共利益和个人利益,而权利根据所涉利益的不同,也可分为涉及公共利益较多的权利和涉及个人利益较多的权利。随着法的发展,共同体的正义思想作为个人主义的正义思想的对立面出现,个人成员的特定权利要求被整体按照不同的原则加以满足。人们到了一定事实程度,会把基于公共利益的财产剥夺至少等同财产保护一样普遍地视为是公正的。① 公共利益优先是基本的价值选择,如果一项权利对公共利益的维护有重要影响,而另一项权利无影响,那么前者的权利应当优先实现。实现破产利益在债权人、债务人与社会利益之间的公平分配,是现代个人破产法对破产利益衡平的社会正义。

三、个人破产权利冲突的负面效应

(一)债务人的道德风险与欺诈

道德风险,是指从事经济活动的人在最大限度增进自身效用时作出不利于他人的行为。道德风险的产生是由于个人破产制度为债务人提供了不适当的激励,使债务人对他们的财务和义务表现得不负责任。② 当债权人没有办法监督债务人时,债务人可能选择一些有利于自己但会降低还款可能性的行为。③ 由于债务人对自身财务情况的了解比债权人要多,在未加限制的情况

---

① 参见[奥]欧根·埃利希:《法社会学原理》,舒国滢译,中国大百科全书出版社2009年版,第252~260页。根据法社会学关于正义思想的发展,个人主义和共同体思想对法的发展具有重要意义。个人主义的正义思想涉及个人及其财产,即个人可以自由处分自己的财产,在其之上除国家外没有别的主人。根据个人主义的正义思想(Individualistischer Einzelgedanken),人人应照顾自己,每个人尽可能合理地利用自己的财产和劳动。但个人主义的正义思想的缺陷在于,尽管个人主义的正义思想努力平等地对待所有人,但某些不平等,特别是财富的不平等必然存在,仅依靠个人主义阐释的法律平等仅是进一步强化了这种不平等。共同体的正义思想则试图将共同体中实现的若干原则引进社会中,取代通过契约自由、利用财产与劳动创造的另一种秩序。在这种秩序中个人至少在紧急状态中要按照其力量与能力报效全体,而全体亦至少于紧急状态中为个人负责。从个人正义走向社会正义的过程是一个彼此互相成就的过程,在此过程中各自看来均属合理的领域逐渐划清。出于公正对待每个人的需要,个人主义的正义思想必须尽可能向共同体,尤其是向国家让步;共同体思想也必须向个人预示由于共同体的正义的存在,单个个人可以获得更好的当下和未来。

② 参见自然人破产处理工作小组起草:《世界银行自然人破产问题处理报告》,殷慧芬、张达译,中国政法大学出版社2016年版,第51页。

③ 参见张维迎:《经济学原理》,西北大学出版社2015年版,第709页。

下，可能有部分债务人为了利益滥用个人破产法。有了个人破产法的保护，债务人有更大的不道德或不负责任的行为动机，可以毫无顾忌地负担超出自己合理偿债能力的债务，一旦个人破产程序介入，就放弃自己偿付债务的责任。有了个人破产法的保护，债务人在财务失败的情况下有更可能采用更冒险和消耗信用的方式，如通过合理的牺牲以及调整预算和生活方式的方法来解决自身责任问题，或通过寻求个人破产救济来尝试逃避责任。

破产欺诈，是指债务人可能通过各种方式对自己的财务状况进行隐瞒，以欺诈手段逃避合法债务，以不正当的方式利用破产制度获得巨大利益。[①] 个人破产保护以及防止对破产程序的滥用与欺诈，作为个人破产权利冲突的一体两面，应予以同样的重视。

（二）债务人的社会性死亡

人是社会的人，孤立的个人无法在社会生存和发展。与个人幸福感息息相关的一个人的心理需求、社会认同感，无不与祖国、家乡、宗教共同体、家庭、朋友圈、社会关系、政党党籍密不可分。每个人在他的群体圈子内，寻求危难时的帮助，不幸时的安慰，道德上的支持，社交上的承认、名望、声誉等。群体圈子的意义不仅在道德上存在不可估量的价值，对一个人的职业和行业成就也具有决定性的意义。[②] 在不同的群体圈子中，个人关心的价值取向各有不同，可能是自己的物质报酬，也可能是社会地位、自尊心等。

在个人破产中，债务人需要对其行为作出正当化论证，这会令其人际交往萎缩，甚至窒碍个人的社会发展。[③] 而且，对于债务人来说，自身无法管理个人债务意味着社会和经济上的死亡，这难以克服，并且直接对其声誉和职业发展造成毁灭性的打击。债务人的内疚、羞愧和耻辱感普遍而深刻。如果债务人过度耻感，将有力削弱个人破产制度的运行效果。政策制定者应对承认财务失败的背景和羞愧、耻辱的文化背景有特别的敏感性，同时在减少社会性死亡

---

① 参见自然人破产处理工作小组起草：《世界银行自然人破产问题处理报告》，殷慧芬、张达译，中国政法大学出版社2016年版，第52页。

② 参见[奥]欧根·埃利希：《法社会学原理》，舒国滢译，中国大百科全书出版社2009年版，第64～65页。

③ 参见柳建龙：《论基本权利冲突》，载《中外法学》2021年第6期。

和耻辱感的过程中防范有关道德风险。

另外，个人破产权利冲突的负面效应还包括债权人不负责任放贷产生的风险，该风险通过个人破产的破产免责制度进行调整。本书对个人破产权利冲突的负面效应控制将围绕债务人的负面效应控制展开研究。

第二节 个人破产权利冲突的衡平原理

一、个人破产权利冲突的衡平机制

权利冲突衡平，是指通过法律权威来协调各方面的冲突因素，使相关各方的利益在共存和相容的基础上达到合理的优化状态。权利冲突不得不面对的残酷现实是，在权利之间找到一条永恒的和谐之路注定是不可能的。

"机制"一词最早源于希腊文，原指机器的构造和工作原理，即机器由哪些部分组成，为什么这样组成；机器怎样工作，为什么要这样工作。引申到社会学范畴，机制即在正视事物各个部分存在的前提下，协调各个部分之间的关系，以更好地发挥作用的具体运行方式。①

对个人破产权利冲突衡平机制的研究，主要考察个人破产制度是由哪些部分组成，为什么这样组成，这些部分组合起来是如何运行的，为什么要这样运行。笔者认为，个人破产的权利冲突衡平机制系个人破产制度通过规则设计实现破产目标的有机组成部分，包括实体衡平机制、程序衡平机制、权利冲突的衡平规则。

（一）实体衡平机制

自由财产制度、破产免责制度和失权与复权制度是基于个人破产的独特性而设计的法律制度，构成个人破产权利冲突的实体衡平制度的三大支柱。这 3 个制度作为个人破产中的实体制度，主要为保障债务人的生存权和发展权而设计。为保障债务人的生存权和发展权，应将属于债务人破产财产的一部

---

① 参见黄九阳：《社区建设中多元治理机制研究——以上海彭浦晋城社区为例》，上海交通大学 2016 年硕士学位论文，第 10 页。

分划归债务人所有,不用于清偿债务。同时,债权人通过对债务人豁免债务,让渡对债务人未来收入的索取权,以激励和促进债务人的后续发展。债务人为此付出的代价,便是相关的人身权利受限。债务人在诚信履行约定的偿债方案后,会恢复受限权利。在个人破产制度的设计及运行过程中,如何界定自由财产的范围,如何确定不予免责的债务范围,如何界定失权和复权的条件,便是债权人权利、债务人权利和社会利益的冲突和博弈过程。

此时,解决权利冲突的前置条件是明晰债权人、债务人行使权利的边界。由于人类经验和语言表达所限,法律无法完全清晰地界定权利边界,权利边界的模糊地带是难以避免的。[①] 因此,解决权利冲突前第一步应该做的是通过三大制度明晰权利边界。落到实处,就是从立法和司法两个角度解决权利边界模糊问题。

从立法角度而言,应当通过保护一方权利而干预另一方权利来解决权利边界模糊问题,即通过制定或修改法律来对权利的边界进行重新界定,消除权利边界的模糊性。这个途径可以分为两部分:一是在立法过程中尽量地避免边界模糊;二是通过立法途径来对已经发生冲突的权利边界进行重新界定,解决权利冲突。[②] 从司法角度而言,应当由法官在司法过程中重新划定发生冲突的权利边界。这包括两个部分:一是在现有的法律范围内通过法律解释解决权利冲突;二是在不存在现有法律根据的情况下,法官根据法律的精神制定新的权利规则来解决权利冲突。[③]

(二)程序衡平机制

个人破产的程序衡平机制是个人破产权利冲突的解决路径,即个人破产制度的程序构造,主要包括和解、清算、重整。根据债务人是否可以选择程序,各国有不同的立法模式。

---

① 参见王克金:《权利冲突论——一个法律实证主义的分析》,载《法制与社会发展》2004 年第 2 期。

② 参见王克金:《权利冲突论——一个法律实证主义的分析》,载《法制与社会发展》2004 年第 2 期。

③ 参见王克金:《权利冲突论——一个法律实证主义的分析》,载《法制与社会发展》2004 年第 2 期。

第一种模式是债务人不能选择适用程序。例如,德国个人破产程序由"裁判外和解之前置""基于债务清理计划之裁判上和解程序""伴随免责之简易倒产程序"3个阶段组成,互相连接,不能选择适用。①

第二种模式是以个人破产制度为债务人提供多种可供选择程序的立法模式被称为"复数程序型立法模式"。在该模式下,债务人可以在和解、清算、重整之间选择合适的程序,汇总起来有两大程序类型:清算型与债务整理型。具体程序类型的选择是在债务人自愿选择以及法定甄别程序的联合作用下决定的。个人重整区别于个人清算的最大区别在于,个人重整以债务人的未来收入进行偿还,涉及对债务人未来收入的规划,而个人清算则便于免责。这种立法模式的优点在于增强破产结果的可预测性,防止因财产清算产生的延迟申请。但程序之间如何转换,如何正确引导当事人进行选择以实现立法目的,则是制度设计的关键。②

1928年《美国破产法典》中涉及个人破产程序的主要有第七章"清算程序"、第十一章"重整程序"和第十三章"有固定年收入的个人债务调整程序"。其中第七章、第十一章为个人和企业共用,第十三章为个人专门适用。③ 在美国,债务人通常更青睐适用第七章"清算程序",即交出大部分财产后可以即刻免责。因为第十三章的"重整程序",需要债务人在多达5年的时间内,把自己收入的一大部分交给管理人去偿还债务。为避免债务人都选择第七章进行破产清算,2005年美国通过《防止破产滥用及消费者保护法》引入收入测试机制,把许多可以适用清算程序的人"驱赶"到重整程序。但事实上,由于程序设置问题,也出现了反其道而行之的怪现象,即无须收入测试就有人主动选择重整程序。

2011年5月,面对巨大的财政危机,时任美国芝加哥市市长的拉姆·伊曼纽尔(Rahm Emanuel)在花费近半年时间摸清情况后,于同年10月召开新闻发

---

① 参见许士宦:《债务清理法之基本构造》,台北,元照出版有限公司2008年版,第250~257页。

② 参见卜璐:《消费者破产法律制度比较研究》,武汉大学出版社2013年版,第35页。

③ 参见[美]查尔斯·J.泰步:《美国破产法新论》(上),韩长印等译,中国政法大学出版社2017年版,第2页。

布会,决定委托催收机构,向长期拖欠交通罚单、停车费、罚金等市政债务的芝加哥“老赖”开刀,并定下2012年实现催收3300万美元的宏伟目标。2007年,芝加哥债务人适用重整程序进行破产的案件中,只有约1000件涉及市政债务,平均每个案件的债务额度在1500美元左右,但在2017年该数量高达10,000件,平均每个案件的债务额度是3900美元。产生这种变化的原因就在于大部分债务人在整体上属于中低收入阶层。清算程序中类似交通罚单这样的市政罚金不能免除,但适用重整程序就可以免除。对于大部分中低收入阶层来说,汽车是非常重要的交通工具,如果其驾照因为拖欠交通罚单和停车费被吊销,他们的工作和生活将难以为继,而适用重整程序可以恢复被吊销的驾照。此外,按照伊利诺伊州的标准,清算程序的豁免财产额度有限,如果适用重整程序,债务人几乎可以保留所有的财产。因此,许多债务人不会选择可以即刻免责的清算程序,而是选择程序费用更高昂的重整程序。但除程序费用昂贵外,重整程序还有一个缺点就是失败率高,据统计有2/3以上的债务人完不成重整计划,最终还是进入清算程序。[①] 因此,程序要如何设计,才能为不幸的债务人提供真正的破产保护有待进一步反思。

二、个人破产权利冲突的衡平规则

权利冲突衡平的规则在于价值衡量。[②] 不同的利益保护选择,体现了不同的价值取向和选择者不同的价值观念。解决权利冲突的过程是利益衡量和取舍的过程,也是一个价值选择的过程。

权利承载人类的价值追求,这种价值追求并非平行的,而是存在一定的层级关系的。美国心理学家马斯洛的需求层次理论认为,人的需求可分为5个层次:生理需求、安全需求、社交需求(情感和归属的需求)、尊重需求、自我需求(自我实现需求)。这些需求的实现顺序像阶梯一样由低到高,按层次逐级递

---

① 参见陈夏红:《新官上任三把火,烧出个人破产潮》,载微信公众号“破产法快讯”2021年5月4日,https://mp.weixin.qq.com/s/AJsQxWP8cE68Ive472rE5w。

② 参见[美]庞德:《通过法律的社会控制/法律的任务》,沈宗灵、董世忠译,商务印书馆1984年版,第42页。

升,如图 1 –3 所示:

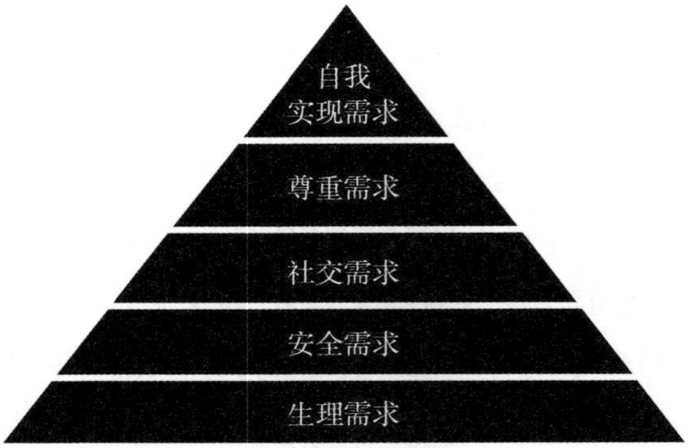

图 1 –3 人的需求

人的需求通过利益与权利相联结。因此,人的需求有高低层次之分,与人的需求相一致的利益就有优先次序之分,进而以利益为其要素之一的法律权利也应呈现一个优先性序列。权利位阶可以实现价值衡量。

权利位阶,是指不同的权利按照一定的次序所形成的阶梯。在权利之间确立一个相对的高低位阶需要综合考虑权利的性质、权利受侵害可能性、权利重要性、权利所生的效益、权利所反映的人的需求层次以及社会政策目标,运用利益衡量和价值判断的方法来进行确定。韩国学者权宁星曾说过:“有权利冲突就必有权利位阶,权利位阶是解决权利冲突的必然措施。”[①]权利位阶理论就像一把尺子,可以从根本上化解权利冲突。

解决个人破产权利冲突的体系化思路如下:(1)在权利冲突形成之前,通过程序预防进行控制。(2)在权利冲突形成之后,通过实践调和寻找最佳解决方案;如未能找到最佳解决方案,则应先通过权利位阶进行法益权衡,确定权利保护目的的正当性和必要性,再通过比例原则进行审查,在过度禁止和不足禁止之间寻找对一方的权利提供最低限度的保护,对另一方的权利又不构成过度限制的可接受方案(见图 1 –4)。

① [韩]权宁星:《基本权利的竞合与冲突》,韩大元译,载《外国法译评》1996 年第 4 期。

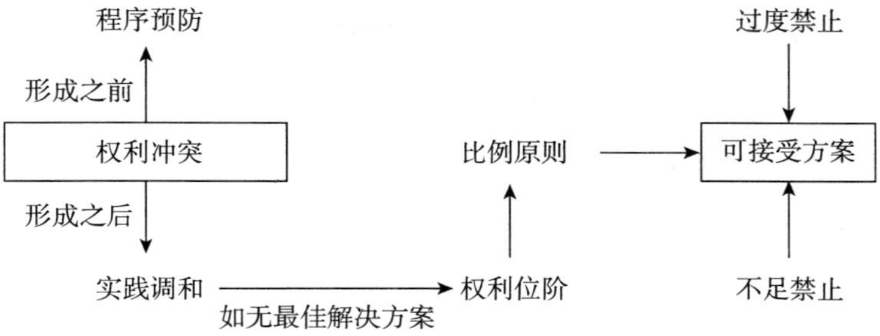

图 1－4　权利冲突的衡平规则

(一)程序预防与冲突防范

程序预防,是指安排前置程序以避免权利冲突的发生,或将其消灭在萌芽状态。立法者应当针对能够预测到的权利冲突,如前述的生存权、发展权与财产权的冲突,及时设置适当的程序机制,尽可能避免权利冲突的发生。在权利冲突形成之前,优先进行程序预防,设置必要的适当的程序机制,能够有效避免冲突的出现。这是由于权利冲突的双方地位平等,让哪一方的权利退让都是充满争议的事,采取程序前置,有助于确保国家与公民之间的安全距离,防止国家过早、过快地介入权利纠纷。若权利主体之间能够达成一致,就可以在事实层面防止权利冲突的形成,如德国的庭外和解程序和英国的债务纾缓令。

(二)实践调和与最佳解决方案

在权利冲突发生后,应当通过实践调和,寻找一个替代手段,以避免一方权利作出退让,使冲突双方的权利都可以得到最大限度的实现。国家和社会的区隔是自由获得保障的重要前提。如果过度依赖公权组织,把解决权利冲突的义务过多托付给公权组织,则个人的行为总是被自上而下地监控和引导;反之,把权利冲突的解决越多交付给私人的主动行为,法律制度的自由成分也就越多。[①] 个人破产的重整程序即是在权利冲突发生后,通过实践调和寻找债权人与债务人之间利益平衡的最佳解决方案的路径。

(三)权利位阶与目的正当性

首先,判断保护的目的在宪法上是否具有正当性和必要性。在实践调和

① 参见柳建龙:《论基本权利冲突》,载《中外法学》2021 年第 6 期。

失败后,国家应当权衡较重要的权利和较不重要的权利,并进行干预,即要解决“保护谁,限制谁”的问题。此时,通过权利位阶进行法益权衡,判断保护的法益与干预的法益哪个重要。只有需保护的个人权利高于与之冲突的权利法益,才符合相称性原则。很显然债务人的生存权、发展权重于债权人的债权,债权人的权利应当得到必要的限制,债务人的生存权、发展权应当予以必要的保护。

其次,判断保护措施对于目的的达成是否具有抽象的可能性。由于国家无法确保其作出的每一项措施都能在事实上达成目的,所以其采取的措施至少在理论上应当被认为是必要的、妥当的。必要性、妥当性应当达到两个标准:一是保护措施要达到必要的保护标准。国家不能完全无所作为,或者提供明显不妥当、不充分的保护,其需要判断对一方权利的克减相对对方权利的实现而言是否必要。二是防止过度干预。共同体正义与个人正义的实现在历史进程中呈螺旋式交互上升,寻找各自合理的领域。根据共同体正义的正当性要求,为证明共同体存在的正当性,共同体应向个人预示个人能够在共同体存在的情况下获得更好的当下和未来。因此,国家的保护措施与保护目的必须构成均衡关系,保护措施应与危险的范围、方式、接近度相匹配,符合适当性原则。

(四)比例原则与可接受方案

作为与市场经济最密切相关的法律之一,破产法具有统领性的价值。完善并能够有效施行的破产法可为市场经济提供统一、公平、可预期的市场规则,充分发挥市场经济的替代法则和市场出清功效。随着市场经济的变化发展,个人破产制度已不再是简单地帮助债务人脱离债务危机、保障债权人公平清偿的制度,而是兼具社会分配、社会保障功能,与经济发展密切相关的制度。个人破产制度本质上更像一个“安全阀”,能够确保使用及时、最小的成本代价处理经济活动的损失,使经济活动更顺畅、稳定、可预期,释放过度借贷与禁锢生产力给金融体系造成的压力。个人破产制度通过制度安排和适用,实现了上述价值的转换过程,如图1-5所示:①

① 参见陈征:《宪法中的禁止保护不足原则——兼与比例原则对比论证》,载《法学研究》2021年第4期。

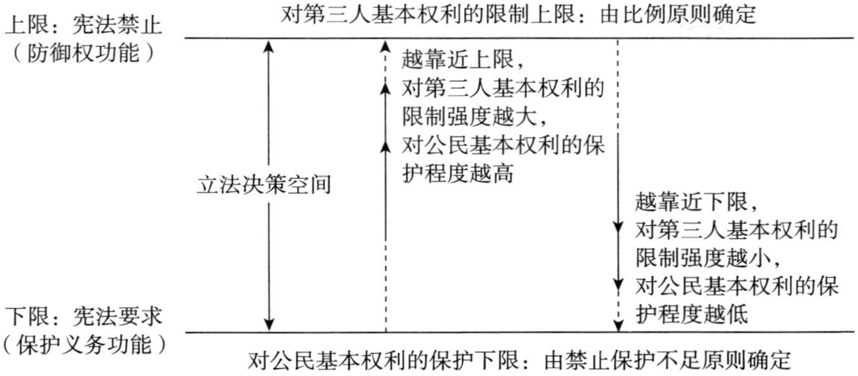

图 1-5　比例原则适用

1. 最低保护要求

宪法基本权利体系蕴含一个基本思想，即公民的基本权利虽有边界，但公民在行使基本权利时并不负有正当性论证义务；国家限制公民的基本权利必须经过正当性论证，哪怕限制基本权利的目的是保护其他公民的基本权利。

2. 被保护人的期待可能性

限制基本权利以实现特定目的为必要：其一，受损利益与保护利益之间不能明显不成比例；其二，对公民基本权利的限制强度与要实现目标的宪法价值成正比。期待可能性采用的是平均人的标准，更多强调主体的感受，主要用行政裁量或司法裁量实现，而非立法裁量。同时，要解决限制程度的妥当性，就应当通过审查过度禁止，确定权利干预的最大限度。其中，限制权利的手段不得给权利主体带来过度负担，保护与限制均须具备宪法理由。

个人破产中，对债务人的自由财产，应当采用符合禁止保护不足原则的保护措施，满足最低限度的有效性要求。对债权人的债权行使，应当遵循禁止过度原则，国家不得对其构成过度干预。如虽然担保物权受保护，但是国家对此不能超过干预的最大限度，必须考虑法的安定性，个人破产不影响在物上面设定的权利，担保物权可以通过对担保物的执行和优先偿还予以实现。对于免责制度，必须确定免责例外，即不予免责的事项，如教育贷款、税费、公益机构的贷款、抚养费、扶养费、侵权损害赔偿等。

三、多元论价值体系构建的冲突规则

根据伯恩斯的规则系统理论,人类构建的社会规则系统——一个复杂的多维度的规则网络是社会行动的产物。其在解决社会冲突和斗争中,通过创造规则、解释规则和运用规则加以改进。①

权利位阶的确定标准有一元论与多元论。一元论就是以某种因素作为确定权利位阶的唯一标准,对权利进行从高到低排列;多元论,是指将多元的价值判断标准作为确定权利位阶的依据,经多种价值判断标准交锋,表现为一个多层次网状结构的结果。②

一元论在确定权利位阶上的优点确实是引人注目的,其实现了权利体系彻底的秩序化,使简单化解决权利冲突成为可能,有利于维持法律适用的一致性。③ 但在多元化社会的背景下,一元论的局限性十分明显。不仅唯一的价值标准的选取十分困难,而且容易造成"价值专制"。任何一种权利都必然是多项价值的综合体,以唯一的价值标准来对权利进行价值衡量将失之偏颇。如经济效益标准可以用来衡量财产权,但难以用来衡量人格权,否则将造成社会不公。④ 尽管多元论也存在标准不唯一性等问题,此不唯一的标准对于建立权利位阶体系来说是困难的,但这一缺陷对具体情形下权利位阶的确定并无影响。相反地,多元论考虑了权利的多样化,更加注重权利内涵中的多元价值,更有利于在权利与权利位阶间建立较准确的对应关系。⑤

个人破产制度的实质是权利冲突规则,多元化权利位阶价值体系构成冲突规则的价值基础。在权利位阶论的后面,隐藏一个权利系统论:没有权利系统观念,就不可能有权利的位阶观念。权利位阶论包括两个方面:众多权利处

---

① 参见[瑞典]汤姆·R.伯恩斯:《结构主义的视野:经济与社会的变迁》,周长城等译,社会科学文献出版社2000年版,第5页。

② 参见张平华:《权利位阶论——关于权利冲突化解机制的初步探讨》,载《法律科学(西北政法学院学报)》2007年第6期。

③ 参见张平华:《私法视野里的权利冲突导论》,科学出版社2008年版,第191页。

④ 参见张平华:《私法视野里的权利冲突导论》,科学出版社2008年版,第192页。

⑤ 参见张平华:《私法视野里的权利冲突导论》,科学出版社2008年版,第120页。

于同一个系统中并具有竞争性;系统中的权利是具有等级秩序的。这是破产法权利系统的两个特征。因此,在个人破产程序中,建立一个权利系统并确定其中各个权利的位阶十分重要。

破产债权虽然在法律上皆为财产支付请求权,但其中仍存在较大差异,应当按照一定的标准对它们进行区分。不同的破产债权承载的价值有所不同,代表的利益以及法律效力也不同。破产债权清偿中应当按破产债权背后的价值、利益和法律效力确定权利位阶,位阶高的破产债权在位阶低的破产债权前获得清偿。

在个人破产制度的立法过程中,立法者应当在进行价值判断、利益衡量的基础上,结合经济、政治和社会因素,确立个人破产清偿程序中权利实现的顺序。法律上的价值判断必须坚持以人为本,此已成为无须论证的公理。确定个人破产制度中的权利位阶应当坚持几个基本原则,其中最重要的是人格权益优先原则,即生存权、发展权、人格权应优于财产权。

第三节　个人破产权利冲突的衡平目标

作为与市场经济最密切相关的法律之一,破产法具有统领性的价值。① 完善并能够有效施行的破产法可为市场经济提供统一、公平、可预期的市场规则,充分发挥市场经济的替代法则和市场出清功效。随着市场经济的变化发展,个人破产制度已不再是简单地帮助债务人脱离债务危机、保障债权人公平清偿的制度,而是兼具社会分配、社会保障功能,与经济发展密切相关的制度。个人破产制度本质上更像一个“安全阀”,能够确保使用及时、最小的成本代价处理经济活动的损失,使经济活动更顺畅、稳定、可预期,释放过度借贷与禁锢生产力给金融体系造成的压力。个人破产制度通过制度安排和适用,实现了上述价值的转换过程(见图 1 -6)。

---

① 参见李曙光:《破产法的宪法性及市场经济价值》,载《北京大学学报(哲学社会科学版)》2020 年第 1 期。

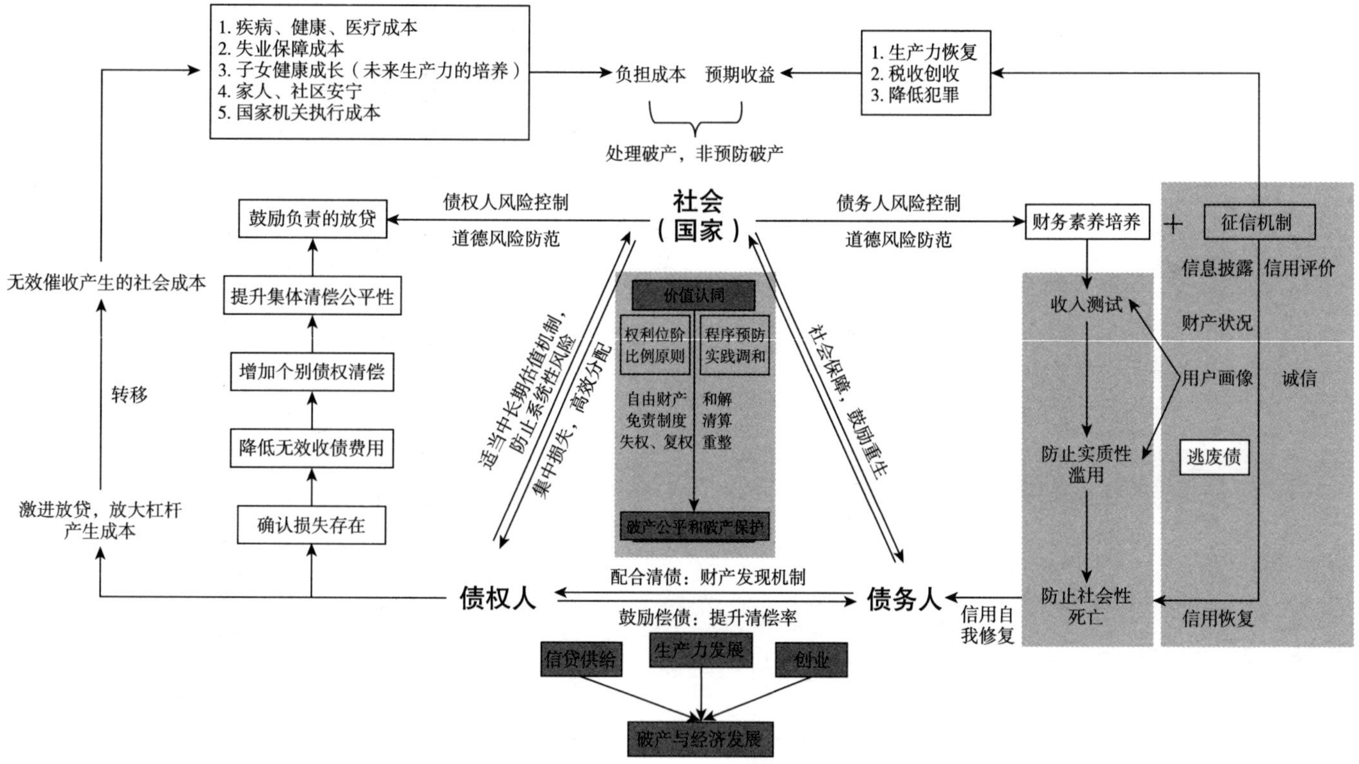

图1-6　个人破产权利冲突的衡平目标

一、债权公平清偿原则下的债权人收益提升

个人破产制度是对债务人的财产进行概括清偿的强制执行制度，寻找破产财产价值最大化是其为之努力的方向。债务人因资不抵债或不能清偿到期债务进入破产程序后，对普通债权人来讲，其债权贬损不可避免，最终只能获得的一个清偿率。只有实现债务人财产价值最大化，才能最大限度地提升债权人收益。

（一）集体清偿

破产是一种通过概括地执行债务人的财产，对债权人进行集体清偿的制度。该机制主要通过无效价值寻找机制和对可得价值的偏颇清偿，克服普通债务执行程序的弱点。在单个收债案件中，由于信息不对称以及对结果不确定的担忧，没有一个债权人有动力将有限的财产池价值最大化，或避免减价出售过程中的资源浪费，但破产可以向债权人提供有说服力的证据证明进一步收债是愚蠢的，应该避免无意义的、破坏性追偿，消除资源浪费行为。同时，与消极的威胁相比，如果债务人能够确信，自己只需要在集体清偿程序中一次性解决债务问题，就不会因债务被多次重复打扰，甚至有相应的激励如延期支付或债务免除，则他们更愿意提供有价值的财产信息，努力创造价值配合清偿。

集体清偿的好处在于，避免浪费性和没有收益的价值追求。个人破产的好处不是从现有财产中提取价值，而是避免浪费性支出，通过集体清偿提升清偿效率。假定债权人无法得到清偿，或清偿的可能性极低，则任何的催收、清偿方案的制订都是浪费时间、精力、财力。

（二）确认损失

个人破产的过程是债权人确认债权损失的过程。根据帕累托定律，任何改善都必须以另一方的损失为代价，而一种状态没有使一方变坏，但可以使一方变得更好，则达到帕累托改善。对于债权人来说，实现不了的债权是沉没成本。如果在不用任何代价的情况下，有希望回收部分债权，通过个人破产并不会使债权人的利益受到更大损害，但会使债务人变得更好，则有利于实现帕累

托改善。①

公平分配破产财产是破产法债权公平清偿原则的重要体现,是最终实现民事实体法意义上的公平的必要途径。个人破产制度可以保证所有债权人之间实现可得价值的公平分配,给不成熟的债务人带来收益,以保障每个债权人公平受偿机会,取代民事执行的申请优先主义,提升债权人集体清偿的公平性。

二、清偿价值最大化原则下的债务人"重生"

个人破产与企业破产最大的不同在于:企业破产清算后,企业注销,债务不再清偿;而个人破产后,个人仍然要体面、有尊严地活着,重新回归社会。因此,个人破产的主要价值是在兼顾效率与公平的基础上保护债权人,以挽救、促进债务人个人"重生"为最终目的。

(一)减缓债务人压力

从人性角度,个人无力偿债的状态作为一个应当改善却难以了结的状态,相当于对一个人判了无期徒刑甚至死刑。无力偿债会让债务人深陷焦虑、内疚、耻辱、绝望中,所产生的心理及生理负担可能会致其产生严重的疾病。而且,债务人的财务困境将严重影响家庭安宁,特别是家长无法继续工作,会极大伤害孩子。由此产生的环境不稳定、社会排斥等因素,会影响孩子的社交能力、社会责任感、社会参与度。为保证孩子在一个负责任的健康环境中成长,让债务人回归正常的社会环境,法律存在恢复生命价值的必要性。个人破产制度有助于缓解债务人的压力、焦虑和其他负面情绪,缓解债务人的长期痛苦。债务人获得的收益将产生外溢效果,外溢给家庭、孩子、社区和社会。

(二)重塑债务人人格

个人破产制度的主要制度价值除解决债权人债权的公平清偿问题外,还在于重建债务人的经济能力,即经济恢复。德国联邦宪法法院认为,终身自由刑必须为被监禁人保有重获自由的希望。个人破产法应当保障债务人作为人的基本尊严和重获人格发展自由的机会。个人破产免责制度的法理依据正是

---

① 参见[美]曼昆:《经济学原理》,梁小民等译,北京大学出版社2017年版,第359~365页。

宪法关于人性尊严和人格自由发展的要求，以及自然人与法人作为同一市场主体，应当平等享有免除剩余债务的机会。[①]

（三）重建债务人信用

在信用化的市场经济中，信用交易是市场交易最重要的方式。维持信用，保障信用形成的债权债务关系的实现，极具重要意义。[②] 在现代商业社会，人格信用成为一种综合性资源，具有立体性的利益结构。人格利益商业化，使人格成为一种“信用资源”。[③] 个人破产是一个人格破产的过程，要让债务人重新回归社会，信用重建是十分重要的一环。

（四）恢复债务人自由

人是生产要素最重要的载体，企业家的人力资本价值被视为推动社会生产力发展的重要因素。围绕着劳动者—生产要素—价值创造的理念，自由是发展的原动力。劳动力是生产要素当中最重要的一环，人力资本让劳动者这一生产要素回归干净的社会循环，这不仅是人权保护的需要，也是社会生产发展的需要。恢复劳动力自由是人权发展的固有理念。对于发展而言，自由既是首要目的，又是主要手段。一方面，社会经济发展可以扩展个人自由；另一方面，个人自由可以改善个人的生活，推动社会经济更恰当和富有成效地发展。[④]

三、高效原则下的社会整体效益优化

个人破产机制实际上是一个债务人、债权人与社会风险共担的机制。个人破产制度背后强大的推动力是减轻未经监管的不良债务带来的消极系统性影响。其产生的社会利益可分为两类：一类是债权人审慎放贷所减少的消极外部影响，包括社会信贷陷阱和国家机关的执行成本；另一类是因债务人“重生”引发的生产力最大化所带来的社会利益。

---

① 参见［德］乌尔里希·福尔斯特：《德国破产法》，张宇晖译，中国法制出版社2020年版，第285～286页。

② 参见王卫国：《中国新破产法中的清偿顺序与破产责任》，载《中国法律》2006年第3期。

③ 参见蒋大兴：《公司法改革的文化拘束》，载《中国法学》2021年第2期。

④ 参见［印度］阿马蒂亚·森：《以自由看待发展》，任赜、于真译，中国人民大学出版社2002年版，第7页。

(一)债权人审慎放贷,减少社会信贷陷阱

导致个人破产的一大原因是消费信贷。关于高利贷、消费贷或其他“次级”贷款,债权人负有不可推卸的责任。债权人可以精准地对债务人的信用进行评估,预测违约成本,预留风险准备金。然后,通过向借款人收取高额违约金和罚款,来规划和调整借款人预期不还款产生的损失,将损失比例计入业务成本。因此,虽然消费信贷的预期债务违约率很高,但盈利可观。高风险、高利润的借贷使债权人乐于接受损失,并积极扩张商业模式。相较精明的债权人,债务人就处于更容易接受诱导的弱势地位。

经济学文献显示,人类的认知并不适合在不确定因素下作出决定。很多低收入或中等收入的债务人受困于认知能力,低估违约风险,无法进行有效的财务规划,很容易落入类似“发薪日”贷款或其他“次级”贷款的放贷陷阱。近年来,放贷者利用金融消费者金融认知能力低的特点,过分放大金融获得感,忽略违约陷阱,致使金融消费者落入过度消费的陷阱无力自拔。如果这些借款人的信用被合理评估,则他们不至于落入放贷陷阱。正是债权人过度放贷,造成借款人债台高筑的后果。在此情境下,债权人对于债务人落入个人破产的境地负有不可推卸的责任。针对个人破产问题,债权人是最有效率的违约风险分配者,个人破产制度通过将风险分配到债权人身上,减少债务人陷入财务困境的风险。

个人破产程序是债务人有效挑战掠夺性贷款的唯一平台,可以督促债权人认真面对道德风险,让债权人在作出放贷决定时,能够在收益最大化和谨慎评估借款人偿债能力之间找到平衡。可以说,个人破产程序是鼓励债权人从事负责任的放贷行为,创造一个更安全和健康的贷款行业的有效机制。

(二)减少国家机关的执行成本

债权人将宽松的信用担保的成本外部化,一旦借款人无法还款,则各种催收成本将由社会承担。催收成本是投资收益递增的杠杆,将催收成本外化是高利贷、次贷商业模型的核心。法院系统积聚的大量“消费贷”和信用卡逾期案,不仅要投入时间和资源为无法收回的债权作出判决,还要执行。由于强制执行成本高昂,对于不讲信誉的当事人,法院判决往往成为一纸空文。在公安

机关开展打击“套路贷”活动的过程中，政府与社会将承担所有的催收成本。

（三）债务人“重生”间接为社会创造最大化收益

国家要保有竞争优势，关键要提升生产要素的质量、提高生产率、创造新的生产要素。[①] 生产率是人均国民收入的源泉，也是决定国家的长期生活水平的关键一环。[②] 相应地，提高人力资源的生产率是提高生产率的重要一环。劳动力资源作为重要的生产要素，其质量的恢复和提升是一国竞争力的优势。企业家作为生产要素之一受到特别关注。熊彼特认为，企业家是创新、生产要素新组合以及经济发展的主要组织者和推动者，对经济发展起着独特作用。[③]

良好的个人破产制度能快速通过消除或减轻难以偿还的债务，重振债务人的自立能力，并在程序结束后的较短时间内让债务人恢复到财务状况良好的状态。近年来，个人破产制度的发展方向致力在为商业活动受限的债务人寻找解决方案。[④] 根据经济学研究中的帕累托效率（Pareto Efficiency）标准，[⑤] 个人破产实际上是价值转换的过程。也就是说，个人破产制度通过将没有收益的债权价值转化为有效的债务人再生价值，最终实现社会整体价值最大化。当然，当我们要考量一个社会的最佳状态仅靠帕累托标准是不够的，还需要结合公平、正义等标准进行讨论。

个人破产制度通过消解债务人的压力，鼓励债务人重新投入社会，间接为社会创造了最大化收益。弘扬企业家精神，提升企业家整体社会参与度，能够使国家经济活动和国际竞争力最大化。每个脱离社会的公民都是已丧失经济和社会潜力长链中的一环，公民的最大参与对于实现国家的最大竞争力十分关键。

---

① 参见［印度］阿马蒂亚·森：《以自由看待发展》，任赜、于真译，中国人民大学出版社2002年版，第19页。

② 参见［美］迈克尔·波特：《国家竞争优势》，李明轩、邱如美译，华夏出版社2002年版，第6页。

③ 参见［美］约瑟夫·熊彼特：《经济发展论——对于利润·资本·利息和经济周期的考察》，何畏、易家详等译，商务印书馆2009年版，第78、106页。

④ 参见［印度］阿马蒂亚·森：《以自由看待发展》，任赜、于真译，中国人民大学出版社2002年版，第17页。

⑤ 经济学研究中一个常用标准是：帕累托效率（Pareto Efficiency），亦称帕累托最优（Pareto Optimality），是指社会资源配置的一种状态。与该状态相比，不存在另外一种可选择的状态，使至少一个人的处境可以变好的同时，没有任何其他人的处境变差。

第二章　个人破产权利冲突与衡平的中国实践

第一节　我国个人破产权利冲突与衡平的实践

法律是从社会大众普遍认可的行为中提取的规则。法律制度的深层结构，由法律赖以存在的政治、经济、文化等社会基础，以及对一个制度发挥作用的长期稳定不变的思想观念等多方相互联系的因素构成。[①]社会规范与法律规则有着异曲同工的表现。社会规范作为人类团体中的秩序，彰显既定的精神和伦理状态。社会的伦理规范、习俗规范、礼节规范和社交规范都是人们不断重复地从常规的、得到普遍认同的实际行为中观察提取，并得到了人们的普遍认同与践行。社会规范的变迁在很大程度上体现了法律的变迁。[②] 我国个人破产法律的变迁在历史文化和社会规范的发展中可以窥见一斑。

---

① 参见陈瑞华：《论法学研究方法》，法律出版社 2017 年版，第 210 页。

② 参见[奥]欧根·埃利希：《法社会学原理》，舒国滢译，中国大百科全书出版社 2009 年版，第 450～451 页。

一、我国个人破产权利冲突与衡平的历史考察

(一)从刑罚走向权利保护的公力救济

我国的个人破产制度在清末才出现的原因有二:其一,我国长期处于农业社会,商业一直不发达,民间资产限于土地和基本的生活用品。其二,我国传统观念也影响了个人破产法的建立。《论语·颜渊》中记载:"子贡问政。子曰:'足食。足兵。民信之矣。'子贡曰:'必不得已而去,于斯三者何先?'曰:'去兵。'子贡曰:'必不得已而去,于斯二者何先?'曰:'去食。自古皆有死,民无信不立。'"可以看出,中国传统文化中,"信"的位置是高于"食"和"兵"的。因此,"欠债还钱,天经地义"的观念也就不难理解,这是中国自古以来保护私有财产最容易理解的价值观。

在个人破产制度于清末出现前,西周就出现了债权债务关系,对不偿还债务的行为规定了相应的责任。自《秦律》以来,债务的偿还和消除一直被纳入法律的范围,并逐渐从刑罚转变为权利保护,具体体现为从《秦律》的酬金制度,到汉代的亲属连带责任、债务担保制度和"利息上缴法"制度,再到宋朝的债务减免诏书,最终到明清时期的债务人个人保护制度的演化。直至晚清时期,清政府首次制定了《破产律》,允许免除债务。①

从法律的规定到皇帝的诏书等行政制度,上述破产清算的历史基本在官方层面演进。与此同时,私债纠纷的解决方式也在民间不断调整。明清以来,行会、会馆等商会组织在商事纠纷调处上扮演重要角色。晚清时期,由于政府职能、司法制度的不完善和专业人才的缺乏,商会参与破产清算的活动更加频繁和深入。

近代商人的破产保护体现在清末商业纠纷的类型中。清末的商业纠纷中,钱债类型的破产案最为普遍。以苏州商会处理的商事纠纷为例,涉及破产

---

① 参见聂晶:《社会治理视域下我国破产清偿民间习俗的价值探究》,载《河北法学》2020年第9期。

的“债”“退”案件占比近70%。[①] 经由商会主持的破产清理案件一般争议和规模都不大。在此过程中，商会与官府或其他机构进行沟通协调时，往往以商人利益代表的身份出现。但规模大、争议较多的案件，往往需要官府主持破产清理。在官府主导的破产清理中，商会的主要职责是查明商号破产详情，协助核查、厘清账簿，协助追缴、清查及保存破产财产。[②]

我国的个人破产制度的萌芽是在鸦片战争之后。1906年，清政府颁布修律大臣沈家本起草的《破产律》，以期革除以往商号清理过程中的诸多弊端。[③]作为我国有史以来首部个人破产法，该法共有9章69条，采用了商人破产原则，但非商人也可以参考。同时，官员们主持破产程序，并对债权人实行同等清偿原则。[④]《破产律》的一些规定遭到了上海、汉口商人团体和内务部财政部门的强烈反对，并于1907年被暂停。[⑤]

1915年，国民政府参照德国和日本的破产法制定了破产法草案，共337条，分为实体法、程序法和刑罚三部分。该草案忽视了我国固有的商业习惯，缺失过多，至1927年国民政府司法部才暂予施行。其间的破产案件均按习惯法和法理处理。1934年，国民政府司法部起草了《破产法草案》。该草案分为实体法、程序法、复权法和处罚规则四部分，共333条。同年，国民政府司法部会同实业部拟定并颁布了仅限商人适用的《商人债务清理暂行条例》，建立了强制和解制度，和解不成时则会使用清理程序迅速了结债务。该法吸收了西方破产法的一般规则，采用一般破产原则和和解前置主义，对和解和破产的理由进行概括立法。其中，对债务人的责任采纳免责主义，是中国破产法的一大进步。

1935年前后，随着经济急剧下行，国内工商企业频繁倒闭，个人资不抵债

---

① 参见马敏：《商事裁判与商会——论晚清苏州商事纠纷的调处》，载《历史研究》1996年第1期。

② 参见张世慧：《清末商会与商号破产清理》，载《学术研究》2020年第7期。

③ 参见张世慧：《清末商会与商号破产清理》，载《学术研究》2020年第7期。

④ 参见刘静：《个人破产制度研究——以中国的制度构建为中心》，中国检察出版社2010年版，第64页。

⑤ 参见张雪梅：《从商人对〈破产律〉的批评看清末的社会法律环境》，载《四川大学学报（哲学社会科学版）》2006年第2期。

的情况严重。国民政府立法院为此于 1935 年 7 月颁布了《破产法》,并废止了《商人债务清理暂行条例》。

中华人民共和国成立后,破产法进行了废旧革新。1986 年《企业破产法(试行)》(已失效)适用于全民所有制企业。1991 年《民事诉讼法》适用对象除全民所有制企业外的其他企业,包括有法人资格的集体企业、私营企业和三资企业等。最高人民法院于 2002 年颁布的《关于审理企业破产案件若干问题的规定》明确了破产债务人应当具备法人资格,不具备法人资格的企业、个体工商户、合伙组织和农村承包经营户,不具备破产主体资格。我国破产法的立法过程中曾一度将自然人破产纳入其中,但几经争议,出于破产"逃废债"及财产登记制、征信机制尚不健全等多方面原因,未将其纳入立法范围。自 2007 年《企业破产法》颁布实施以来,其主体也仅限于企业法人,企业法人以外的其他组织的破产清算参照该法执行。自然人、个体工商户、农村承包经营户至今都未被纳入破产主体范围。

(二)个人破产权利冲突的民间和解机制

虽然个人破产在我国的立法史上存在的时间不长,但民间至今留存有许多个人债务清偿的习俗。以现在的视角来看,这些习俗其实是在乡土中自发产生的"个人破产制度",是乡民的私力救济。这些习俗得到了乡民的接受且行之有效,其中的一些要点与现代个人破产制度大体契合,实质上是一种民间和解机制。

青海省果洛藏族自治州的"吾兰道沫"就是一种现存的特殊破产形式。①债务人欠债后,如经宗族、部落的努力和帮助,仍无法还债,其就可以向债权人发出"吾兰道沫"邀请函。在中间人主持的聚会上,债务人需要表明自己的财产无法偿付债务的情况,以求债权人谅解。最后,债权人按照债权的多少和"先来先分"的顺序对债务人财产进行分配,结束后债务人的债务彻底免除。对于债权人不赴会或明确表示不同意的,债务人要继续偿还。②

① 参见聂晶:《社会治理视域下我国破产清偿民间习俗的价值探究》,载《河北法学》2020 年第 9 期。

② 参见聂晶:《社会治理视域下我国破产清偿民间习俗的价值探究》,载《河北法学》2020 年第 9 期。

在福建、湖北、甘肃、河北的一些地区，一种叫“摊还法”（又称“打账法”“摊账”）的破产习俗也很流行。“摊还法”是指债务人在资不抵债时，将全部资产和盘托出，由各债权人变卖或是共同管理。在一般情况下，债务人会邀请所有债权人到某个地方，按照债务平均摊销家族财产和企业财产，债务摊销后从此了结。有的地方会留适当财产给债务人，有的地方则用全部财产偿债。“摊还法”适用案例很少，因为这种方式对债务人来说可以说是信誉尽失，除维持基本生活外，债务人难以再翻身。

1949 年之前，鄂东南流行一种名为“仰碗”的风俗。“仰碗”有一整套流程和方法。当债务人无法偿还欠款时，会选择办一桌酒席，并邀请一位地位较高的人作为“承头”，相当现代破产制度中的破产管理人。债务人在酒席上把自己的欠债情况及剩余财产向大家一五一十地说清楚，尔后由“承头”将剩余财产分配给债权人，并在分配后向大家通告债务人余债免除。债务人的所有财产在“仰碗”流程中将被分配殆尽，债务人的信誉也将消失殆尽。[①] 因此，一般债务人宁可“跑路”也不愿意选择“仰碗”。

此外，东北农村地区还流行着一种叫“大片肉”的破产清偿方式。债务人在无力偿债时，可以卖掉或当掉家里剩余有价值的东西（包括生产工具，只能留下房子），以换取一小笔钱来买一头猪，然后根据债权人的数量和所欠债务的金额，将猪分成若干份。接着，债务人再请村里德高望重的族长出面，把所有债权人（通常是村民）召集到一起，宣布债务人无法还钱，今天吃了这“大肉”之后，债务即解决，大家互不相欠。最终，族长当众销毁大家的借据。

民国时期，河北、江苏、江西、安徽等地流行着一种叫“立兴隆字”的清偿习俗，即债务人于再次兴隆时偿还债务。其主要途径是在通过中间人达成和解后，债务人立“兴隆字”作为债务终止合同，债权人停止计算债务的利息，给债务人留一定经营期，待其有能力还款时再偿还本金，最长期限直至债务人死亡。

由此也可以看出，“中国没有个人破产的土壤，老百姓不能接受”的说法未必正确。中国传统习俗也留给了“诚实而不幸”的债务人一条出路，保障了他

---

① 参见胡志超：《“仰碗”——解放前鄂东南农村的“个人破产制度”》，载《人民法院报》2020 年 6 月 12 日，第 7 版。

们的生存发展。民间破产清算最重要的功能是给债务人一个重新开始的机会,这与现代破产法的精神是相似的。其运行机理在于债务人以自己一生的荣誉向债权人换取生存机会和生活安宁;债权人虽然接受的是有限清偿,但也得到了心理补偿。清理程序的顺利进行有赖于债务人的诚信和中间人的权威:(1)债务人应当将个人财产、今后发展前景等可能影响债权清偿的事项开诚布公地向债权人公布,以消除债权人的疑虑;(2)应当由各方认可且熟悉民间风俗、习惯、规则的中间人主持调解,化解纠纷和矛盾。民间破产清偿习俗的实质是民间和解。

二、我国个人债务清理机制的衡平实践

在创业者、企业家或其他个人因投资、交易而对个人负债无力清偿的情况下,债权人诉至法院后,因被执行人无可供执行财产而搁置的案子仍然存在。可见,社会亟须一个高效的债务清理机制。

据此,浙江、江苏、山东、四川等地法院从不同角度对个人债务清理进行了不同的尝试和摸索,以一种实用主义的立场,试图以点带面,找到一个更符合中国国情的模式。法院选择清理的债务类型主要分为两种:一是因企业生产经营产生的个人债务,包括个人担保债务;二是其他个人债务。例如,高青县人民法院将个人债务清理的债务范围限定为"破产企业生产经营活动中对企业债务承担清偿责任的有关个人债务"。台州市中级人民法院、温州市中级人民法院、吴江区人民法院的个人债务清理程序的适用于无法清偿到期债务,且资产不足以清偿全部债务或者明显缺乏清偿能力的自然人、自然人经营者,包括个人独资企业、合伙企业、个体工商户等。其中,台州市中级人民法院要求债务违约时间在1年以上并已进入执行程序,[①]温州市中级人民法院要求案件已进入执行程序,[②]吴江区人民法院则对债务已进入执行程序的被执行人优先

① 参见浙江省台州市中级人民法院《执行程序转个人债务清理程序审理规程(暂行)》第2条第1项。

② 参见温州市中级人民法院《关于个人债务集中清理的实施意见(试行)》第6条。

启动债务清理程序。[①]

(一)个人债务清理

浙江台州两级法院从2011年开始进行个人债务清理的三阶段探索。

第一阶段为2012~2016年,在公司破产程序中对股东财产与公司财产进行合并破产。天台县人民法院在浙江省内初次尝试将法人的个人财产与公司财产进行合并破产,同时免除法人的剩余债务。该清偿方案获债权人会议表决通过,一举了结了公司及法定代表人个人的诉讼、执行及信访案件。

第二阶段为2016~2019年,在执行程序中尝试实施执行义务宣誓退出机制。2016年,台州市中级人民法院发布《"无财产可供执行"案件退出机制实施办法(试行)》,在我国首次建立执行义务宣誓退出机制,允许诚实债务人通过执行义务宣誓退出执行程序。自试点实施以来,辖区内法院审理的案件中,有37起案件的被执行人通过执行宣誓取得申请执行人谅解,退出执行程序。[②]

第三阶段为2019年至今,借鉴破产管理人制度,试行管理人在执行程序中对被执行人财产及债务状况进行全面调查和清理,形成法院执行与管理人工作相结合的工作机制。

2019年4月26日,浙江省台州市中级人民法院发布《执行程序转个人债务清理程序审理规程(暂行)》。该规程指出,自债务清理试点工作开展以来,台州法院对3起被执行人案件实行了管理人调查机制和债务清理机制。其中1起无执行财产的案件被移交债务清理后,经管理人调查和法院审理,发现被执行人在债务清算阶段没有不诚实行为,遵守相关法律法规,因此,法院裁定终止债务清理程序,同时对被执行人发出行为保全令。原案件执行部门裁定终结执行程序。在另外2起案件中,一名被执行人隐瞒了自己的财产,因此管理人终止了财产调查,法院恢复强制执行;另一名被执行人有虚报债务的行为,债务清算程序也被终止。

例如,在"黄某华个人债务集中清理案"中,债务人黄某华最初从事羊毛衫的生产和销售。由于管理不善,经营资金无法收回,经营状况恶化。此外,黄某

① 参见苏州市吴江区人民法院《关于个人债务清理的若干规定(试行)》第5条。

② 参见陈兴多:《探索个人"执行不能"退出路径》,载《台州日报》2019年5月18日,第1版。

华因身体不佳逐渐丧失劳动能力和工作能力，最终债台高筑，无力偿还。债务清理过程中，法院认定，黄某华未如实申报全部财产收入，并进行有选择性清偿，债权人无法谅解这些不诚信的行为。法院只能终止债务清理程序，移交执行部门恢复执行。① 该案很好地例证了个人债务清理程序的另一个功能，即严厉打击债务人躲避债务清偿的行为。该案不仅给那些试图逃债的债务人敲响了警钟，也向社会发出了一个非常明确的信号：只要债务人是“诚实而不幸”的，经过个人债务清理程序后，就可以免于执行；但是，如果债务人故意隐瞒或者有不如实告知的行为，那么个人债务清理程序就是一面“照妖镜”，能够让隐匿财产、偏颇清偿等行为显形。可以说，台州地区的成功经验在于对个人债务清理机制进行较全面的探索，根据个人的实际负债情况为债务人提供清理或重整两种方式，达到个人债务清理的目的。

相较之下，2018 年 11 月，温州市委、市政府印发《关于创建新时代“两个健康”先行区加快民营经济高质量发展的实施意见》（以下简称《实施意见》），提出“探索破产制度改革”，要求有关部门研究推进个人破产试点工作。温州市中级人民法院据此开始个人债务集中清理的试点探索，并于 2019 年 8 月发布《关于个人债务集中清理的实施意见（试行）》。同月，浙江执行办案管理系统为温州市中级人民法院个人债务集中清理设立“执清”案号，在全市 11 家基层法院全面铺开个人债务集中清理试点工作。截至 2020 年 9 月，温州个人债务集中清理涉及债务金额 1.0094 亿元，约占全省总额的 50%，还款总额 2309.492 万元，约占全省的 68.93%。

温州市个人债务集中清理模式具有以下两大成效。一是建立了府院联动机制。2019 年温州市的府院联席会议形成了全国第一个关于个人债务集中清理的会议纪要——《企业金融风险处置工作府院联席会议纪要》，启动了温州探索个人债务集中清理试点工作，确立了“党委领导、人大监督、府院联动、法院主办、试点先行”的工作模式。以温州市委、市政府《实施意见》的方式设立了金融债权一致行动原则，针对金融债权案件中因企业破产产生的自然人连

---

① 参见浙江省高级人民法院《2020 年浙江法院个人破产债务集中清理典型案例》案例七。

带责任担保债务问题,鼓励金融机构债权人积极参与个人债务集中清理程序,并根据法院或管理人的建议,对债务减免、减免幅度、减免条件等相关事项采取一致性行动,以此激活银行债务减免制度,实质性化解金融债务"担保链"问题。二是建立了公职管理人制度。针对试点工作中存在的管理人取酬难、失权期间监管难,法院承担事务性工作过重等问题,建立公职管理人制度。通过合理利用司法行政机关的公共法律服务资源,明确行政性事务管理在个人债务集中清理中的职能,推动破产综合事务改革,保障管理人工作的开展,加强履职保障,推进探索破产审判权与破产事务管理权的适度分离。

(二)个人债务重整

2020 年 4 月 15 日,丽水市中级人民法院联合遂昌县人民法院召开新闻发布会,介绍遂昌县人民法院办结的全国首批个人债务重整案件相关情况。遂昌县人民法院至今已通过个人债务重整制度办结全国首批 6 件案件,涉及 7 名债务人、31 件执行案件和 2 件诉讼案件,还清 157 万余元的债务,30 名债权人受益。

遂昌县人民法院的个人债务重整制度具有如下特色:法院仅提供制度平台,"重整"完全由市场主导,秉承"以免责激励偿债,以偿债换取免责"的理念,通过市场筛选、信用审查、激励和惩罚相结合、多方监督的制度设计,有效防止"逃废债"。首先,债务人能否进行个人债务重整,取决于债权人和第三方对债务人信用的判断。其次,通过与当地银行合作的"重整贷"项目引入第三方融资,为债务人提供新生的机会。银行通过财产申报、贷前调查、提供保证人等程序,能够较好地筛选出诚信的客户,使原本丧失履行能力的债务人恢复履行能力,实现参与方利益共赢。在贷款发放后,如客户不按期还款,银行可以直接申请恢复执行,提高客户违约风险,确保客户诚信履约。遂昌县人民法院准备进一步引入保险机制,鼓励银行为"诚实而不幸"的债务人提供"重整贷"服务,推动个人债务重整的启动时机从执行阶段前移。

2019 年 10 月,山东省人民政府办公厅印发《关于深化"放管服"改革优化营商环境重点任务的分工方案》。该方案提出由山东省法院牵头,省政府有关部门、各市政府负责"开展个人破产制度试点,探索推进个人债务清理程序,重点解决企业破产产生的自然人连带责任担保债务问题。完善个人破产配套机制建设,探索建立规范、严谨、具有惩罚性的公民信用体系及完善的财产登记制度”。同年 11 月 29 日,山东省高级人民法院确定高青县人民法院等 5 家法院探索推进个人债务清理程序,重点探索在公司破产的情况下,自然人因担保而承担与生产经营活动相关负债的依法合理免债路径。2020 年 3 月 15 日,高青县人民法院发布《关于企业破产中对有关个人债务一并集中清理的意见(试行)》,重点解决企业破产产生的自然人连带责任担保债务问题。

高青县人民法院的个人债务清理程序的特点包括:(1)清理对象主要为破产企业的关联自然人。主要解决在金融机构为增加企业借款的增信机制,在金融借款合同中要求企业的法定代表人、实际控制人、股东甚至高管及其近亲属承担连带担保责任,以自然人无限责任取代企业有限责任的情况下,当企业破产时,不能偿付的债务转为自然人的债务,导致许多企业家“跑路”的问题。(2)依托原破产案件的审理。申请人的申请应当在企业破产立案受理后,破产程序终结前提出,案件使用“破申”编号,清理工作由承办破产企业案件的管理人负责,参照破产程序处理,但申请人不能执行或者不执行个人债务清理方案的,裁定终结清理程序,恢复执行。①

综上所述,法院在个人债务清理机制的司法实践中摸索出了个人债务清算和个人债务重整两大操作模式,取得了一定成效。一是借鉴个人破产的余债免除和失权制度,发展出执行义务宣誓退出机制和行为保全令。二是在工作机制上拓展出公职管理人制度、金融债权一致行动原则等府院联动的工作机制。通过府院联动机制平台,开展公职管理人、专项资金、财产信息查询、信用联合惩戒等各项工作,推动配套制度的完善。截至 2020 年 9 月 30 日,浙江省共受理个人债务集中清理案件 237 起,涉案债务总额共计 2.027 亿元(担保债务 2573.251 万元,普通债务 1.77 亿元)。其中,台州 137 起,占半数以上,温州 56 起,丽水 41 起,其他地区较少。共完成个人债务集中清理案件 147 起,其中,台州 80 起,温州、丽水各 33 起,绍兴 1 起。与企业破产一并受理的个人债

① 参见高青县人民法院《关于企业破产中对有关个人债务一并集中清理的意见(试行)》第 1 条、第 2 条、第 3 条、第 4 条、第 12 条、第 14 条、第 30 条等。

务集中清理案件5起,结案4起,均在温州。清偿债务总额为3350.349万元,平均清偿率为16.53%,其中,担保债务共清偿264.364万元,清偿率为10.27%,普通债务共清偿3085.986万元,清偿率为17.44%。[①] 但债务清理过程中,出于对债务人"逃废债"行为的担忧,以及对债务人的监督能否到位、措施是否有效的疑虑,债权人不愿意配合个人债务清理。此外,金融机构对个人债权无法表决放弃也限制了和解协议的达成。诸如此类的问题,令人反思个人债务清理机制的有效性。

三、我国个人债务清理机制的反思

个人破产究其实质是概括地清理个人债权债务的司法程序,在个人破产制度未有立法的情况下,法院可通过执行程序探索个人债务集中清理机制。个人债务清理程序致力减轻过多债务负担、分配利益和损失,以诚信为原则,以债务清理为基础,充分尊重债权人和债务人的意思自治,秉持"宽容失败,严惩逃债"的精神,确保个人债务清理程序透明、公正。以失权为惩戒、以复权为鼓励、以免责机制为动力,鼓励债务人努力偿债,从而使债权人与债务人之间达成谅解,在债权保护和债务人"重生"之间寻找一个合理的平衡点,实现债务人、债权人利益的最大化,力图达到"类个人破产处理"。试点法院试图在现有法律框架内为个人债务清理探索出一种解决思路和实施路径,以缓解个人因没有个人破产法而无法脱离债务陷阱的状况。这些探索为个人债务清理制度积累了丰富的实践经验和案例素材,但也面临一定的质疑和困惑:没有统一中央立法支持,地方法院如何解决制度供给问题?没有配套制度支持,地方法院如何解决案多人少的问题?在应然与实然之间、理论与实践之间,许多问题仍有待从不同的层面深入探讨。

---

① 参见浙江省高级人民法院:《先行先试积极探索　稳妥推进债务清理——浙江高院关于个人债务集中清理(类个人破产)工作情况的调研报告》,载《人民法院报》2020年12月24日,第8版。

(一)个人债务清理机制的问题

1. 适用范围较窄

个人破产法在各国的立法例上存在两种模式:一是认可所有自然人均有破产能力,二是仅认可商自然人有破产能力。目前,我国各地法院在各自辖区范围内试行的个人债务清理机制采用这两种模式进行,并衍生出不同的版本,但主要重点还是围绕解决企业破产产生的自然人连带责任,如经营者因企业经营而负债,股东、担保人为企业经营承担担保责任的居多。在实践操作过程中,各地法院有选择性地谨慎进行试点,试点案例主要是已进入执行程序而执行不能的案件。其中,试点案例当事人以商主体为主,特别是以担保人居多,许多人通过债务清理虽然削减了个人债务,但其实主债务并未免除。

近年来,随着互联网金融业务的发展,各类消费贷经营者以无抵押、免担保、快速、便捷的信用贷款,通过各种打折、促销方式吸引各类消费者,如京东白条和支付宝的借呗、花呗等,各类银行信用卡以及各类消费金融公司、小贷公司也层出不穷。更有甚者,还有涉及校园贷、"裸贷"等业务的非法贷款机构参与其中。这种无门槛的鼓励消费方式,导致低收入甚至无收入群体,包括学生群体,深陷过度负债的牢笼,甚至引发暴力催收等恶性事件。这类贷款的许多经营者在展业时即已对这部分贷款预留了风险准备金和呆坏账处理机制,大部分贷款已在执行案件进入法院之前即以其他方式解决。对于进入执行程序的案件则穷尽执行措施,采取限制高消费、上失信人员黑名单、限制出境等手段,阻断了债务人通向未来的道路。这类案件数量多、执行难,银行没有核销依据。就目前已公开报道的案例,除台州市人民法院已受理70余件金融消费者债务清理案件外,①其余法院尚未见消费者债务清理的统计数据。

2. 债务豁免较难

个人破产免责制度是个人破产制度最重要的制度安排,也是债务人申请破产保护的最大动力。债务人在按法律规定完成个人破产程序后,除法定不免除情形外,债务人剩余的债务可以获得完全免除,债权人不得再追偿,债务

---

① 参见罗亚妮:《五个全国首次!台州法院个人破产制度见成效》,载浙江新闻网2019年12月31日,https://zj.zjd.com.cn/news.html? id=1356033。

人可以恢复干净的社会循环。债务豁免弥补了人们因投资或财务决策失误造成的损失,有助于债务人重新开始。

个人债务清理机制借鉴了个人破产免责制度,通过债务人与债权人达成的清偿方案对债务人进行有条件的债务豁免。但这种豁免是建立在执行和解基础上的豁免,并不是真正意义上的免责。首先,个人债务清理机制中,对于债务人的余债是否予以免除,多是采用当事人自愿原则协商解决,法院仅能基于执行和解的原理进行个人免责,并以个人承诺为前提。这在现有法律框架范围内仍属于执行和解的范畴,其也许可以解决个人债务人在地方法院执行不能的案件,但对于个人在国内其他地方的负债、未发现的债务、跨境的负债仍然鞭长莫及。其次,对于未参加债务清理程序的债权人,地方法院无法约束。这些债权人在债务清理程序结束后仍有权向债务人主张权利,债务人无法通过个人债务清理机制得到真正的免责。最后,为避免纠纷,地方法院对免责规定只能慎之又慎。如吴江区人民法院规定,债权人因不能归责的原因未申报债权的,不能免除债务人对债权清偿额未达到申报债权清偿比例部分的责任,债务人应当继续承担清偿责任。在信用恢复期内,债务人的收入超过其本人及其家庭成员基本生活水平的,超出部分仍应当用于追加还款。

对于个人债务清理案件,虽然实践中各地法院分别有交由执行庭审理和破产庭审理等不同的做法,但从性质上来说个人债务清理仍属于执行行为,当个人债务清理程序不能进行下去,或清偿方案无法履行时则恢复强制执行。

3. 债权人表决不确定性较大

债权人可以随时阻却清理程序。对于债权人异议的处理,企业破产有债权人会议制度。破产清偿方案由债权人会议采用多数决方式表决通过,如果二次表决不通过,法院可以裁定确定。在强制执行参与分配程序中,如债权人对分配方案有异议的,可以提出分配方案异议之诉。但目前我国没有个人破产法,个人债务清理采用的法理基础是执行和解原理,在债权人对分配方案没有达成一致意见的情况下,法院以裁定确定分配方案没有依据。唯一可行的方式是由法院引导债权人同意采用多数决规则,通过多数决表决方式采纳清理方案。如在瓯海区人民法院审理的“李某个人债务集中清理案”中,两家银行对清理方案表决不同意,但管理人经统计表决票,按照表决规则对该清理方案予以通过。[①] 那么出现债权人异议时,个人债务清理程序必然要终结。如此反复,极有可能加大债务清理成本,浪费司法资源。执行和解充其量只是对债务的减少或延期清偿,无法制度性地保障债务人的"重生",事实上治标不治本。

4. 债权保护不周全

未经有效确认的债权保护存在不确定性。强制执行是实现权利的行为和程序。强制执行的前提是要有明确具体的执行依据,即已事先通过法律程序确认,并在有效的法律文件予以明确。强制执行参与分配的主体也只能是已取得执行依据或对执行标的物享有担保物权等优先受偿权的债权人。但在个人债务清理程序中,试点法院允许没有取得执行依据的债权人参与分配。按执行和解的原理,如果清偿方案最终未履行,则恢复强制执行。那么个人债务清理程序中未取得执行依据的债权人在债务清偿方案未通过,或在清偿方案未履行的情况下,则会面临因没有生效法律文书而无权申请参与分配的问题。其债权无法通过恢复强制执行予以保护的,必须再走债权确认程序,如司法确认或者诉讼、仲裁等。个人债务清理在这种情况下既无法达到集中清偿节约成本的目的,又无形中加大了债权人追偿成本,是对司法资源的一种浪费。

民事执行程序立法不统一,立法层级难以协调。执行程序参与分配的主体和客体范围较窄,参与分配提起的前提条件严苛,无法达到破产制度对债务人财产和债务状态所具有的明确宣示作用,以及统一清偿,集中分配,效率与公平兼具。[②] 强制执行属于司法行为而非行政行为,执行权的配置须以"法官主导执行"为中心,执行人员应当坚守司法中立原则。强制执行乃是个别执行而非概括执行,不宜由执行法院主持类似破产清算的财产分配;概括执行优先于个别执行,但现行的"执转破"制度缺乏实效性,应予重新审视。[③]

---

① 参见蔡雄强、夏旭丽、郑拓、郑菲菲:《个人债务集中清理的实务难点与思考——以温州瓯海法院审结的李某个人债务集中清理案为视角》,载《人民司法》2020 年第 10 期。

② 参见刘恒:《执行视角下的个人破产制度研究》,载《社会科学动态》2019 年第 5 期。

③ 参见雷运龙:《强制执行之基本定位》,载《民事程序法研究》2016 年第 2 期。

2020 年 12 月,浙江省高级人民法院在《先行先试积极探索　稳妥推进债务清理——浙江高院关于个人债务集中清理(类个人破产)工作情况的调研报告》中指出,目前开展个人债务集中清理工作(类个人破产)面临的主要困难如下:(1)债权人表决机制存在局限。由于缺乏个人破产制度支撑,债权人的表决机制存在局限,金融债权人很难支持债务人债务减免。若债权人众多、债权复杂,则个人债务清理方案更是难以通过。夫妻共同清算的债权组成往往更复杂,也更容易陷入表决困境。(2)亟须加强对“逃废债”行为的管控。债务人“逃废债”的行为不能完全杜绝,尤其是债务清理方案通过后,能否有效监督债务人在行为考察期的行为,均让债权人对债务人的诚信抱有疑虑。(3)债权人与债务人缺乏对个人债务清理机制的支持与配合,在实操中存在强制执行制度中的规则障碍。例如,终止本次执行程序的被执行人必须申请执行人同意,否则被执行人得列入失信人员名单,并根据规定限制高消费。①

(二)个人债务清理无法替代个人破产

自司法改革以来,法院案多人少、法官不堪重负已成为众所周知的事实。在现有执行案件已饱和的情况下,又增加个人债务清理的职责,法院要如何解决案多人少的问题呢?在个人债务清理程序中,债务人是没有财务账册的自然人,要确保债权清偿,债务人的财产核查是关键,那么如何核实债务人申报的财产是否属实?在个人债务清理方案通过后,还存在清理方案的监督执行问题,谁来监督?如何监督?要解决这些问题,不仅需要有专业机构协助法院行使债务清理程序的事务管理权,还需要有可以协调征信系统、财产登记系统、税务系统、金融系统、公安系统、证券交易系统、民政系统等的多方协调机制,法院以一己之力无法实现。这些机制如何统一协调,是否可能在个人债务清理程序无法进行下去的时候,直接通过“执转破”的形式进入破产程序,从而做到把执行的留给执行,把破产的留给破产,充分提高个人债务清理的效率仍待探索。

执行和解无法解决统一清偿问题,债务清理地方化不可避免地存在制度

---

① 参见浙江省高级人民法院:《先行先试积极探索　稳妥推进债务清理——浙江高院关于个人债务集中清理(类个人破产)工作情况的调研报告》,载《人民法院报》2020 年 12 月 24 日,第 8 版。

障碍。个人债务清理作为个人破产的替代性制度，自身存在先天缺陷与不足，二者无论在效力层次还是实施效果上都有较大差距。[①] 凡此种种，不得让人心生疑虑，是否应重新审视个人债务清理机制的实效性。换言之，个人债务清理机制是否应当让位给个人破产制度？由于强制执行程序缺乏债权统一清偿机制和个人“重生”的制度安排，强制执行的失信联合惩戒无法取代个人破产的信用惩戒，个人债务集中清理机制实际存在无法取代个人破产法的“瓶颈”。

首先，在个人破产程序中，只要个人存在破产原因，任何债权人都可以申请或参与分配，未进入司法程序取得债权确认法律文书的债权人可以通过债权申报程序来确认债权。这减少了债权清收成本，对债权人来说更客观公正。但在个人债务清理程序中，当债务人不履行或不能履行清偿方案时，已发生的债务清理程序的行为的法律效力存疑，债务人选择个人债务清理的积极性亦存疑。其次，个人破产制度的免责制度是真正意义上的免责，这能够吸引债务人将自由财产外的所有财产全部交由管理人，并如实申报财产。发现不诚实债务人隐匿财产、逃避债务的，依照不免除、不恢复权利的规定予以限制，并依法追究刑事责任。最后，个人破产制度以鼓励加惩戒相制约，确保债务清理过程中的信息透明，通过债务人如实申报财产等制度，减少了债权清收成本，保证债权人公平清偿和债务人生存权益兼具的集中清偿功能。这些都是个人债务清理机制无法比拟的。个人债务清理程序无论在债权人保护还是在债务人保护上都无法达到与个人破产程序相当的结果。

个人债务清理机制无法替代个人破产制度，个人债务清理机制的最终归宿是个人破产制度的建立。个人破产制度的良好运行则得益于地方政府的支持和配合。囿于法院的职责所限，如何合理建构配套的破产行政协同机制，由行政机构对个人破产进行前期审查和后期监督，是在破产审判中探索个人债务清理机制最具现实意义的一环。这直接关系到我国个人破产制度的设立和施行，也是我国个人破产制度实施的难点和重点。囿于中国国情，能否把府院联动中地方政府在破产制度中的行政功能特定化，提前对个人破产行政管理

---

① 参见赵万一、高达：《论我国个人破产制度的构建》，载《法商研究》2014 年第 3 期。

工作进行规划设计，是个人债务清理机制的司法实践对个人破产法提前演绎的难点和亮点。

第二节 我国个人破产权利冲突与衡平的地方立法检视——以《深圳条例》为例

个人债务清理是中国司法实践对个人破产制度的有益探索，但其无法与完整的个人破产制度相提并论。要想解决债权公平清偿以及债务人“重生”的问题，仍需通过立法来构建个人破产制度。立法者需要根据客观实际以及制度环境，审慎推进立法进程，全面有效地平衡债务人、债权人之间的利益。在立法方面，鼓励地方立法先行先试，探索适合中国国情的立法道路。2020 年，深圳市出台《深圳条例》，在全国率先建立个人破产制度。这是目前我国唯一一部个人破产地方立法。

一、《深圳条例》的立法背景

近年来，深圳除个体经营者外，还存在大量直接以自然人名义参与商事活动的商事主体，其规模、形式和经营性质呈现多元化的趋势。据统计，截至 2020 年 1 月底，深圳市登记设立的商事主体已达 329.8 万户，其中个体工商户 123.6 万户，占 37.5%。此外，还有大量自我雇用的商事主体以微信、电子商务、自由职业等自主创业的形式存在。在实际金融实践中，无论是企业还是个人作为商事主体，金融机构或者资金出借方往往要求经营者以个人或者家庭财产作为担保，使企业经营风险无限转移到个人和家庭，突破了法人有限责任原则，也滋长了高利贷、“地下钱庄”等高利借贷的风险效应。因此，建立个人破产制度可以有效厘清框定市场主体承担风险的责任，为“诚实而不幸”的创业者解除后顾之忧、促进创新创业，确保深圳经济持续、稳定、高质量增长。①

深圳的改革创新一直走在全国前沿。全国首部企业破产条例的出台，全

---

① 参见深圳市人大常委会办公厅《关于〈深圳经济特区个人破产条例（征求意见稿）〉的说明》。

国首家破产审判庭和破产法庭的成立,全国首家证券公司破产案的结案……这一系列具有代表意义的作品,彰显着深圳市作为探索破产制度"试验田"的坚实的改革基础。2016年,深圳市中级人民法院就个人破产制度的研究完成调研报告,并向深圳市人大常委会提交《深圳经济特区个人破产条例(建议稿)》,引起高度重视。2019年8月,中共中央、国务院《关于支持深圳建设中国特色社会主义先行示范区的意见》提出,深圳要充分利用经济特区立法权,根据改革创新实践的需要进行授权立法,率先营造体现公平正义的民主法治环境。2021年,最高人民法院咨询委员会原副主任杜万华提出,我国应从保持企业法人有限责任制度科学性的角度,建立个人破产制度,有效地促进以自然人为主体的市场主体制度的完善,彻底解决执行难问题,维护我国婚姻家庭制度稳定。2018年、2022年"两会"期间,全国政协委员、中国人民大学教授汤维健的对于个人破产立法呼吁,代表了社会各界对解决债务违约问题的殷切期望。

2019年,深圳市人大和深圳市中级人民法院依靠多年来对个人破产制度的前期调研、讨论和宣传工作,进行了破产立法的起草工作。《深圳条例》历时10个多月的起草过程,经历了多次座谈会和修改讨论。2020年4月28日,《深圳条例》首次提交深圳市人大常委会审议。2020年6月2日,深圳市人大常委会办公厅发布《深圳经济特区个人破产条例(征求意见稿)》,广泛征求社会各方面的意见。2020年8月26日,《深圳条例》经深圳市六届人大常委会第四十四次会议表决通过,并于2020年8月31日正式公布,2021年3月1日正式实施。①

① 深圳市地方立法的合法性曾一度受到学者的质疑。债务人破产必须经过法院破产清算程序,涉及诉讼制度的安排,而我国《立法法》第11条第10项明确规定,诉讼制度只能由全国人大及其常委会制定法律。学者据此认为,《深圳条例》的合法性存疑。但是,我国《宪法》第15条第1款、第2款明确规定:"国家实行社会主义市场经济。国家加强经济立法,完善宏观调控。"《立法法》第101条第2款规定:"经济特区法规根据授权对法律、行政法规、地方性法规作变通规定的,在本经济特区适用经济特区法规的规定。"中共中央、国务院《关于支持深圳建设中国特色社会主义先行示范区的意见》第18条规定:"强化法治政策保障。本意见提出的各项改革政策措施,凡涉及调整现行法律的,由有关方面按法定程序向全国人大或其常委会提出相关议案,经授权或者决定后实施……在中央改革顶层设计和战略部署下,支持深圳实施综合授权改革试点,以清单式批量申请授权方式,在要素市场化配置、营商环境优化、城市空间统筹利用等重点领域深化改革、先行先试。"由此可见,深圳个人破产立法的正当性得到了法律和政策支持。《深圳条例》的立法过程严格按照现行法定程序操作,得到了全国人大的支持,回应了数年来多名全国人大代表、政协委员关于个人破产立法的多次议案、提案。

二、《深圳条例》的立法争议

（一）个人破产的适用对象

关于个人破产的适用对象问题，不同的历史阶段曾有不同的争论。

首先，个人破产是否纳入破产法的立法，在《深圳条例》立法之前一直存在争议。2004年破产法一审稿曾引入商自然人破产，但此后的二审稿、三审稿又把这部分删除。在此过程中，对于制定中国个人破产法必须面对的问题，学者提出了不同的观点。一种观点认为，个人破产可以集中清理债权，有效保护债权人，给债务人“重生”的机会，自然人、非法人主体均可适用个人破产程序。另一种观点认为，我国缺乏财产申报和监控制度，个人破产容易导致债务人“逃废债”；各地区生活水平不同，如何区分个人生活必需品、如何保留自由财产存在争议；如果出台个人破产法，将导致破产案件大量增加，而目前审判力量严重不足，实操存在难度，欠缺理论论证的实践基础。因此，制定个人破产法需要注意以下几点，个人破产程序将导致商业银行对个人买单，对商业银行产生毁灭性打击，所以要加快银行商业化，尽快出台金融机构破产条例；建立科学、合理、有效的个人征信体系；加强金融监管改革，建立一套合理的个人信贷风险标准，有效监控个人信贷风险；注意法院地方化、行政化问题，防止出现法院为地方利益考量侵害商业银行的行为，降低司法成本，建立庭外谈判机制，建立破产管理局由政府担任公共管理人角色。①

其次，消费者破产是否纳入个人破产立法，在此次《深圳条例》的立法过程中也历经激烈争论。主流观点从社会导向和社会效果出发，认为为防止消费者滥用破产保护，应把因个人消费而不能清偿债务的情形排除在个人破产法适用范围之外，否则容易有引导大众过度消费之嫌。同时，根据《加快完善市场主体退出制度改革方案》的精神，应当将个人破产的适用对象限制在为生产经营活动不能清偿到期债务的自然人。但也有观点从个人破产的立法趋势和

---

① 参见李曙光：《制定个人破产法需要着重解决好五大问题》，载《中国证券报》2008年6月14日。

实操角度出发,认为生产经营债务与生活消费债务无法区分,难以根据债务性质确定债务人是否应当纳入破产保护范围。并且,信用消费的债务人已陷入无力清偿的债务状态,社会应当出援助之手,让其重获新生。其中,深圳市市场监督管理局还认为,我国个体工商户正逐步被个人独资企业取代,已经是一种逐步消亡的商主体形式,将适用范围限于商自然人不仅适用范围过窄,而且不符合国际立法趋势。

深圳市人大常委会监察和司法委员会采纳了深圳市市场监督管理局的意见,并在2020年4月29日提交一读的《深圳经济特区个人破产条例(草案)》中将个人破产的适用对象修改为:"在特区居住且参加深圳社会保险连续满三年的自然人,因正常生产经营和合理生活消费导致不能清偿到期债务,并且资产不足以清偿全部债务或者明显缺乏清偿能力。"虽然《深圳条例》最后删除了"正常"和"合理"两个定语,但这已被视为无须定语的应有之义,即违法经营或过度消费导致的债务不能清偿,不在《深圳条例》保护范围之列。①

(二)个人破产的破产原因

破产原因,是指债务人丧失偿还债务能力的状态。对债务人的清偿能力可以从两个角度进行评价:一是债务人对到期债务是否有即时清偿能力;二是债务人的资产是否足够抵偿其所有债务。

个人破产的破产原因的设定涉及是否提高破产门槛的准入条件,这在深圳立法时曾引起极大争议。有观点认为应当放宽准入条件,对债务人设置过高的准入条件只会把需要破产救济的债务人挡在司法程序之外。个人破产制度的主要功能不仅是为债务人提供破产保护,使债权人减少无效的讨债投入也是一种保护。个人破产法的要点在于防止债务人、债权人、社会进一步遭受更大的损失,而不是对债务人的惩戒。因此,提高个人破产准入条件,只会减损个人破产的制度收益。在实践当中,法院也只有在受理案件后,才能真正判断债务人是否无力偿债。而且,个人破产中既有破产财产又有自由财产,债务人在破产申请时要证明自己资不抵债不仅难度大,而且效果也未必好。因此,

① 参见白田甜:《个人破产立法中的争议与抉择——以〈深圳经济特区个人破产条例〉为例》,载《中国人民大学学报》2021年第5期。

应当在制度上加以区分，与其基于债务人的行为为其进入破产程序设置很高的初始障碍，不如允许其进入，但对其欺诈行为进行制裁。对于转移、隐藏财产的债务人，不能简单地拒之门外，可在受理之后，通过欺诈行为撤销、确认无效行为或不予免责等措施予以惩戒。①

（三）个人破产和解程序的存废之争

《深圳条例》起草之初有破产清算程序、重整程序，并无破产和解程序。对于个人破产和解程序是否有必要设置的问题，深圳市人大常委会监察和司法委员会在2020年4月29日提交的一读审议稿中作出了否定，理由是：个人债务在进入破产程序前，大部分已经过执行程序，如当事人在执行程序中不能达成和解，再安排庭外和解或者破产程序中的和解，多数不能产生增量效益。所以《深圳条例》草案没有规定和解程序，而是通过对重整程序的再造，实现替代和解程序部分功能的效果。《企业破产法》实行10余年来的数据也说明了和解并未完全发挥制度的设计功能。深圳市中级人民法院在1993～2017年审结的破产案件为707件，适用和解程序的仅有3件，占0.42%。但是，在《深圳经济特区个人破产条例（征求意见稿）》于2020年6月2日公布后，中国政法大学李曙光教授提出增加个人破产的替代机制："个人破产并非债务人处理债务的唯一途径，必要替代机制是对个人破产制度适用进行有效过滤的重要手段。"因此，《深圳条例》最终设立和解制度，使其成为庭外和解的司法审查确认程序，搭建了庭内程序的衔接机制，对培育庭外债务纾缓程序具有重要意义。②

（四）破产审判权和破产管理权的分权协作

我国《企业破产法》对破产审判权和破产管理权采用一体化的立法模式，导致破产案件审理过程中的资产评估、债务确认、破产从业者管理、破产生产管理事务管理、反破产欺诈调查等事项管理缺位的现象发生。深圳市中级人民法院起草的《深圳经济特区个人破产条例（建议稿）》中，按破产审判权和破

---

① 参见徐阳光、武诗敏：《个人破产立法的理论逻辑与现实进路》，载《中国人民大学学报》2021年第5期。

② 白田甜：《个人破产立法中的争议与抉择——以〈深圳经济特区个人破产条例〉为例》，载《中国人民大学学报》2021年第5期。

产管理权两权分工协作框架设立的条文引发了极大的争议，其中以行政机关反应最为强烈。深圳市司法局认为，行政机构承担大量的破产管理事务，与行政机关的简政放权的改革方向不一致。深圳市市场监督管理局认为，破产管理不涉及危害社会公共利益的行为，不属于行政管理的范畴，建议设立破产法院，由破产法院统筹行使破产办理职权。最终深圳市人大采纳法院的建议，提出由破产事务管理部门承担破产办理的行政事务，破产办理中的行政事务与审判事务相分离是国际上通行的做法。如果将国内许多不具司法性质的破产办理事务全部交由法院办理，就会妨碍行政职能和审判职能的科学配置、合理分离，影响审判职能高效履行，不利于权力正确行使。①

此外，《深圳条例》的立法过程中还有诸多存在争议的问题，例如，是否赋予债权人申请权；下落不明的债务人能否适用个人破产；偿债能力测试是否为清算所必需；破产简易程序如何构建；夫妻共同破产问题；遗产破产问题；个人破产与执行程序的衔接问题；豁免财产的范围和确定程序问题；法定免责的宽严尺度问题；等等。

三、《深圳条例》的司法检验

（一）破产需求、破产原因与偿债率

1. 破产需求

《深圳条例》施行初期，深圳市中级人民法院平均每天收到10件个人破产申请，最多达19件。《深圳条例》施行第一个月，深圳市中级人民法院就收到了260件个人破产申请。《深圳条例》施行至2021年8月末，个人破产申请总数上升至699件，其中破产清算申请占据了绝大多数，这反映出个人破产的需求量还是比较大（见表2-1）。截至2022年2月22日，深圳市中级人民法院收到个人破产申请1023人，启动破产程序23件，审结破产案件19件，其中重

---

① 参见白田甜：《个人破产立法中的争议与抉择——以〈深圳经济特区个人破产条例〉为例》，载《中国人民大学学报》2021年第5期。

整 11 件、和解 4 件、清算 4 件。①

表 2－1 深圳市中级人民法院个人破产案件收案情况

收案时间	清算案件数/件	重整案件数/件	和解案件数/件	收案总数/件
《深圳条例》施行第一个月	235	17	8	260
《深圳条例》施行至 2021 年 8 月末	589	67	43	699

2. 破产原因

个人破产案件的申请人中，有 80% 在 30～50 岁，多为有创业经历的青壮年。大部分申请人的职业为工程师、程序员，也有个体经营者、自由职业者等。归结而言，申请人的职业具有不稳定、收入波动较大、职业风险较高等特征。②引发破产的原因较集中为 3 类：一是自然人从事带有商业属性的市场活动所面临的风险，如创业失败、股票期货投资失败、为企业经营性债务提供担保。这些属于市场经济发展到一定阶段必须要面对和解决的问题。二是自然人以自身之力无法对抗的社会生存风险，如父母、子女自身疾病致贫，单纯贫穷（如因无收入而无法负担孩子抚养费用等基本生活消费）等。这些属于国家应提供社会保障的义务范畴。三是过度消费（信用消费超出其收入能力）。这与过度投资一样，在是否应予保护方面仍存在争议。③

3. 偿债情况

在深圳市个人破产实践中，个人破产债务分布广泛、规模可控；部分债务人涉诉涉执；债务人财产以现金为主，偿债意愿和能力较强。个人破产相较企

① 参见刘贵祥：《个人破产制度全国推广还需“三步走”》，载微信公众号“破产法快讯”2022 年 5 月 3 日，https://mp.weixin.qq.com/s/vUiK3lsNZmJd30D6VMcKKQ。

② 参见刘思良：《深圳个人破产条例实施半年，给债务人画个像》，载微信公众号“破产法快讯”2021 年 9 月 30 日，https://mp.weixin.qq.com/s/wP57GONk79roTiI－7z25jw。

③ 参见白田甜：《个人破产立法中的争议与抉择——以〈深圳经济特区个人破产条例〉为例》，载《中国人民大学学报》2021 年第 5 期。

业破产,负债规模较小,偿债率极高。已审结的 2 个重整案件的债权本金的清偿率为 100%。已公开的个人破产案件的具体情况如下:(1)债权规模在 73 万~362 万元。(2)债务类型比较丰富,有信用卡、银行借款、网贷等多种类型。(3)债权中 80% 与信用卡有关,银行是个人破产案件的主要债权人,其余债权人则主要为债务人的亲友。①

(二)司法成本

《深圳条例》施行过程中发现,个人破产的材料审核难度极大,法院审核任务很重。首先,个人破产的材料审核难度大。破产立案申请所需材料繁多,每件申请需核对的信息条目平均有 26 类,100 余个小项。而且,由于申请人对个人破产制度的认识和理解可能存在偏差,加上对财产、债务的前期整理不够,导致申请材料审核难度高、退补多、周期长。其次,法院审核任务重。深圳市中级人民法院对个人破产申请逐一研判,建立了分流识别机制,分别进行书面材料核查、电话答疑、一对一面谈辅导。该条例实施初期,破产法庭全庭法官面谈了近 300 名申请人,对不在深圳居住,未连续缴纳社保,提交材料不合格,未如实申报信息,因过度消费、过度投机、参与赌博而负债等明显不符合《深圳条例》规定要求的申请,逐一释明并予以退回。为确保法律效果和社会效果,考虑个人破产的试点改革对传统观念和现行制度提出了颠覆性的挑战,深圳市中级人民法院选择先易后难、稳妥推进的方式。总体而言,个人破产的司法成本极高。

(三)破产公平与破产保护

《深圳条例》是我国个人破产立法史发展的一次跨越。《深圳条例》共 13 章 173 条,从程序制度、失权与复权制度、自由财产制度、免责制度、个人破产事务管理机构等几个维度构建。《深圳条例》将商自然人和消费者破产均纳入其中,立法目的彰显了救济贫困与促进经济发展的双重价值兼顾。《深圳条例》最大的贡献是设立破产事务管理机构及规定其职责,将破产信息公开和登记

---

① 参见刘思良:《深圳个人破产条例实施半年,给债务人画个像》,载微信公众号“破产法快讯”2021 年 9 月 30 日,https://mp.weixin.qq.com/s/wP57GONk79roTiI-7z25jw。

制度从简单的信息化办案发展为独立且重要的破产配套保障机制。[①] 但《深圳条例》仍存在宏观和微观的问题尚未厘清，如何通过个人破产权利冲突的衡平机制实现破产公平与破产保护，仍需进一步从理论和实操的角度予以完善。以下笔者先就个人破产的权利冲突衡平的程序机制出现的问题抛砖引玉。

1. 任意三轨制的适用

个人破产程序主要有和解、重整、清算 3 种程序。个人重整和个人清算的最大区别在于重整程序以债务人未来的收入进行偿还，清算程序则不必，清算完毕即可根据法律规定进行免责。因此，无豁免财产可以保留的人宁愿选择清算程序。《深圳条例》采用任意三轨制立法，即债务人可以自由选择和解、重整、清算三条路径。这虽然方便了没有任何破产经验的债务人，但容易导致清算程序被滥用，对债权人实际上是否公平也令人反思。如破产人陈某系深圳市公务员，每月有稳定收入，其唯一债权在强制执行阶段不具有止息功能，债务从本金 200 万元增至本息 400 万元。如进入破产程序后，该债权可强制止息，通过分期偿还方式还清。但是如果通过破产清算予以免责，则债权人利益损失巨大，这对债权人来说是否公平值得深思。[②]

2. 地方立法与中央立法

国家层面出台适用于全国的个人破产法是稳定有序清理债权债务关系的前提。个人债务清理机制想发挥个人破产法的功能，就不可避免地面临地方法制度不足的缺陷。目前，深圳个人破产立法亦面临同样问题，如破产管辖权如何确定，债务清理后后续新发现债权如何参与分配、如何处理债权人异议，转移的财产如何处理，不如实申报的个人如何追究责任等。目前，各地法院试行的个人债务清理涉及管辖权、失权、复权、免责等一系列制度。这些制度如果地方化就会产生差异，必然产生“制度移民”。同理，个人破产法如果地方化，一定会有制度差异，并产生“制度移民”。只有兼顾差异化的中央化的制

---

① 参见白田甜:《个人破产立法中的争议与抉择——以〈深圳经济特区个人破产条例〉为例》,载《中国人民大学学报》2021 年第 5 期。

② 参见白田甜:《个人破产立法中的争议与抉择——以〈深圳经济特区个人破产条例〉为例》,载《中国人民大学学报》2021 年第 5 期。

度，才能稳定有序地清理债权债务。无论是个人债务清理还是个人破产，统一立法是大势所趋。地方立法如何向中央立法过渡，如何让地方立法与中央立法衔接，考验着司法者与立法者的智慧。

总体而言，深圳市个人破产的地方立法突破了我国无个人破产法的空白，走出了历史性的关键一步。作为我国第一部关于个人破产制度的地方性法规，《深圳条例》补足了自然人作为市场主体救治与退出的制度空白，进一步完善了市场主体退出机制，为市场主体在遭遇债务危机时提供法治"安全网"，在保障债权人利益基础上，为"诚实而不幸"的债务人经济再生提供路径，推动形成符合信用经济规律的现代市场理念。

第三节　我国个人破产权利冲突与衡平的现实困境

个人破产制度是一把"双刃剑"，既包括对权利冲突的正面解决，又包括对权利冲突的负面效应的防范和处置。个人破产制度自产生起，如何防范制度的道德风险，防止债务人"逃废债"和防止债务人的社会性死亡，让债务人"重生"，始终是一个值得困扰的问题。在个人破产立法与司法的探索和实践中，破产滥用和破产欺诈是个人破产道德风险防范的重要课题。个人破产滥用与个人破产欺诈已经脱离了正常的权利冲突的范畴，是个人破产权利冲突的负面效应。如何防范个人破产制度被滥用始终是最核心的焦点。无论个人破产的目的是拯救"诚实而不幸"的人还是"诚实而不慎"的人，"诚实"始终是前提。困难的是把主观评判的"诚实"作为一个客观状态来界定时，"诚实"的条件要如何把握和衡量。在个人破产的民间风俗中，债务人的诚信始终是决定清理程序能否进行下去，债权人能否接受有限清偿和债务减免的关键核心。在个人破产制度的探索上，无论是个人债务清理机制还是个人破产地方立法试点，法院在执行过程中都碰到了围绕"诚实"衍生出的困难。

一、个人破产权利冲突之负面效应："逃废债"难题

个人破产主要为康复、拯救"诚实而不幸"的人。但债务人可能不负责任

地负担超过自己合理偿债能力的债务,或者通过合理的牺牲、调整预算、财务安排等方法,利用破产制度寻求救济,逃避自己应承担的债务。如果程序被滥用或者债务人欺诈行为没有被发现及规制,债务人成功免责,则意味着债权人的利益被侵犯。因此,在个人破产权利冲突的衡平中,如何防范破产“逃废债”是大家最关心的话题。

(一)个人破产滥用与个人破产欺诈

1. 个人破产滥用

个人破产滥用主要有两种类型:一种是主观滥用,即债务人主观恶意逃避债务,损害债权人利益;另一种是客观滥用,即债务人没有主观逃债的恶意,滥用系法律本身的缺陷所致。主观滥用的规制情形主要包括如下3类:(1)债务人有未来清偿能力,但意图通过清算程序立即免责(恶意破产);(2)债务人以诈欺性行为减损破产财产价值;(3)债务人以奢侈消费等放任行为减损破产财产价值。①

理性破产人愿意选择“更自私”的行为,但破产人对损害他人行为的判断标准是不确定的。这种判断标准的不确定和社会后果的不确定,导致行为人在作出行为时无法判断自己的行为是否构成滥用。因此,美国破产法长期以来未能对实质滥用形成明确的标准,致使1978年《美国破产法典》第707(b)条规定的债务豁免产生了严重的政策风险,引发了债务豁免与偿还义务之间的矛盾。到目前为止,美国破产法中实质滥用的判断标准也取决于法院的自由裁量权。法院通常将以下两种情形认定为实质滥用:一是法院不认可债务人奢侈生活方式;二是法院认为在履行申报义务时,对债务及财产作出了选择性披露。换言之,美国破产法中实质滥用的判断标准也取决于法院的自由裁量权,没有可供确认的客观标准。

2. 个人破产欺诈

破产欺诈可分为广义和狭义。狭义的破产欺诈即虚假破产行为,是指债务人在不符合破产条件的情况下,利用欺诈手段实现破产,从而逃避应当履行

---

① 参见王之洲:《个人破产法制之比较研究:现代化改革、运作机理与滥用规制》,上海交通大学凯原法学院2011年硕士学位论文,第33页。

的债务的行为。广义的破产欺诈不仅包括虚假的破产行为,还包括债务人在破产的临界期明知无法偿债,利用欺诈手段阻碍破产财产公平清偿的行为。此外,从破产程序开始到结束,债务人以虚构事实、隐瞒事实的方式转让、处分财产,也应当属于破产欺诈。在实践中,破产欺诈多指广义的破产欺诈,即债务人违反破产法规定,隐瞒真实情况或者制造虚假情况,不当减少财产,严重损害债权人利益的行为。破产欺诈发生的时间可在破产程序启动之前,也可在破产程序启动之后。在大多数情况下,破产欺诈是由破产债务人组织、计划和实施的;还有些时候是由破产债权人和债务人串通实施,或者由破产管理人等第三方实施。根据我国刑法和破产法的规定,破产欺诈主要是指刑法规定的虚假破产行为和妨碍清算的行为。①

个人破产欺诈行为主要有几种:(1)隐匿、转移财产;(2)虚构债务或承认不真实债务;(3)恶意破产;(4)进行明显不合理的对价交易;(5)无偿转让财产;(6)对原不具有财产担保的债务提供财产担保;(7)提前清偿未到期债务;(8)危机期间的个别清偿。②

个人破产滥用与个人破产欺诈都是个人破产逃废债的形式,两者之间属于交叉竞合关系。在个人破产滥用的客观滥用中,债务人并无主观"逃废债"的故意,但法律漏洞让其产生了客观上可以达到逃债的后果。在个人破产滥用的主观滥用与个人破产欺诈中,债务人主观上都是为了恶意逃避债务,并在客观上实行了逃避债务的行为,损害了债权人利益。个人破产欺诈主要是采用欺诈手段实施的,个人破产滥用则不仅包括采用欺诈手段实施的行为,还包括对破产事实状态发生的故意及放任行为。但两者产生的后果实际上都损害了债权人利益,违背了破产制度设立的初衷,应当加以防范和规制。个人破产欺诈已实质性构成侵权,侵害了债权人的财产权,动摇了法的权威性。个人破产滥用则滥用了个人破产制度保护,影响了个人破产制度施行的整体效果。

---

① 参见李雪田:《我国反破产欺诈法律制度研究》,吉林大学2010年博士学位论文,第14页。

② 参见余冬生:《个人破产欺诈规制的本土化路径》,载《西华师范大学学报(哲学社会科学版)》2022年第6期。

(二)个人破产滥用与个人破产欺诈的常见类型

1. 债务人有未来清偿能力,但意图通过清算程序立即免责

并不是所有不能偿还到期债务的债务人都需要个人破产免责救济。有那么一类债务人,他们具有稳定且高额的未来预期收入,足以支撑在未来逐步偿还所欠债务,只是当下能够用于偿还债务的财产极为有限。但个人破产程序中的免责使这一类债务人不仅能够获得暂时不遭受债权人追偿的利益,更能免除所欠债务,债权人利益损失是显而易见的。①

2. 债务人以诈欺性行为减损破产财产价值

为了同时享受个人破产带来的利益,保留更多财产,债务人计划隐藏或销毁财产信息,与第三方达成某种交易安排,以低价转售财产,或根据某种交易安排向特定债权人进行偏颇性清偿。上述行为将导致不当减少破产财产,牺牲债权人的合法权益。

(1)用财务安排进行破产欺诈

在“深圳市中级人民法院对债务人李某个人破产清算不予受理案”中,债务人李某就具有典型的提前进行财务安排规划破产逃避债务的欺诈故意。《深圳条例》第 2 条规定,债务人符合“丧失清偿债务能力”和“资产不足以清偿全部债务”两种情形中的任何一种,都属于具备破产原因。李某在申请破产前与其妻约定自行承担全部债务,但存款和房产却进行了分割。离婚之后,李某通过借贷和信用卡“套现”等方式举债来偿还婚前的共同债务。法院审理查明的事实中,有两个值得特别关注的要点:一是李某与其前妻均为婚前债务的债务人,双方资产足以覆盖全部债务;二是李某所负债务与其所述的经营损失、实际支出情况之间不能互相对应,且数额相差较大。这两个要点证明,李某虽然在提出破产申请时看似具备破产原因,但这种结果并非《深圳条例》第 2 条规定的情形,而是通过离婚的方式对财产和债务进行刻意的安排所达成的。在此情况下,深圳市中级人民法院作出(2021)粤 03 破申 217 号(个 6)民事裁定书,以李某“对财产变动经过不能作出合理解释,且离婚时约定夫妻共同债

① 参见王之洲:《个人破产法制之比较研究:现代化改革、运作机理与滥用规制》,上海交通大学凯原法学院 2011 年硕士学位论文,第 33 页。

务由一方承担，并过度举债归还，导致法院无法认定其本人是否存在破产原因”为由，对该案裁定不予受理。①

该案申请人在申请破产之前作了比较明显的债务安排，存在滥用破产程序的嫌疑。法院以债务人未能清晰证明自己具备破产原因不予受理符合个人破产的立法宗旨。裁判有效防范了对个人破产程序的滥用，发挥了个人破产制度甄别“诚实而不幸”的债务人的作用，警示了有潜在“搭便车”心理的债务人。但如何通过制度设计和执行准入门槛对“逃废债”等个人破产滥用行为进行防范，仍是后续立法要解决的一个难题。

(2)未如实申报与偏颇性清偿

在前述台州市中级人民法院审理的“黄某华个人债务集中清理案”中，管理人发现众多同村的债权人出于各种考虑未提起诉讼，也不申报债权，但债务人对他们的债务进行了清偿。同时，债务人隐瞒了村集体存在不定期发放村民分红的情况。债权人无法谅解这些不诚信行为。由于未如实申报与偏颇性清偿，黄某华未被认定为诚信债务人，该案只能终结个人债务清理程序，恢复执行。②

3.债务人以奢侈消费等放任行为减损破产财产价值

一些债务人不想通过欺诈降低破产财产的价值，但他们可能在破产前或债务清理时大手大脚花钱，大肆进行奢侈性消费。虽然债务人的这种行为并非基于欺诈意图，但它仍然会减损破产财产的价值，对债权人的利益产生负面影响。

(三)个人破产滥用与个人破产欺诈的成因

个人破产滥用与个人破产欺诈的成因在于债务人的利益驱动和债权人与债务人之间的信息不对称。一方面，个人破产是债权人和债务人利益之间的博弈。在债务人破产财产的“抢夺”中，债权人的清偿利益和债务人的财产利益进行着激烈的博弈，这也是债务人愿意铤而走险的原因。另一方面，个人破产过程还是一个信息博弈的过程。债务人对自己的财产最了解，基于侥幸心

---

① 参见广东省深圳市中级人民法院(2021)粤03破申217号(个6)民事裁定书。

② 参见浙江省高级人民法院：《2020年浙江法院个人债务集中清理典型案例》案例七。

理,其可以充分利用信息不对称,故意隐瞒或者不如实报告财产和债务情况,甚至进行选择性偿还,实现“逃废债”的目的。要解决用于破产决策的信息是否真实的问题,必须通过外力介入打破信息不对称。债权人只有在债务人进入破产后,才能由外部人变为内部人,通过财产申报、核查机制解决信息不对称的问题。因此,个人破产的信息不对称是造成个人破产欺诈和个人破产滥用的根本原因。信息不对称也造成了个人破产程序无法顺利推进等后续一系列困难。

二、个人破产权利冲突之负面效应:债务人精准画像难题

制度经济学认为,利益冲突的协调与信息收集、约束、交换和选择有关。破产实施过程中的信息处理会导致破产利益相关方成本和收益发生变化,进而影响社会的整体利益。因此,现代社会信息了解的多少变得极其重要,这可能是制胜的法宝。① 在社会交往中,人们往往按照他人提供的信息和自己预期的假设,来处理相互之间的事务,也就是说社会是在对信用一定假设的基础上运行的。当信用受到严重损害时,由于缺乏对称信息,交往双方及他人的生活可能受到损害。②

个人破产中最难的是如何界定债务人是不是“诚实而不幸”的人。企业一般有财务管理制度及财务账簿,财产较清晰。而自然人财产的查明比企业难。一般破产的自然人不具备财务管理的专业技能,更谈不上设置财务账簿等财务明细,自然人的财产更容易转移和隐匿。因此,债权人对债务人的财务知情权需要受到充分保障。这在很大程度上取决于债务人的配合程度。信息的对称对债权人、债务人及相关利益主体之间的实质平衡影响甚大。因此,个人破产制度需要有效的信息披露制度加以保障,确保准确及时的信息披露是平衡利益的有效途径。

个人破产制度是通过司法程序让债务人脱离债务困境的退出机制。债务

---

① 参见杨忠孝:《破产法上的利益平衡问题研究》,北京大学出版社2008年版,第160页。

② 参见[印度]阿马蒂亚·森:《以自由看待发展》,任赜、于真译,中国人民大学出版社2002年版,第32页。

人脱离债务困境则意味着债权人不得不作出让步,放弃应得的利益,即使这些利益最终无法实现。债权人权利保护得以实现的工具在于信息披露,必须确保债权人决策的信息是真实的。个人破产程序是"揭开盖子"的过程,只有揭开债务人财务真实状况的"盖子",让债权人由外部人变为内部人,才可以解决信息不对称的问题。因此,债务人有提供资料、报告,接受质询等披露相关信息的义务。只有满足债权人对信息披露的需求,给债务人精准画像,确定债务人是诚实而不幸的人,才能有效推进个人破产程序。

三、个人破产权利冲突之负面效应:债务人"重生"难题

(一)信用破裂与社会认同

现代法学理论的发展和实践经验表明,破产免责制度对债务人、债权人和社会整体福利具有重要意义。毫无疑问,作为最直接的受益人,债务人可以就此摆脱沉重的债务负担。

但在实践中,如何让债权人接受个人破产的余债免除,对法官来说是个艰难的考验。对于债权人来说,债权损失的确认是个承认投资失败的过程。余债免除意味着债权人放弃本应属于自己应得的利益,同时也意味着债权人必须面对自己的投资失败。虽然回收不了的债权实际上是一种沉没成本,但人们在作决策时,往往念念不忘先前的投入,担心新的决定让以前的投入付诸东流,于是不愿改变现状,并因此浪费很多机会。克服沉没成本效应的最好的办法是及时止损,即在作决策时不要纠结于已经无法挽回的沉没成本,而是应依据当下的利益和未来的收益作出最佳选择。但在面对未来的收益和当下的损失时,当下的损失更会令人难以忍受,这是著名的心理学教授亚科斯和布拉默在 1985 年通过实验提出的损失憎恶理论。我们天生对损失更加敏感,为了避免或挽回损失,我们会变得冒险。在此情况下,债权人心有不甘是一种正常的反应。要求债权人牺牲他的合理利益,或把这作为道德义务强加给他,就得考虑他是否接受的问题。对该问题,债权人对公司和个人的看法和期待是完全不一样的。对于公司提出的破产方案,债权人可能会认为这是一个合理的商业方案。但对于个人提出的破产方案,债权人往往会从道德角度审视,也会更

加挑剔。债务人适当地牺牲个人利益以及生活水准要达到什么标准,才能让债权人达到心理平衡,对法官来说是难以把握的?

而且,要督促债务人诚信地配合债务清理工作也是一件困难的事。在我国个人债务清理机制的实践过程中,银行业金融机构债权人尤为抵触。截至2020年年底,浙江省台州市已结的个人债务清理案件中,有77%的案件恢复执行,恢复执行的56个案件多是因为债务人不配合,导致债务无法正常清理。①债务人信用破裂和个人破产过程中的信息不对称将加剧债权人对个人破产正当性的怀疑。前已述及,正常而言,建立在当事人自愿基础上的交易一定会创造社会价值。制度的安排应该使当事人履行合同比不履行合同更有利可图,从而让人们保持对交易带来的长远利益的期待,以抵制短期机会主义的诱惑。交易的双方通过期待对方履行承诺,换取交易利益。当债务人由于支付不能陷入债权违约状态时,已是对个人承诺的违反,其个人信用陷入破裂的境地。同时,由于信息不对称,债权人无法得到债务人真实可靠的全部信息,就无法确定消除资产监管的边界,更加深了其对债权损失的疑虑和对债务人的不信任。如果强制债权人接受破产免责,并不会消除这种不信任,只会加速债务人的社会性死亡。因此,只有对个人破产的债权风险分担机制有充分的认识和理念认同,在个人破产过程中做到信息对称,才能建立对个人破产的社会认同,实现个人破产的立法目的。

(二)信任重建与社会性死亡

信用是社会秩序的主要组成部分。信用支持着创新的发展,企业家依靠负债融资取得发展。通过为新的组合融资,资本主义信用体系在各国蓬勃发展。一旦信用机制建立起来,它就会以明显的理由占领旧的组合。②

一个社会的成员任何偏离常规的行为都会受到谴责。③ 个人破产意味着人格破产,个人破产的过程其实是一个人格减等的过程。债务人声明自己无

① 参见浙江省高级人民法院《浙江法院个人债务集中清理(类个人破产)工作报告》。

② 参见[美]约瑟夫·熊彼特:《经济发展理论——对于利润、资本、信贷、利息和经济周期的考察》,何畏等译,商务印书馆1991年版,第78页。

③ 参见[美]约瑟夫·熊彼特:《经济发展理论——对于利润、资本、信贷、利息和经济周期的考察》,何畏等译,商务印书馆1991年版,第96页。

法管理个人债务，意味着某种社会和经济上的死亡。不管债务人以什么形式宣告自己破产，实际上都等于宣告自己失败，这是令人尴尬和耻辱的。这会导致他们不寻求破产救济，或者错过破产救济的最佳时刻。

债务人要应对社会性死亡，就需要进行信任重建。在现代社会，个人破产由人身剥夺、自由剥夺模式转向人格减等模式，破产人不仅会在清算程序中丧失对现有财产的控制权，其财产管理权以及商业行为资格也受到限制。人格减等还包括破产人的政治人格、伦理人格减等，社会活动能力下降，社会信用评价降级，职业资格、身份权利等诸多方面受限。① 虽然个人破产制度在解决人格破产问题时为债务人提供了复权制度，且破产人的信用权益受限包括信用度受损、信用行为受限也仅存在于破产失权阶段，破产复权后该限制即取消，但对于债务人已破裂的信用是否可以实际恢复到圆满的状态，仍取决于债权人和社会是否接受和认可，而这涉及信任重建。

信任重建的关键之一在于构建个人信用法律体系，此外，构建个人信用法律体系不能仅强调债务人的“重生”，也要注重对债权人的保护，两者的利益要均衡，体现公平，即在过程和结果中坚持和体现平等与正义。个人信用法律体系的确立要服务于个人破产制度，而个人破产制度的最终目的在于维护债务清偿秩序和公平。作为市场秩序的重要组成部分，债务清偿秩序对市场信用和市场效率起着重要的保障作用。对于个人破产制度来说，公平贯穿该程序的始终，成为破产制度上个人信息构建的基本性原则，个人破产不等于恶意逃债，这也是个人破产应当实现的最为关键的价值目标。

信任就像空气，虽然你感受不到，却不可缺少。保证守法积极性需要法律机制和信誉机制。信誉机制就像一只隐形的眼睛监督着人们信守承诺、知法守法，把事情做好。如果信誉对人们不重要，法律就会丧失信誉基础，其发挥的作用就十分有限。经济学家张维迎认为，信任的本质是信息不对称，在信息不完全的情况下，双方很难建立信任机制从而达成合作。建立信任机制是一项从信息到法律、制度、伦理、风俗改善的复杂课题。

---

① 参见欧元捷：《论个人破产建构的中国逻辑——以破产与免债的界分为起点》，载《山东社会科学》2020 年第 3 期。

第三章　个人破产权利冲突与衡平的域外实践

制度是一种游戏规则和激励机制,制度可以改变人们的行为。经济学家认为,即使一种行为的出发点是自利,只要其结果有益于他人,该行为也符合市场道德,即"结果比动机更重要"的原则。根据该原则来对政策和法律进行评价时,往往会发现一个由善意出发的法律有可能引起与初衷相悖的结果。正如诺贝尔经济学奖得主哈耶克所说,"通往地狱的道路通常是由善意铺就的"。[①] 对于一项善意的法律或政策,只有其立法目标和结果是一致的,才能实现其善意。

个人破产立法是一个渐进式的制度变迁过程。特定的政治、经济环境,不同的利益团体需求和利益博弈,引发了各国个人破产制度的改革。考察域外国家和地区的立法模式可知,个人破产制度的变迁大体遵循严格—宽松—适度收紧的过程。各国根据本国的国情调整权利冲突衡平机制,并逐步完善配套支撑制度,以此促成债权人、债务人和社会利益之间的动态平衡。

---

① 张维迎:《经济学原理》,西北大学出版社2015年版,第58～60页。

笔者拟在本章就域外个人破产权利冲突与衡平的变革探讨个人破产制度供给安排中权衡的要素。

第一节　英美法系个人破产权利冲突与衡平的变革

一、英国个人破产权利冲突与衡平的变革

英国是英美法系首部破产法的诞生地。早在13世纪,破产制度就被意大利商人带到英国。为了打击债务人的欺诈和逃债,让债权人得到集体清偿,英国亨利八世时期颁布1542年《英国破产法》,又名《针对破产人的法案》(An Act against such Persons as Do Make Bankrupt),①确立了现代破产制度财产分配的核心原则——按比例分配原则。② 此外,现代破产法的两大特征:将债务人财产进行汇总和变现,以及为了全体债权人利益而管理和分配破产财产,也能在此找到渊源。③ 该法建立在破产有罪的基础上,主旨是防止债务人的欺诈,找不到任何有利于债务人的条款。④ 在这部法律中,无法偿还欠款的债务人被认为是罪犯,并且要受到刑事惩罚——从入狱服刑直至被处以死刑。伊丽莎白时代的1570年《英国破产法》严格区分商人破产与非商人破产,明确规定个人破产仅适用于商人,开创了英国法上的破产专员制度。⑤ 其允许债权人管控破产财产、简化司法程序的理念,在英国沿袭至今。在那个时代,破产人很容易被监禁,因为他们被视为罪犯,在债务上欺骗了诚实的人,两部法律对他们的处罚十分严苛。

---

① 参见[英]费奥娜·托米:《英国公司和个人破产法》,汤维建、刘静译,北京大学出版社2010年版,第2页。1542年《英国破产法》实行破产有罪主义,该法在"序言"中写了一段话,用以解释破产有罪主义的合理性和正当性:"形形色色的人狡猾地占有了他人大量财产后突然消失,或者紧闭家门而不打算向债权人还债务或履行义务,为其自身的享乐和优越生活,抛弃理性、公平和良知,随心所欲地享有他们凭借信用从他人那里获得的物质财富。"

② 参见徐阳光:《英国个人破产与债务清理制度》,法律出版社2020年版,第27页。

③ 参见徐阳光:《英国个人破产与债务清理制度》,法律出版社2020年版,第27页。

④ 参见刘静:《个人破产制度研究——以中国的制度构建为中心》,中国检察出版社2010年版,第48页。

⑤ 参见徐阳光:《英国个人破产与债务清理制度》,法律出版社2020年版,第28页。

在破产有罪理念[①]的影响下，作为英国破产法中最早的调查（examination）制度，反破产欺诈调查制度在1603年《英国破产法》（又名《针对破产债务人更好地救济债权人法案》）中首次确立。随着对个人破产观念的转变，英国历史上最早的破产免责（discharge）制度诞生。1705年《英国破产法》开始允许债务人在移交财产后从财产中支取必要的生活费，以及批准取消未清偿债务。[②] 但该法引入了英国有史以来最严厉的制裁措施——死刑，对欺诈行为进行制裁。[③] 1706年《英国破产法》规定，债权人的同意是债务人获得豁免的先决条件。然而，争论焦点是：债务豁免是法律赋予债务人的一种特权，还是债权人对债务人财产的专属控制权范围内的一种让步。该问题一直困扰着英国法律界。1861年《英国破产法》废除了商人与非商人的区分，规定所有无力偿债者都可以申请破产，并在随后的1869年《英国债务人法》对债务人监禁制度予以废除，让个人债务清理走向文明。

1883年，时任英国贸易委员会主席约瑟夫·张伯伦在1883年《英国破产法》二次审议时指出，好的破产法应当有两个主要的目标：诚实管理破产财产并进行公平有效的分配，体现"预防胜于治疗"的理念。该法提出：破产问题关系到整个社会的利益；债务人的事务必须在破产程序中接受公开的调查，并以破产前的行为结论决定能否进入和解或者获得免责；对债务人因过失或者欺诈导致破产的情形，应当进行独立调查。[④]

1976年《英国破产法》确立了自动免责制度，开启了债务人友好（debtor-friendly）型的立法改革时代。该法规定，在适当情况下，债务人不必接受公开调查。经修改的债务豁免程序允许某些债务人可以自动免责。法院宣布对债务人的调查结束或者对其免除公开调查时，可以发出令状，指示如果宣告债务人破产的裁定未被撤销，债务人的债务自宣告破产之日起满5年后自动免除。

---

① 参见［英］费奥娜·托米：《英国公司和个人破产法》，汤维建、刘静译，北京大学出版社2010年版，第2页。

② See Louis Edward Levinthal, *The Early History of English Bankruptcy*, University of Pennsylvania Law Review, Vol. 67: Number 1, p. 1(1919).

③ 参见徐阳光：《个人破产立法的英国经验与启示》，载《法学杂志》2020年第7期。

④ 参见徐阳光：《个人破产立法的英国经验与启示》，载《法学杂志》2020年第7期。

1984 年,英国贸易工业部在英国破产法史上最著名的立法文件即 1981 年《科克报告》的基础上,提出具体立法修改方案——《破产法修订框架》白皮书。《科克报告》和《破产法修订框架》白皮书直接推动了 1985 年《英国破产法》的颁布。此后,1986 年《英国破产法》通过整合 1985 年《英国公司法》中关于公司破产的相关内容,形成英国首部将个人破产与公司破产合二为一的立法。该法经过多次修订,对个人破产立法的修改主要如下:

(1)引入债务纾缓程序。债务纾缓程序由英国破产服务(insolvency service)局联合专业的债务咨询管理机构实施,无须司法机关介入,是一种低成本、高效率的行政管理程序。债务人如果符合条件,经过申请可以得到债务纾缓令(debt relief order),经过一段时间(一般为 1 年),未清偿的债务可得以免除。

(2)下调个人免责期限。2002 年《英国企业法》将 1986 年《英国破产法》规定的 3 年后自动免责期限下调为 1 年,同时推出破产限制令(bankruptcy restrictions order)和破产限制承诺(bankruptcy restrictions order)制度,以此限制"不诚实、鲁莽或其他有罪的"债务人滥用破产免责制度。

(3)分流个人破产案件。2016 年 4 月开始,英国破产服务局统一受理债务人的破产清算申请,是否颁发破产令由政府任命的审裁员决定。债务人只有在审裁员拒绝颁发破产令后,才可以诉至法院。达到 5000 英镑债权标准的债权人,有权单独或者联合向法院申请债务人破产清算。

(4)执行"喘息空间"(breathing space)计划。为进一步完善个人破产机制,英国政府决定引入苏格兰破产法中的"债务整理计划"(debt arrangement scheme),确立可在英国适用的正式程序——"喘息空间"计划,为债务人提供喘息空间和合法偿债方案。"喘息空间"计划拟定于 2021 年实施。①

二、美国个人破产权利冲突与衡平的实践

美国个人破产法并不是一套经过严密规划后实施的法律,而是一部关于

① 参见徐阳光:《个人破产立法的英国经验与启示》,载《法学杂志》2020 年第 7 期。

债权人和债务人利益的冲突史。现行宽松的美国破产法与其经济、社会文化融为一体,这直接源于美国独特的资本主义制度。作为保持资本主义生存游戏与经济活跃的一部分,美国破产法既鼓励创业精神,又鼓励大量消费。美国破产法理念源于英国。在1776年独立前,美国基本上无条件地适应英国破产法,大多数的英国破产法规定和司法实践经验在美国殖民地时期占据统治地位。到独立战争时,债务人监狱在北美已实行了近100年。但早期的殖民统治者为了吸引移民,也会采取一些有利于债务人的政策,如允许农场主将偿债期限延至收获季节以农产品替代清债。美国独立战争后,美国开始建立自己的法律体系。18世纪晚期,破产问题是有关国家未来意识形态斗争的焦点。联邦党人主张保护诚实的债务人,鼓励风险借贷,以促进商业发展。共和党人认为,农业是美国的根基,破产法不仅会危及农场主利益,而且会将各州权力集中到联邦法院。最后双方认识到各自的立场对美国整体经济发展都不可估量。①

根据1789年生效的《美国宪法》第1条第8款的规定,国会制定适用于全国的有关破产事项的统一法律,美国破产法由联邦统一立法。② 据此,美国以当时的1706年《英国破产法》为范本制定了首部破产法——1800年《美国破产法》。此后国会又于1841年、1867年分别颁布破产法,但三次立法均在颁布不久后遭废止。整个19世纪,美国破产法三立三废,成为博取政治选票的工具。

19世纪70年代后,全国性的商业组织大规模涌现,州破产法已经难以覆盖全国性的、规模巨大的商业组织。许多债权人跨州讨债屡屡碰壁、苦不堪言。1880年,许多债权人集团的代表齐聚到圣路易斯,并组成了国家商业实体成员组织,要求制定联邦破产法。在该法案递交国会后的18年间,这法律草案陷入漫长的斗争。但是,与前面3部破产法的命运不同,1898年《美国破产法

---

① 参见[美]小戴维·A.斯基尔:《债务的世界:美国破产法史》,赵炳昊译,中国法制出版社2010年版,第3页。

② 参见吕曜均:《海峡两岸困境企业重整程序之比较研究》,中国政法大学2008年博士学位论文,第3页。

案》最终成为美国第一部稳定的破产法。① 其卓越之处在于，其经过长期博弈最终巧妙地平衡了债权人与债务人之间的利益。该法属于商业组织的胜利，对债权人和债务人都有利。但该法将破产视为商人而非消费者的救济措施。② 1898 年《美国破产法案》打破了过去仿照英国行政主导的破产法令，将破产界定为市场行为，纳入司法范畴。至此，美国确立了现代破产法。

美国破产法的历史可分为 3 个时期。第一个时期是诞生期，随着 1898 年《美国破产法案》（Bankruptcy Act）的颁布、大型公司重组和托管方案的出现而告终。在此期间，美国破产法的一般规定和政治因素最终得以结合。第二个时期中，受新政及大萧条的影响，破产制度进行了很大的改革，破产业务加强，范围也扩展了。第三个时期中，1978 年《美国破产法典》颁布，破产业务全面复苏。③

1978 年《美国破产法典》采取统一立法形式，包括公司破产和个人破产。个人破产可以依法得到债务豁免。债务人可以选择 1978 年《美国破产法典》第七章直接进行破产清算，也可以选择第十三章提出“重生”计划。“重生”选择权自 1933 年提出后至 1938 年发展成一个成熟的制度被纳入《美国破产法典》。两者主要差别在于选用 1978 年《美国破产法典》第十三章的破产案件中，债务人仍保留自己的财产，但须以未来 3 ~ 5 年的收入去清偿债权。这是一种被认为比直接清算名声更好的个人破产方式。其立法理由是：在选择努力还债和立即得到债务豁免的两可选择之间，如果债务人选择了前者，则可以证明债务人的诚意，国会认为债务人不会简单地违约。④ 但由于破产清算可以立即获得免责，除非债务人想保留超过豁免财产额度的房产权益等；否则，大多数债务人考虑最多的还是自己的财产状况，会选择破产清算。

① 参见［美］小戴维·A. 斯基尔：《债务的世界：美国破产法史》，赵炳昊译，中国法制出版社 2010 年版，第 4 页。

② 参见［英］伊恩·拉姆齐：《21 世纪个人破产法：美国和欧洲比较研究》，刘静译，法律出版社 2021 年版，第 66 页。

③ 参见［英］伊恩·拉姆齐：《21 世纪个人破产法：美国和欧洲比较研究》，刘静译，法律出版社 2021 年版，第 6 页。

④ 参见［英］伊恩·拉姆齐：《21 世纪个人破产法：美国和欧洲比较研究》，刘静译，法律出版社 2021 年版，第 7 页。

债权人担心破产权利被滥用，特别是消费者信贷业一直敦促立法者要求建立收入情况调查制度，要求如果债务人有能力偿还一部分债务，必须根据1978年《美国破产法典》第十三章的规定申请破产。1970年，美国破产审查委员会经过听证后，最终债权人和倾向债务人的律师达成一个妥协方案，即在该法第七章中保留欺诈性免责例外条款，但在第十三章中规定超级豁免条款，债务人即便因欺诈产生的债务也可以得到完全免除。①

1978～2005年《防止破产滥用及消费者保护法》（Bankruptcy Abuse Prevention and Consumer Protection Act of 2005）通过期间，由于利率管制放松、金融市场流动性增加，家庭信贷规模大幅增长，中下阶层的人以信贷补足工资增长的不足，而忽略了长期信贷可能导致的破产后果。自1985年后，消费者破产申请量的增长速度超过了消费信贷的增长速度。自1998年开始，美国破产法修改的议题主要围绕着防止破产滥用展开。为防止高收入的债务人滥用破产程序逃债，1998年《破产法修正案》对有资格提出破产申请的债务人设置了一个收入标准。1999年、2000年、2001年破产法案，都围绕消费者保护与防止破产程序滥用进行修改。②

2005年《防止破产滥用及消费者保护法》的出台是信贷行业为严格限制消费债务人权利，进行多年游说的成果。其依据的前提是"破产滥用十分猖獗"，那些"试图不当利用制度"的债务人不应该获得救济，只有那些没有过错而无法清偿债务的人才能申请破产。美国时任总统乔治·沃克·布什在签署法案时表示，"这是一个人们有责任履行义务的国家，法律应当保护那些无辜的、脆弱的受害者"。③ 消费者破产改革的核心是确保有清偿能力的债务人切实地清偿债务。在此之前，个人在1978年《美国破产法典》第七章和第十三章的程序

① 参见［英］伊恩·拉姆齐：《21世纪个人破产法：美国和欧洲比较研究》，刘静译，法律出版社2021年版，第192～194页。债务人债务免责的一条最古老的限制性规定：债务人不得免除因欺诈性财务报告而引起的任何债务。

② 参见刘静：《个人破产制度研究——以中国的制度构建为中心》，中国检察出版社2010年版，第62页。

③ ［英］伊恩·拉姆齐：《21世纪个人破产法——美国和欧洲比较研究》，刘静译，法律出版社2021年版，第90页。

之间具有很大的自由选择权,唯一的限制就是实质滥用[①]标准。改革的结果就是为1978年《美国破产法典》第七章“清算程序”的个人消费债务人设定了收入测试(means test)的过滤机制。根据这个机制,如果债务人未来收入足以清偿一定比例的债权,法院就应当驳回其1978年《美国破产法典》第七章申请。[②]2005年《防止破产滥用及消费者保护法》从如下三方面大幅提高了个人破产的门槛:一是引入收入测试机制,限制债务人在第七章和第十三章之间选择的权利。二是提高破产程序申请的费用,要求债务人申请破产要缴纳高额的申请费用。三是减少可免责的债务范围、限制自由财产的适用。[③]

美国个人破产申请数量在1978~2005年增长10余倍。1978年个人破产申请数量仅172,423件,[④]2005年暴涨到2,039,214件。显而易见,美国个人破产申请数量的峰值和低谷,都在这一时间段出现。这一波增长势头背后,最重要的推动力当然是1978年《美国破产法典》的改革。1978年《美国破产法典》并未过多满足信贷债权人的愿望,而是坚定地站在债务人一边。债务人非常容易就可以通过个人破产制度,取得债务豁免。宽松的法律为债务人提供了极强的诱导,1978年《美国破产法典》实施的第一年,个人破产申请数量即暴增60%。[⑤] 随着《防止破产滥用及消费者保护法》的实施,个人破产申请的数量在2006年陡然下降。现在尚无确切证据证明2007年次贷危机与这一轮破产法修改有直接关系,但可以明确的是,在次贷危机的冲击下,2007年之后连续3年,美国个人破产申请的数量重回增长轨道,并在2010年达到1,536,799

---

① 实质滥用的理念在于,有能力清偿相当比例债务的债务人不应享有第七章清算程序的准入权。尽管破产法院在理论上可援引1984年通过《美国破产法典》第707(b)条中的实质滥用标准,去驳回那些具有未来清偿能力的债务人根据第七章提出的破产申请,但消费信贷行业认为《美国破产法典》早已沦为一纸空文。参见[美]查尔斯·J.泰步:《美国破产法新论》(上册),韩长印、何欢、王之洲译,中国政法大学出版社2017年版,第55、167页。

② 参见[美]查尔斯·J.泰步:《美国破产法新论》(上册),韩长印、何欢、王之洲译,中国政法大学出版社2017年版,第56页。

③ 参见殷慧芬:《美国破产法2005年修正案述评》,载《比较法研究》2007年第2期。

④ 参见[美]小戴维·A.斯基尔:《债务的世界:美国破产法史》,赵炳昊译,中国法制出版社2010年版,第236页。

⑤ 参见[美]小戴维·A.斯基尔:《债务的世界:美国破产法史》,赵炳昊译,中国法制出版社2010年版,第239页。

件(见图 3－1)。①

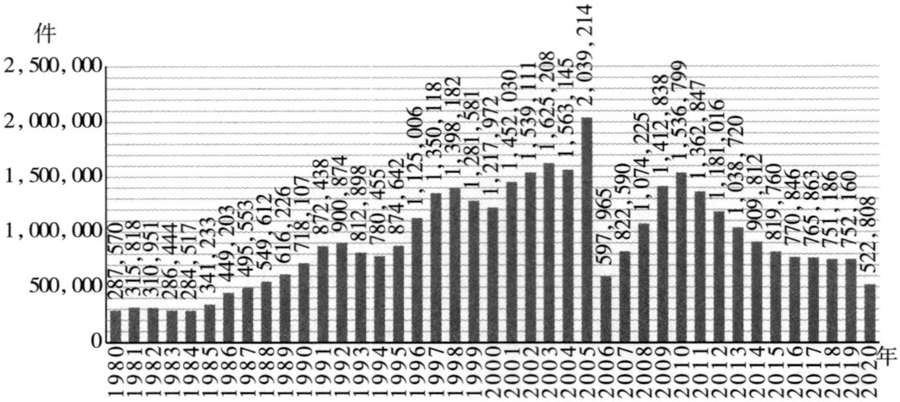

图 3－1　1978～2020 年美国个人破产申请数量

美国个人破产申请数量的涨跌,在很大程度上反映了民众对改革的态度,说明立法导向对民众是否选择破产作为解决他们财务困境的工具起着重要影响。

以美国哈佛大学法学院教授伊丽莎白·沃伦为代表的学者认为,破产法应兼顾其他目标,破产法"旨在提供一个可以对所有利益进行权衡的平台,包括雇员、供应商、顾客、邻居和政府等的利益"。伊丽莎白·沃伦在 2020 年美国总统选举中,她作为民主党提名的总统候选人,在破产改革计划中特别提及,美国的个人破产家庭大多为了保持中产阶级的地位而承担了更多的债务和更大的风险,并非鲁莽或不负责任的,他们破产有 90% 是因为失业、医疗或家庭破裂原因引起的。因此,要彻底改革个人破产制度,使债务人更容易获得破产救济,同时,为 95% 以上的教育贷款债务人每人免除 5 万美元的债务。②

---

① See *Annual Business and Non-business Filings by Year* (1980－2020), Accessed Aug. 25, 2022, https://abi-org.s3.amazonaws.com/Newsroom/Bankruptcy_Statistics/Total-Business-Consumer1980－Present.pdf.

② See Elizebath Warren, *Fixing Our Bankruptcy System to Give People a Second Chance*, Senator Elizebath Warren's official website (Jan. 7, 2020), https://elizabethwarren.com/plans/bankruptcy-reform.

综观美国破产法的历史，可以看到美国对于个人破产的态度，沿袭了英国破产有罪主义，把破产当成是市场化行为的结果，采取了债务人友好型的立法态度。因此，美国的债务人把破产视为通向欣欣向荣彼岸的一个途径，他们并不会不惜一切代价地避免破产的发生。[①] 美国历次的破产法修正案以及破产改革的争议焦点，无不围绕个人破产中权利冲突衡平的规则如何制定而展开，究其实质是利益集团博弈的结果。

第二节 大陆法系个人破产权利冲突与衡平的实践

一、德国个人破产权利冲突与衡平的实践

在罗马法理念的影响下，大陆法系代表国家德国围绕意大利的商人破产主义，建立了更完备的个人破产权利冲突衡平机制。17 世纪，德意志各邦就分别制定了各自的破产法律，将破产法改为公力救济制度，破产财产的管理、变价和分配，债权的调查和清算皆由法院进行，债权人较少参与。破产程序有两种：一是由债务人主动提起的善意交付程序；二是由债权人提起的为防止债务人财务遭个别债权人扣押和执行的破产程序。[②] 债务人在两种程序中都未能得到豁免债务的救济。[③]

德国在 1871 年统一后于 1877 年颁布了《德意志帝国破产法》。该法典采用一般破产主义，制度设计非常详尽，成为大陆法系国家制定破产法的范本，在破产法历史上地位显赫。1927 年，德国颁布了用于预防破产的《德国和解法》，在德国形成了破产程序与和解程序并行的双轨制。1976 年，德国对 1877 年《德意志帝国破产法》进行了大规模修改，对其中的民事规范和刑事规范进

---

① 参见[美]小戴维·A. 斯基尔：《债务的世界：美国破产法史》，赵炳昊译，中国法制出版社 2010 年版，第 1 页。

② 参见刘静：《个人破产制度研究——以中国的制度构建为中心》，中国检察出版社 2010 年版，第 58 页。

③ 参见韩长印：《破产理念的立法演变与破产程序的驱动机制》，载《法律科学（西北政法学院学报）》2002 年第 4 期。

行了分化,将犯罪编放入刑法典,实现了对破产程序的简化和对经济犯罪的打击。[①]

总体而言,破产债权人保有剩余债权追偿权自1877年《德意志帝国破产法》第164条第1款规定以来,一直未有争议。直到1990年开始,方有批判的声音出现。德国联邦宪法法院的司法判例也认为,终身自由刑必须让被判刑的人有希望之后获得自由。为应对当时德国约有170万私人债务人(家庭)的情况,1994年10月5日,德国议会通过了将余债免除制度作为政策上的根本决定的新破产法,将已有近120年历史的1877年《德意志帝国破产法》取而代之。[②] 1994年《德国破产法》对破产程序进行了重大改革,引入了消费者破产程序。然而,因短期内无法针对激增的破产需求增配法官和司法辅助人员,原定1997年生效的法案只能延至1999年1月1日生效。1994年《德国破产法》整合了1877年《德意志帝国破产法》《德国和解法》,设立了适用消费者破产的简易程序和余债免除制度,使债务清偿合意成为可能(通过破产计划),并在消费者破产程序中促使达成债务清偿合意。[③] 但该法的余债免除制度程序冗长,且债务人的申请被拒可能性极大,过于严苛的规定使该制度形同虚设。[④]

2002年,德国法官和高级司法官员呼吁对消费者破产和余债免除程序进行改革,目的在于使剩余债务免除程序变得更加高效和经济。然而这次的改革仅是减少司法系统的工作负荷而已。2003年,德国联邦司法部草拟了《关于破产法、民法和其他法律的修正草案》初稿,[⑤]提出将庭外和解与庭内和解进行合并。这部草案的争议不断。巴伐利亚州司法部提出撤回这部草案的申请,其认为这部草案无法解决缺乏破产财产的案件,并且请求成立德国联邦委员

---

① 参见刘静:《个人破产制度研究——以中国的制度构建为中心》,中国检察出版社2010年版,第59页。

② 参见[德]乌尔里希·福尔斯特:《德国破产法》,张宇晖译,中国法制出版社2020年版,第285~286页。

③ 参见[德]乌尔里希·福尔斯特:《德国破产法》,张宇晖译,中国法制出版社2020年版,第15~16页。

④ 参见[德]马丁·阿伦斯:《德国自然人破产法改革》,李步先译,载方小敏主编:《中德法学论坛》第13辑,法律出版社2016年版,第75页。

⑤ Gesamtvollstrectungso rdnung, Gesetzblatt der DDR [GBI] 1990 , I 32, Rn. 285.

会(一个联邦级的联邦与州联动的工作组)。该委员会将审查法定程序要求,并且给无破产财产的案件提供合适的解决方法。① 2005 年春,德国联邦司法部推出了题为“潜在改革的关键议题:余债免除的替代形式”的提案。这份提案关注了债务人在无破产财产情况下的“无受托人债务免除程序”的问题,这也被称为“法定时效届满模式”(obsolescence model)。在这种模式下,目前的消费者破产程序和剩余债务免除程序将仅对具有破产财产的债务人实施,而不适用于消费者拯救无望或者破产财产不足的情况,后者将适用另一特殊的债务免除程序。

针对无产可破案件的特殊债务免除程序,其最大特点是债务可在 8 年期间届满之后减免。因此,在无受托人和债务人无未披露的、未超过诉讼时效的债权的情况下,破产程序中将禁止实施强制措施。2005 年,德国联邦委员会提交了一份名为“剩余债务免除的新路径”的中期报告,②倡导对无破产财产的债务人实行修正程序。这份报告是德国联邦委员会内部讨论的基础,司法部的讨论结论于 2006 年公开,并成为联邦司法部准备修正草案的基础。2006 年 3 月,德国联邦司法部将《对拯救无望债务人的债务免除程序和消费者破产程序修正草案》提交德国联邦委员会讨论。③

2010 年,德国联邦司法部部长提到“破产法的改革是商业法中最重要的项目”,并打算把个人破产免除债务的时间从 6 年减少到 3 年。2014 年,德国对个人破产法进行了改革,重点有:缩短余债免除程序,删除第 114 条的优先受偿权和 1994 年《德国破产法》第 312 条至第 314 条的简易程序,对自主进入程序的决定进行了规定(但又规定了对重复申请的限制),对拒绝余债免除的理由进行了修改。此次改革中,国家利益作为最主要的推动力得到了沿袭,但个人破产的理念并未得到改革,余债免除制度反而因不免债务范围的扩大及程序

① Vgl. Insolvenzordnung, Bundesgesetzblatt 1994, Rn. 2866, last modified BGB1, 2010, Rn. 1885.

② Vgl. Vergleichsordnung, 1935 RGBI 321, 356.

③ Vgl. Zivilprozessordnung, Bundesgesetzblatt, 2005, Rn. 3202, last modified BGB1, 2014, Rn. 890.

的划分减弱了原有的功能，改革反而出现了倒退。①

综观德国个人破产法的发展史，从余债免除制度在德国的待遇可知，德国仍对个人破产存有戒心，始终持谨慎的态度。立法者认为虽然余债免除作为一项政策上的根本性决定符合宪法规定，但该政策已干涉债权人的债权请求权，必须排除破产滥用，在紧急情况下必须对法条的适用进行合宪性解释。余债免除表面上似乎给债务人带来的福利非常大，但实际并非如此，很多申请免责的债务人必须做好工作6年的准备，并且满足免于扣押的金额，失业人员则必须努力实现就业。因此，最终反而是许多无法再进入劳动力市场的债务人最有希望享受该政策。②

二、日本个人破产权利冲突与衡平的实践

“破产”一词在日本仅意味着破产清算。广义的破产包括重整，在日本学界和实务界称为“倒产”。③ 作为亚洲经济较发达的国家之一，日本个人倒产法的发展是日本社会和经济变革的一个缩影。经济复苏的要求成为推动日本倒产法改革的契机与动力，日本政府在借鉴欧洲法律的基础上，吸收了美国破产法的精髓，建立了较完善的个人倒产法体系。④

(一)日本个人倒产法的萌芽与发展——从习惯法到成文法

早在明治维新前，江户时代的《御定书百条》中曾存在基于债权人申请的“身代限制度”和基于债务人申请的“分散制度”。“身代限制度”类似现代的破产制度，是一种介于倒产程序和强制执行程序中间状态的程序，是指法院通过“身代限”宣告变卖债务人的方法清算债务。在这种制度中，主持程序的政

---

① 参见[德]马丁·阿伦斯：《德国自然人破产法改革》，李步先译，载方小敏主编：《中德法学论坛》第13辑，法律出版社2016年版，第75页。

② 参见[德]乌尔里希·福尔斯特：《德国破产法》，张宇晖译，中国法制出版社2020年版，第287页。

③ 参见[日]山本和彦：《日本倒产处理法入门》，金春等译，法律出版社2016年版，“序”第6页。为顺应日本法中的概念，日本部分中“破产”仅是指“清算型破产程序”。

④ See Jiawei Zhang, *Research on the Establishment of China's Personal Bankruptcy Legal System: From the Perspective of Japan's Personal Bankruptcy System*, International Journal of Frontiers in Sociology, Vol. 2, p. 32(2020).

府机关责任重大。[①] 与之不同的是,"分散制度"类似现代法中的法庭外债务清理和自我破产程序,即由债权人和债务人协议清理债务人的资产负债,债务人可以获得一定免责,政府机关的参与有限。在这种制度中,债务人与债权人举行会议,决定是否通过还款解决方案,会议采多数决方式,多数人的决定将对其他异议者有约束力。如果债务人在清算其资产后仍有欠债,那么除衣服和生活用具外,几乎没有什么资产可以从债权人那里得到豁免。[②]

1872 年(明治五年),明治政府在清理这些地方习惯法,并借鉴了一些西方制度后,把习惯法以《华士族平民身限代规则》等法令固定下来,[③]制定了最初的成文法。从习惯法到成文法,意味着日本的个人倒产法从萌芽走向发展,但此时的这些立法活动并不具备现代破产法的一般特征。[④]

1890 年(明治二十三年),日本以法国法为蓝本制定《日本商法典》,其中第三编破产编被认为是最早具有近代性质的破产法。后《商法》延期施行。经过数次修改,破产编于 1893 年作为旧破产法实施。[⑤] 该法效仿法国破产法的原则,采用只有商人具备破产能力的商法破产主义。[⑥] 该时期的破产法仅适用于商自然人与法人,其在破产财产的范围上采取膨胀主义,同时禁止破产债务人免责,采取惩戒主义。这些特点让这部法律遭受了猛烈的批判。[⑦] 对于非商人的自然人,日本另行制定了《家资分散法》,对于即使采用强制执行也无力偿还债务的债务人,可以根据法院或自己的申报,宣告"家资分散"。[⑧]

由于此后的《商法》修改不再借鉴法国法而是效仿德国法,与此前单独成

---

① 参见[日]山本和彦:《日本倒产处理法入门》,金春等译,法律出版社 2016 年版,第 7 页。

② See Brooke Schumm Ⅲ, *Comparison of Japanese and American Bankruptcy Law*, Michigan Journal of International Law, Vol. 9, p. 291(1988).

③ 参见[日]山本和彦:《日本倒产处理法入门》,金春等译,法律出版社 2016 年版,第 8 页。

④ 参见胡健:《日本破产法律制度》,载中国诉讼法律网 2005 年 12 月 5 日, http://www.procedurallaw.cn/info/1021/2974.htm。

⑤ 参见胡健:《日本破产法律制度》,载中国诉讼法律网 2005 年 12 月 5 日, http://www.procedurallaw.cn/info/1021/2974.htm。

⑥ 参见[日]山本和彦:《日本倒产处理法入门》,金春等译,法律出版社 2016 年版,第 8 页。

⑦ 参见刘颖:《日本的个人破产免责制度及其借镜》,载《经贸法律评论》2020 年第 5 期。

⑧ 参见胡健:《日本破产法律制度》,载中国诉讼法律网 2005 年 12 月 5 日, http://www.procedurallaw.cn/info/1021/2974.htm。

法的“破产编”产生了不协调,[①]因此法典调查委员会在修改《商法》的同时开启了对1922年《日本破产法》的修改。1922年《日本破产法》颁布,并于次年正式实施。1922年《日本破产法》将破产的对象扩大到非商人,《家资分散法》被废止。该法用支付不能代替支付停止,即当债务者因资产不足,处于对应即时清偿的债务不能全面持续清偿的客观状态时,即认定债务人破产;[②]由膨胀主义改为固定主义,即在宣告破产时属于破产者的财产构成破产财产;放宽了对破产债务人的惩戒主义,但仍未引入免责制度。[③] 1922年《日本破产法》是以债务人清算为目的的倒产制度。此外,日本还模仿奥地利法颁布了《日本和解法》,该法是以债务人重整为目标的倒产制度。自此,日本进入清算型破产程序和再建型和解程序两种倒产制度并存的时代。[④]

时间推进到第二次世界大战后的1952年,美国对日本破产法的变革产生了重大影响。在倒产法修订过程中,日本的立法当局和驻日盟军总司令部逐条交涉,基于债务人“重生”主义的新理念在个人倒产中得以确立,倒产法引入了免责制度。[⑤] 然而,由于小范围债务能够在熟人社会之间互相协助解决,免责制度在引入后的二三十年间并没有得到广泛应用。[⑥] 日本公民将破产视为个人失败而非商业失败;违约或倒产程序也被视为个人性格的缺陷,而非商业生活中的常态。一旦他们申请个人破产,他们将被社会拒绝,并被视为劣等公民。[⑦] 在这种传统文化的影响下,日本债务人往往不愿意申请破产程序的救

---

① 参见曲雅丽:《论我国新破产法的完善——从日本破产法的修改对中国的启示进行思考》,山东大学2014年硕士学位论文,第4页。

② 参见郭毕华:《关于建立我国个人破产法律制度的相关思考——以日本个人破产制度为参考》,载《法治与社会》2020年第13期。

③ 参见刘颖:《日本的个人破产免责制度及其借镜》,载《经贸法律评论》2020年第5期。

④ 参见范纯:《日本倒产法制改革》,载《现代日本经济》2007年第6期。

⑤ 参见[日]山本和彦:《日本倒产处理法入门》,金春等译,法律出版社2016年版,第9页。

⑥ 参见《日本破产法律制度》,载国际经济法网2008年4月17日,http://ielaw.uibe.edu.cn/fxlw/gjsf1/gjsfll/12656.htm。

⑦ 参见[美]娜塔莉·马丁文:《历史与文化在破产和破产制度发展中的作用:法律移植的危险》,谢琳译,载陈夏红主编:《中国破产法——中国破产法的现代化:从〈大清破产律〉到〈企业破产法〉(1906—2006)》,谢琳、涂晟等译,中国大百科全书出版社2018年版。

济,每年仅有数百份破产申请。①

随着消费金融在20世纪70年代末和80年代初的流行,消费者信用产业规模飞速发展。1980年信用卡透支规模不过约21兆亿日元,1990年则达到了约57兆亿日元,10年间翻了一倍有余。② 20世纪90年代前期,日本有不少年轻消费者透支信用卡购买商品和服务,再拆东墙补西墙,提升了违约风险,最终陷入无法还债的深渊。日本社会的个人债务由此快速增长,无法偿债案件剧增,"信用卡破产"案件成为棘手的社会问题。人们对破产免责的态度随之改变,越来越多的自然人债务人开始寻求使用个人破产程序来获得免责。③

(二)日本个人倒产法的革新与实践

自20世纪80年代末日本泡沫经济破裂以来,由于金融市场动荡和通货紧缩,日本经济持续低迷,破产案件数量更是剧增。企业破产不仅使经营业主背负了沉重的债务,亦使工人失去了工作机会,连锁导致个人破产的范围扩大。日本个人破产申请数量在1989~2003年增长了24.7倍。如图3-2所示,1989年个人破产申请数量仅9433件,2003年暴涨到242,849件。其中多数自然人在破产程序开始之时已经几乎没有财产可供执行,债权人只有在能够获得一定的未来价值资源之时,才可能获得债务人的偿付。④ 在此背景下,日本法制审议会倒产法部开始重新审视当时的法律体系。为了清理坏账和过剩债务,维护金融体系的稳定,为日本经济复苏提供制度保障,作为金融法律体系基础设施的倒产法迎来了彻底的修改。

---

① 参见陈夏红:《在个人破产的光影中,寻找"关根彰子"》,载微信公众号"破产法快讯"2019年4月9日,https://mp.weixin.qq.com/s/6O-E0o8M9Qr9MfIRoVWmXw。

② 参见陈夏红:《在个人破产的光影中,寻找"关根彰子"》,载微信公众号"破产法快讯"2019年4月9日,https://mp.weixin.qq.com/s/6O-E0o8M9Qr9MfIRoVWmXw。

③ 参见[日]小岛武司:《比较法在移植法律中的第二任务》,王志勇译,载沈宗灵、王晨光编:《比较法学的新动向》,北京大学出版社1993年版,第52页。

④ 参见胡利玲:《论个人破产中豁免财产的构成与限制》,载《东方论坛》2020年第3期。

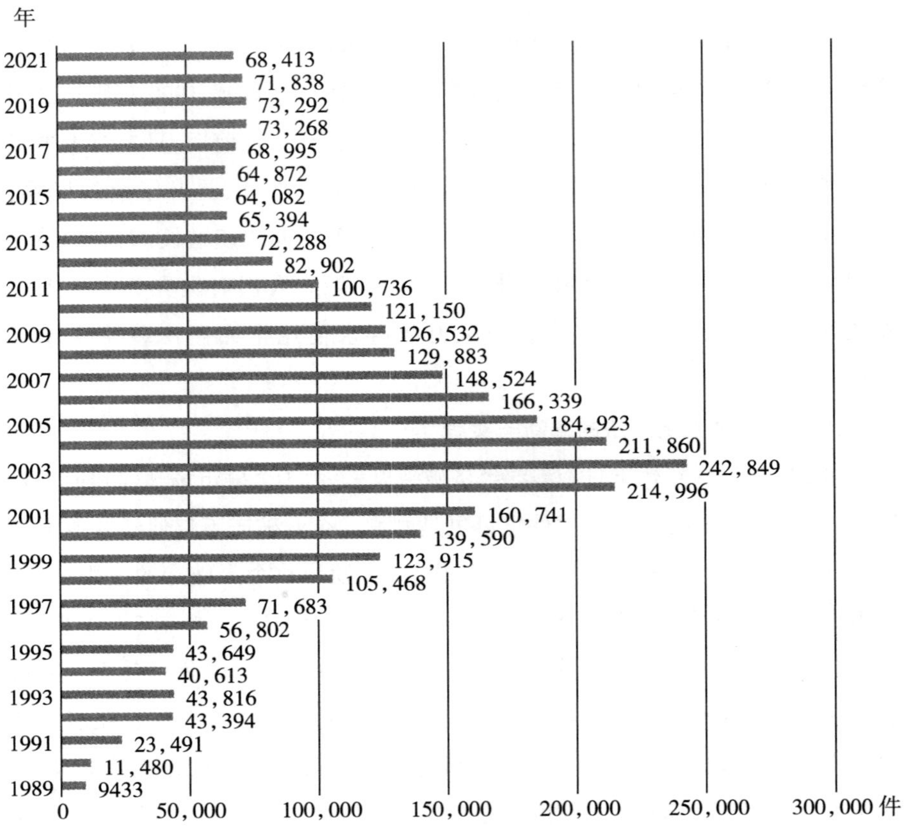

图 3-2　日本 1989~2021 年个人破产申请数量

2000 年施行的《日本民事再生法》成为倒产立法过程中形成的第一部法律，其肩负着中小企业业务重整的制度目的，并被定位为重整型处理破产的基本模型。在日本施行了近 80 年的《日本和解法》被废止。《日本民事再生法》制定后，日本法制审议会将目标转向了适用于消费者的重整型程序，借鉴了 1978 年《美国破产法典》第十三章的规定，允许有一定持续性收入的自然人消费者通过用未来收入向债权人清偿的方法，避免住宅等重要资产的清算，在《日本民事再生法》中引入了有关自然人重整的特殊规定，新设了住宅资金特别条款、小规模个人再生程序以及工资所得者个人再生程序。① 彼时正值日本经济低迷、企业大量裁员之时，个人再生程序和案件数量猛增。个人再生程序包括小规模个人再生程序和工资所得者个人再生程序。小规模个人再生程序与工资所得者个人再生程序之间最大的区别在于，前者以适用债权人多数决议制为法定要件，②而债务人拥有固定收入，可以计算出可支配收入的，可根据清偿计划的内容，将部分收入用于清偿，无须取得再生债权人的同意。

如图 3－3 所示，2002 年个人再生案件数量为 13,498 件，2007 年达到了 27,672 件，其中小规模个人再生案件数量从 2001 年的 1732 件，到 2007 年达到最高值 24,586 件。后受个人再生程序整体适用率回落的影响，2014 年小规模个人再生案件数量为 6982 件。这个数字虽与 2002 年小规模个人再生案件数量相近，但不同的是，其占 2014 年个人再生案件数量的九成以上。可见，小规模个人再生程序已成为个人再生程序中的核心程序。

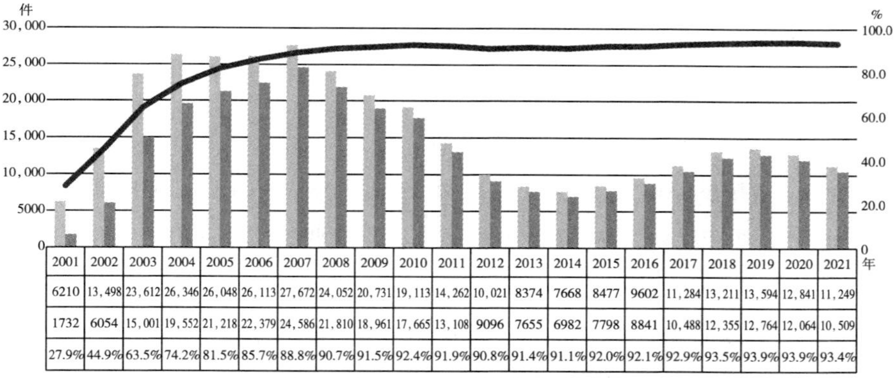

2001	2002	2003	2004	2005	2006	2007	2008	2009	2010	2011
6210	13,498	23,612	26,346	26,048	26,113	27,672	24,052	20,731	19,113	14,262
1732	6054	15,001	19,552	21,218	22,379	24,586	21,810	18,961	17,665	13,108
27.9%	44.9%	63.5%	74.2%	81.5%	85.7%	88.8%	90.7%	91.5%	92.4%	91.9%

2012	2013	2014	2015	2016	2017	2018	2019	2020	2021
10,021	8374	7668	8477	9602	11,284	13,211	13,594	12,841	11,249
9096	7655	6982	7798	8841	10,488	12,355	12,764	12,064	10,509
90.8%	91.4%	91.1%	92.0%	92.1%	92.9%	93.5%	93.9%	93.9%	93.4%

图 3－3　日本 2001～2021 年个人再生案件数量

2005 年，另一个倒产法改革中涉及个人破产的关键之作，也是倒产立法过程的收官之作。该法共计删除 1922 年《日本破产法》条文 38 条，③新增及修改

① 参见[日]山本和彦：《日本倒产处理法入门》，金春等译，法律出版社 2016 年版，第 118 页。
② 参见[日]山本和彦：《日本倒产处理法入门》，金春等译，法律出版社 2016 年版，第 162 页。
③ 参见陈国奇：《日本破产法最新修改》，载《厦门大学法律评论》2005 年第 2 期。

包括破产程序、个人破产和破产实体法等在内的诸多内容。2005 年《日本破产法》由本则 277 条,附则 8 条构成。在 2005 年《日本破产法》中,对于自由财产的范围,除禁止扣押的个人财产外,标准家庭 3 个月的必要生活费用被纳入自由财产,比 1922 年《日本破产法》增加了 1 个月。在免责程序方面,1922 年《日本破产法》中的破产人需单独申请免责,而在 2005 年《日本破产法》中的破产程序和免责程序一体化。2005 年《日本破产法》以排除列举的方式增加规定了非免责债权范围,将侵害他人身体权和生命权的侵权之债,基于扶养、监护、夫妻互助义务而生的债务列为非免责债权。①

随着破产法的改革,日本个人破产案件数量也开始逐年回落,至 2021 年为 68,413 件,已接近 1996 年的 56,802 件和 1997 年的 71,683 件之间的均值。数据回落的主要原因可以归结为以下两点:一是超额法定利息返还请求权案件的增加,导致债务人和债权人之间的地位逆转;二是《中小企业金融灵活法》拯救了许多中小企业,从而降低了经营者破产比例,并成功规避了住宅贷款的逾期偿还。②

如今日本倒产法既未采用德国和法国的单一程序型模式,也未采用美国和英国的法典型模式,而是采用了复数程序型模式,完善了各程序间的过渡的规定,追求程序的体系化。③ 日本个人倒产处理程序可以分为以处分债务人资产后分配给债权人为目的的清算型程序和以重新调整债务人的经济生活后所产生的收益、收入平等分配给债权人为目的的重整型程序。前者的基本法为 2005 年《日本破产法》,后者的基本法为 2000 年《日本民事再生法》。此外,消费者还可通过信贷咨询、特定调解等非诉讼纠纷解决程序(Alter-native Dispute Resolution, ADR)应对经济困境,这些不通过法院而通过债权人等集会协商解决的方式称为"私整理"。④ (见图 3-4)

---

① 参见刘艳军:《日本破产法改革概要》,载《河北法学》2006 年第 8 期。
② 资料来源:日本法院官网司法统计年报。
③ 参见范纯:《日本倒产法制改革》,载《现代日本经济》2007 年第 6 期。
④ 参见范纯:《日本倒产法制改革》,载《现代日本经济》2007 年第 6 期。

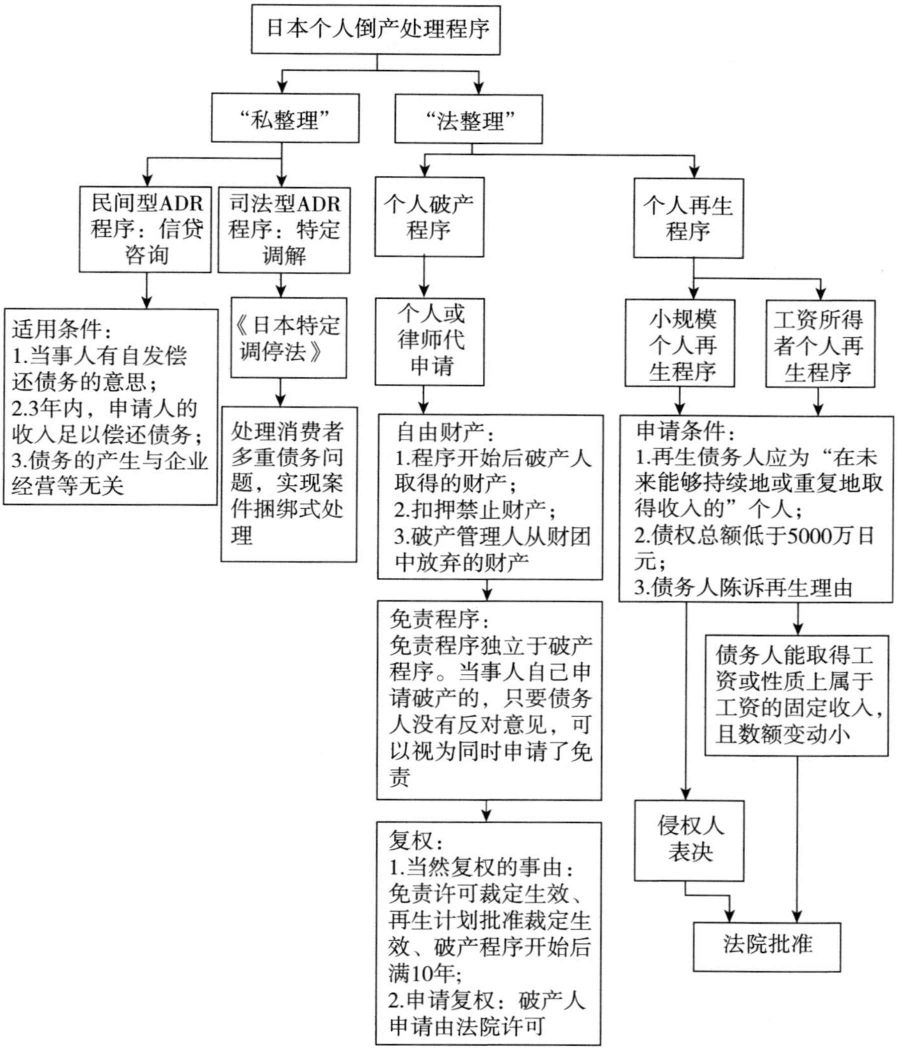

图 3－4　日本个人倒产处理程序

资料来源：[日]山本和彦：《日本倒产处理法入门》，金春等译，法律出版社 2016 年版。

日本倒产法改革虽告一段落，但仍需根据经济的变化不断地重新审视。从个人“重生”理念的转变到免责制度的引入和自由财产的扩大，从价值观的转变到制度变革，日本现代个人倒产法律体系紧随着时代的变革不停地革新，并成功地帮助败者“重生”。

第三节　个人破产权利冲突与衡平域外变革的检视

当我们在讨论如何构建个人破产制度时,一个回避不了的问题是:形成个人破产制度的决定因素和制度权衡的关键要素是什么。个人破产权利冲突的解决方案不仅是技术问题,还是法律选择问题。从域外各国个人破产制度的变迁可以看出,各国的个人破产制度都是一个持续本土化的过程,其本土特色源于本国的经济结构、价值观、文化、政治体制以及历史的差异。每个国家如何根据本土环境适时调整个人破产制度,发挥制度对经济发展和社会稳定的调节功能,是探索个人破产制度成功模式的中心课题。

一、个人破产权利冲突衡平的理念发展与价值认同

一个社会的价值体系必然要适应当时的社会情势。价值体系以经济体系的既定条件为背景,以实际、可感知的形式出现。① 个人破产的发展史究其根本是一段债权人与债务人之间的权利争夺史。随着人类社会的发展,作为调整社会关系最重要的手段,法律始终跟随历史的发展而变动,以适时地解决不同时期的新任务。在现代社会中债务清偿关系时常会影响其他人的利益甚至社会整体利益,这就需要国家从社会利益本位角度适当介入,来维护社会整体利益。个人破产法的立法宗旨历经了从债权人本位到债权人与债务人的利益平衡本位再到社会利益本位的进化。

(一)债权人本位

古罗马法对于债务纠纷的处理经历了3个不同阶段,分别是人身性破产阶段、废除债奴制度阶段和自愿破产制度阶段。在第一个阶段,破产最看重的是债权人的利益。古罗马法时代,债权债务纠纷一般由债权人私力救济解决。马克思说过:“后世立法再也没有像罗马那样把债务人残酷地置于债权人的脚

① 参见[美]约瑟夫·熊彼特:《经济发展论——对于利润·资本·利息和经济周期的考察》,何畏、易家详等译,商务印书馆1991年版,第140页。

下。"这样极端的评价缘于古罗马早期的法律制度将债的关系视为一种人身关系。换言之,债务人自身即债的担保物。欠债不还的举动在当时会受到所有人的鄙视和谴责,债务人很难被宽恕,不仅要背负污名,而且将以人身责任替代财产责任履行不能的惩处,即在无财产偿还债务时,钱财上的责任将会落实于债务人身体。①

《十二铜表法》规定,当发生债务纠纷的时候,当债务人承认债务或是法庭判决后,他们有30日的时间偿还债务,如果超过这个期限,债务人仍无法偿还债务,并且没有担保人为其担保,那债权人则有权将其关押起来。在关押的这段时间里,债务人可以选择达成和解,债权人至少将债务人带到集市3次,公开宣告债务人应还数额,询问公众是否有人愿代为偿债。如60日后双方仍无法达成和解,并且没有他人愿代为偿债,债权人则有权将债务人作为奴隶卖到国外或者杀死。如债务人同时欠了多人的债,则多个债权人可以共享出卖债务人所得的财物,或者分割债务人尸体。②

(二)债权人与债务人的利益平衡本位

随着商品经济的发展,商品间交换和买卖快速增多,仅仅通过《十二铜表法》的规定已经不能完全应对日益变化的债权债务关系,同时,这样残酷的法律制度也遭受到群众的激烈反对。破产的中心开始向保护债务人转移。

1. 从人身罚走向人身保护

公元前326年古罗马颁布《帕特利亚·帕披利亚法》(Lex Peatilia Papiria de Nexis)。这部法律将财产与人身分离,③禁止杀死、出卖或私自拘锁无力偿还债务的债务人。古罗马自此进入了废除债奴制度的阶段,物品开始取代人身作为借债抵押物。一些学者认为,这意味着将人身作为债的履行对象的时代宣告结束,债的刑罚特色正式消失,债已经被人们看作单纯的财产关系,④进而保护了债务人的人身权利。

---

① 参见张阳:《个人破产何以可能:溯源、证立与展望》,载《税务与经济》2019年第4期。

② 参见周枏:《罗马法原论》(下册),商务印书馆1996年版,第869页。

③ 参见文秀峰:《个人破产法律制度研究——兼论我国个人破产制度的构建》,中国政法大学2004年博士学位论文,第3页。

④ 参见杨共乐:《罗马"债务奴隶制"考略》,载《世界历史》1998年第1期。

这是债务人人格与财产相分离的里程碑式的一步，进一步促使了债务人的财产通过法定执行程序偿还债务制度的形成。财产委付制度、总括拍卖制度、个别拍卖制度就是在这个时候形成的。

财产委付制度是一种对人的执行方式。当债务人无力偿债时，如果两个以上债权人申请或债务人自愿委付债务人所有财产进行偿债，法官应判令扣押、接管债务人全部财产，选举出管理人管理及变卖这些财产，用于偿还欠债。财产委付制度可以分成法定财产委付及协议财产委付两种。在法定财产委付中，善意无过错的债务人只要自愿交出全部财产，就可以不被债权人拘押，而且只在委付的财产价值范围内清偿就可以。此外，这种执行还使债务人享有"能力利益，债权人应留下一部分财产给债务人，让其能维持日常生活"。协议财产委付则是指债务人与债权人就欠债自愿协商并达成偿还协议，将债务人财产转移交给债权人以偿还债务的一种执行制度。①

财产委付制度的执行标的是财产不是人身，只要符合特定条件，禁止债权人拘押债务人；对善意无过错的债务人，只要他愿意交出全部财产，就可以只在委付的财产范围内清偿，这突破了个人债务无限责任的枷锁，初现现代破产制度中免责制度的雏形；对债务人预留必要生活费用，显示了对人权的保障和尊重，与自由财产制度极其相似。上述特征使其具备现代个人破产制度的雏形。

总括拍卖制度，是指大法官根据债权人申请，可判令申请人接管债务人财产，并公开所接管的事项。多个债权人可申请另行选择管理人。在公告期内允许其他债权人加入清偿程序。债务人如果既不清偿也不同意转让财产，公告期届满后将被宣告破产，并被施以"丧廉耻"的处罚。之后，法官将召开债权人会议，选出财产拍卖人，公告拍卖财产清单并进行拍卖。债权人应当按照中标人所认购债务的比例清偿。对于破产人拍卖后取得的新财产，债权人可以再次进行拍卖，直至债务全部清偿。破产 1 年后，善意无过错的破产人如果还未能清偿债务，可仅就全部财产进行清偿。

① 参见周枏：《罗马法原论》，商务印书馆 1996 年版，第 905 页。

个别拍卖制度是对总括拍卖制度的一种改善，二者在拍卖环节体现出的差异在于个别拍卖无须公告拍卖财产清单。对于债务人的财产，管理人会实行分别拍卖，所得的钱分配给债权人。并且，债务人不会受到“丧廉耻”的处罚。个别拍卖制度包含让破产的人重新开始的理念，起初意味着一项特权，适用于元老阶级成员和未成年人。此后，个别拍卖制度的适用范围逐步扩张，最终取代了总括拍卖制度。

在某些方面，以上 3 种执行方式都可以看到现代破产制度的身影。但相较而言，总括拍卖制度最具现代雏形。现代破产制度的公平有效清偿和集中全面重整的立法理念在总括拍卖制度中体现得淋漓尽致。该制度的运行方式也勾勒出现代破产制度的基本轮廓和框架结构。可以说，总括拍卖制度奠定了现代破产法的基础。①

2. 自愿破产

无论是财产委付制度还是财产拍卖制度，实质上都属于强制性的破产程序。直至公元前 46 年恺撒颁布的《关于财产让与的优流斯法》（Lex Iulia de bonis cedendis）才开启了古罗马破产法自愿破产的先河。② 这部法律允许债务人将其全部财产让与给债权人，从而避免人身性措施以及“丧廉耻”的处罚。同时，在债务人能够证明自己是因遭受不可抗力而破产时，减少他们财产让与债权人的额度。这种方式能够解决债务问题，化解社会矛盾。

《关于财产让与的优流斯法》与之前的强制执行方式相比有 3 点创新：其一，开创了自愿破产制度；其二，将破产视为一种解决危机的手段，而非惩罚方式；其三，将破产法独立于其他法律之外。由于这些创新以及它与现代破产法极为接近，部分学者将这部法律看作现代破产的始祖。③

从“破命”到破产、从债权人利益保护到兼顾债务人利益保护、从经济利益到人格利益的反向设置，④成为后世欧洲破产制度发展的蓝本。破产法的历史

---

① 参见刘静：《个人破产制度研究——以中国的制度构建为中心》，中国检察出版社 2010 年版，第 41 页。

② 参见徐国栋：《罗马破产法研究》，载《现代法学》2014 年第 1 期。

③ 参见徐国栋：《罗马破产法研究》，载《现代法学》2014 年第 1 期。

④ 参见徐国栋：《罗马破产法研究》，载《现代法学》2014 年第 1 期。

进化总体朝向有利于债务人的趋势发展。后世以此蓝本为基础，发展出现代破产法。

随着地中海沿岸的资本主义萌芽，在13～15世纪的意大利，商业逐渐发展起来，商人阶层应运而生。当时从事交易活动的商人一般在交易市场都有自己专属的板凳，当该商人欠债且无法清偿债务时，债权人可以根据商业习惯，砸坏这个商人的板凳。这正是“破碎的长凳”的来源。

为更有效地治理商业行为，意大利一些地区模仿古罗马制度出台了包括个人破产规则在内的商事条例。与古罗马法不同，这些破产制度采用的都是商人破产主义，也就是只有商自然人有权参与破产程序。这些城邦立法的具体规定并不完全相同，但有两个原则性的法律框架是相同的。一是债务协商，即债务人可与债权人协商解决债务，并可获得一定的债务减免；二是财产委托，即债务人将财产全部交由债权人处置以清偿债务，类似于清算及债权按比例清偿。1457年的《威尼斯宪法》规定，特定的破产委员会是“以确保我们的公民陷入破产的境况时，能够继续他们的营业而不会被迫离开他们的家园，像游手好闲的乞丐一样四处游荡为原则，并以此为唯一的目的而创设的”。[①] 由此可见，《威尼斯破产法》的目的是复兴而不是惩罚。

总体来说，中世纪意大利破产法在明确了适用主体的基础上还增加了兼顾债务人利益的设置，虽然本质上仍然带有有罪处罚的色彩，但已基本具备现代个人破产制度的框架，甚至创设了类似现代的自愿破产和免责等制度，更大限度地保障了债务人的利益。

（三）社会利益本位

意大利商人破产模式在英国、法国等欧洲国家得到了沿袭。直至13世纪下半叶，西班牙才打破这一模式——《七章律》首次将非商人纳入破产主体，一般破产主义模式从此诞生。这种立法模式使更多的民商事主体能够受到破产法律制度的保护，一经推出就受到了广泛欢迎。此后，德国、奥地利相继确立了一般破产模式，将破产法主体的适用范围扩大到商个人、公司、其他商业组

---

① 宋娜拉：《论个人破产制度在我国的构建》，南京财经大学2014年硕士学位论文，第8页。

织和消费者。此外,欧洲及亚洲一些国家也逐步转变破产模式,由商人破产主义模式转变为一般破产主义模式。如今,除意大利等少数几个欧洲国家还实行商人破产主义外,绝大部分发达国家均采用一般破产主义模式。

历史的发展让人们逐步意识到,特定债权人和债务人的收益并非个人破产制度的主要目的。个人破产制度对社会、市场经济产生着全方位、多层次的调整以及协调、促进作用。个人破产制度的目标应放眼更广泛的社会收益。[①]破产的真正问题并非债务人支付不能,而是债权人和国家没有因认识到债务人支付不能而相应减少无意义的追偿。换言之,破产的功能是停止适得其反的收债行为,通过消除或减缓难以偿还的债务负担,重振债务人的自立能力,使债务人恢复到财务状况良好的状态。过度借贷与禁锢生产力会给金融体系造成压力,个人破产制度能够确保以最小的成本代价及时处理经济活动的损失,使经济活动更顺畅、稳定、可预期。因此,个人破产保护从商个人延伸到了一般自然人,并加强了对债务人保护的相关制度,如自由财产制度、破产免责制度和失权与复权制度,也发展出更有利于债务人"重生"的和解和重整程序。同时,要防止社会功利主义思想的蔓延,个体的基本权利必须得到尊重,任何以集体利益名义剥夺个人权利的行为都是不正当的,目的的正当性不能替代手段的正当性。[②]

(四)现代个人破产理念的价值认同

200多年前,英国启蒙思想家、经济家大卫·休谟指出:"尽管人是由利益支配,但利益本身及人类的所有事务,是由观念支配的。"理念之所以会影响人的行为,是因为理性人必须为自己的决策找到正当性理由,而一种行为是否正当,与人们持有的理念有关。个人破产制度的发展史显示,个人破产的价值理念从债权人友好型向债务人友好型转变,实际上是国际经济发展的需要。人们认识到瓜分债务人的财产并不能让债权人受益,让债务人回到干净的社会循环才有助于价值创造,债务人的收益将外溢共享给债权人和社会,达到双赢

---

① 参见自然人破产处理工作小组起草:《世界银行自然人破产问题处理报告》,殷慧芬、张达译,中国政法大学出版社2016年版,第33~34页。

② 参见张维迎:《经济学原理》,西北大学出版社2015年版,第129页。

局面。

在我国个人破产立法中，解决个人破产的价值认同问题十分必要，其重要性不亚于解决直接的利益冲突。正义具有丰富的价值内涵和理论体系，即没有明确的位次等级结构图。法律正义也没有优劣价值的等级之分。维护美好的生活，需要考虑和权衡所有的价值需求，这才是制度最重要的功能。①

1. 淡化破产有罪观

破产有罪观的淡化是理性时代的发展要求。17～18 世纪，以商人笛福为代表掀起了保护“诚实且不幸”的商人破产者的社会思潮，把“诚实且不幸”的破产者与欺诈的破产者区分开，认定这部分人的破产是无罪的，为破产有罪观的淡化提供了理论基础。破产有罪观的淡化具有重要的历史意义和社会影响：第一，对破产者进行细分从而淡化了破产有罪观，表明民众的思想趋向理性化与合理化，有利于营造宽容的社会氛围。第二，破产有罪观的淡化促成了破产免责与自由财产制度的实行，开始保护“诚实且不幸”的破产者，立法原则从以债权人利益为中心开始向债权人、债务人利益兼顾转变，整体利益得到了平衡，使破产法具备了现代要素，具有里程碑意义。第三，破产有罪观的淡化有利于破产者与债权人合作，主动公布财产，及时减少坏账，也有利于投资者回笼资金，保障债权人的权益。第四，破产有罪观的淡化激发了商人的进取心。商人把破产法的破产免责视为一种化解风险的手段，这鼓励了商人的冒险精神，有助于商人扩大海外贸易，形成全球市场。但此时，个人声誉仍是维系社会联系的主要纽带，道德领域与经济领域无法彻底脱离。

2. 内化破产不慎观

鼓励诚信破产、遏制恶意破产、培育良好偿债文化，是个人破产立法的核心理念。提高个人破产的社会接受程度有助于提升立法稳定性，是个人破产能否顺利施行的关键。

个人破产实质，是权利冲突博弈的结果。个人破产本身只是搭建一个债权人利益和债务人利益博弈的平台，让大多数人接受博弈的结果，督促债权人

---

① 参见马长山：《司法人工智能的重塑效应及其限度》，载《法学研究》2020 年第 4 期。

重新审视自己的风险评估能力，让债务人重新评判自己消费能力和价值创造能力。个人破产能让社会接受不仅"诚实而不幸"的有需要保护，"诚实而不慎"的人也需要保护这一事实，将个人破产系不慎行为的观念内化为一种习惯，在社会范围内培育良好的偿债文化。这或许也是我国个人债务集中清理机制与深圳地方立法的探索意义所在。

3. 重塑破产文化

相较政治、经济和科技的发展变化，一个国家或民族的主流文化价值取向是相对稳定并具有传承性的。国家治理是一个平衡国家内部各群体利益的过程，体现了团体通过一定的秩序和规则获取总体资源的水平。任何体系都是按照一定的文化理念构建的，而国家治理体系作为一个紧密相连的管理体系，将国家文化理念外在化。基于文化与文化价值的视角确定文化与国家治理之间存在的关系具有相应的理论支撑。

我国传统文化崇尚集体主义，鄙弃个人主义，这会导致集体公共意志提供的产品难以反映个人需求。过度隐蔽个人需求将使集体公共意志偏好无法体现个人意志偏好。只有当集体偏好最大限度地满足个人需求时，才能实现社会的有效治理。换言之，如果社会个体能普遍参与社会治理，表达社会公共需求，则有助于群众基础的巩固、社会共识的达成、执政水平科学化的有效提升。①

在中国传统文化中，礼具有道德价值和正义观念。礼治通过"启蒙"指引民众的行为，并将其"内化"到百姓的日常生活中。礼作为一个价值系统，通过规则内化也可以获得第一位执行的效果，大大减少制度费用。伦理和风俗作为公民价值体系的一部分，由于其不容易更改的特性，仍然要得到足够的重视和尊重。我国个人破产制度迟迟未能走上中央立法层面，原因之一在于观念层面的障碍，尤其是对于引入个人破产立法所需的配套制度是否完善都存在

---

① 参见易华勇、吕立志：《文化对国家治理的影响效应实证分析——基于文化价值倾向视角》，载《世界经济与政治论坛》2020 年第 3 期。

争议。① 个人破产的理念和价值认同仍需培育，应在随着社会经济生活的调整提升社会接纳度后转入正式立法。

二、个人破产权利冲突衡平机制变革的社会收益

社会系统是多变而复杂的，以致无法完全为人类所理解并建立完整的模型。人类有限的认知能力在实现系统运转（尤其是实现社会互动方面）的同时，也要应对伴随而来的社会、经济、政治和环境影响。人类认知的有限性决定了人类无法事先预测建立系统所导致的种种后果。② 集体信仰对社会秩序往往起到稳定或破坏的作用。信仰通过其形成过程和对行为的影响发挥有效性。社会事实信仰的有效性与特殊的历史和制度背景尤其是制度安排、规则领域、行为模式和预期结果有很大关系。③ 当个人破产权利冲突衡平机制的安排稳定和可预测时，人们就会对个人破产系统有信心，个人破产体系便可以获得一种动态的社会平衡。

（一）社会法视角：个人破产与生产力发展

2011 年 1 月 10 ~ 11 日，世界银行召开专门工作组会议，讨论修改《标准与准则提议》（ICR）标准④及国家金融危机后出现的破产相关问题。由于不同国

---

① 参见李帅：《论我国个人破产制度的立法进路——以对个人破产“条件不成熟论”的批判而展开》，载《商业研究》2016 年第 3 期。

② 参见［瑞典］汤姆·R. 伯恩斯等：《结构主义的视野：经济与社会的变迁》，周长城等译，社会科学文献出版社 2000 年版，第 9 页。

③ 参见［瑞典］汤姆·R. 伯恩斯等：《结构主义的视野：经济与社会的变迁》，周长城等译，社会科学文献出版社 2000 年版，第 66 页。

④ ICR 标准是国际金融稳定委员会依据《标准与准则倡议》（Standards and Codes Initiative）的规定，委托世界银行为商事破产和债权人/债务人机制的比较研究开发的一套统一的标准。［ICR 标准是基于《联合国国际贸易法委员会破产法立法指南》（2004 年公布）以及世界银行《关于有效破产以及债权人权益制度原则》（2001 年，2005 年及 2011 年修订）的建议，并经过联合国国际贸易法委员会、国际货币基金组织以及世界银行国际合作伙伴的协商编纂而成的。《破产法立法指南》《关于有效破产以及债权人权益制度原则》与 ICR 标准一起，构成对企业困境解决机制进行评估的统一参考源。世界银行主要通过制定深度诊断报告《标准与准则遵守情况报告》（Reports on the Observation of Standards and Codes，ROSCs）、制定技术支持的规定以及发展和宣传破产相关知识和专业技能，来支持发展中国家加强关于管理 ICR 机制的法律、规制及制度框架的能力。］参见自然人破产处理工作小组起草：《世界银行自然人破产问题处理报告》，殷慧芬、张达译，中国政法大学出版社 2016 年版，第 1 页。

家的法律处理标准不同,对国际金融稳定和经济发展及融资渠道产生了影响,自然人破产处理工作小组第一次被要求考虑自然人破产话题,并形成《世界银行自然人破产问题处理报告》。该报告调查了59个国家,其中25个高收入国家,34个中等收入和低收入国家,调查人数占全球总人口67.5%。调查结果表明,一半以上的中等收入和低收入国家没有任何关于自然人破产的法律制度。[①] 从对域外个人破产制度的考察也可以看出,个人破产法的形成和不断的完善,都是随着该国经济发展产生并不断进行调整的。

为什么有观点认为,富有的国家需要个人破产制度,而贫穷的国家不需要个人破产制度?这是由社会生产力发展的特点以及劳动力生产要素的特点决定的。现代社会的经济发展是以技术创新、提高生产率、提高社会生产力来推动社会进步,提高社会生产力则要求生产要素和经济资源达到最高效的配置状态。根据市场出清理论,破产的目的是达到债务均衡,而债务均衡的目的是实现社会财富最大化。那么其中的路径如何打通?根据生产要素理论,无论从劳动创造价值的角度还是从企业家精神的角度出发理解生产要素的构成,人都是最重要的生产要素之一。制度变迁理论告诉我们,个人是最传统的力量,个人同时又是最活跃的生产要素,其不仅是生产力的价值创造者,而且还是再生产力的价值创造者。从解放生产力、发展生产力的角度出发,任何经济法律的核心目的都在于人,把人恢复到最有效率的状态是个人破产的使命。个人破产始终要服务于经济建设和社会生产。为什么越是经济发达的国家越需要个人破产制度?这是由于人是生产要素中的最重要的因素决定的。在贫穷的国家,劳动力创造性对社会的推动性不如有形资产对经济的推动性强。低收入国家的劳动力处于低效运行的状态,没有和生产资料紧密结合的机会,因而国家越是落后,劳动生产率价值越低,解构生产力产生的社会效益就越低。这些国家资源越丰富,劳动力要素不断出现的情况下,对个人破产的需求并不迫切。而在经济发达国家,经济发展并非依赖资源驱动,蕴含人类智慧包括组织、技术、数据、信息等多元化生产要素,均更依赖劳动力的创新和劳动力

---

① 参见自然人破产处理工作小组起草:《世界银行自然人破产问题处理报告》,殷慧芬、张达译,中国政法大学出版社2016年版,第2页。

创新的价值创造。在这种情况下,让富有创造力的劳动者从旧有债务中解绑具有非常重要的意义。因为解构旧有劳动力、发挥劳动力创造价值的成本低于引进新的劳动力的成本。引入新的劳动力,必须对旧的劳动力提供已有的社会资源保障,即要增加社会保障资源。福利国家要解决其医疗、保险等一系列社会福利问题,而这些成本又得让纳税人负担,一定意义上加重了社会成本。个人破产则有助于劳动者恢复信用、社会地位,重新进入健康的社会循环,帮助社会减轻负担。这就是为什么个人破产是必要的,为什么企业家更呼吁个人破产,保护企业家精神也可以管窥一斑。

(二)金融法视角:个人破产与信贷供应

个人破产权利冲突衡平机制对债权人来说也是债权风险的分担机制,可以防范债权人盲目放贷形成的系统性风险。域外个人破产法改革反映出一个现象:个人破产的门槛降低,豁免财产、免责尺度放宽,则信贷利率提升。该现象从长远来看对市场交易秩序、宏观经济会有什么影响,一直是经济学家和破产法学家一直想破解的难题。

对于个人破产的松紧尺度与信贷供应此消彼长的状态,从经济学角度观察可以获得解释。根据柠檬市场理论,在信息不对称的市场中,产品卖方对产品质量信息的掌握比买方多,会造成买方无法通过价格信息判断产品的价值,从而造成"劣币驱逐良币"的现象。高风险债务人采用欺骗手段获得同等条件下的市场交易机会,将促使交易方为了寻找真诚的合作伙伴,不得不通过寻找更多的信息,或通过额外的谈判来克服这些风险。欺骗破坏了社会规则的有效性,增加了交易成本,弱化了市场的有效功用。[①] 个人破产制度的存在会产生债务人逆向选择现象,即利率越高,低风险借款人越不愿意借款,高风险借款人越有积极性借款,最终留在借贷市场的债务人都是高风险债务人,从而进一步提升了市场的借贷风险。因此,个人破产门槛降低虽然方便了债务人选择破产进行自我保护,但同时也推升了市场借贷利率,加大了市场风险。社会秩序会影响和约束市场参与方。制度安排能确保信用和良好愿望的最低水

① 参见[瑞典]汤姆·R.伯恩斯等:《结构主义的视野:经济与社会的变迁》,周长城等译,社会科学文献出版社2000年版,第15页。

平。个人破产与信贷供应的变化不仅反映了债权人风险控制的需求，而且以制度形式对债权风险提前进行了安排。从金融法的角度审视，个人破产的权利冲突衡平机制在宏观上发挥了金融风险“减压阀”的作用。但其对于已有的始终处于动态调整的社会经济整体来说，将在多大范围内发生效用，整体效果是好还是坏，仍有待进一步考证。

经济学家提醒，个人破产法对债务人责任的严格程序与事前的信贷获得之间存在明显的正相关关系。对债务人债务的豁免会引起信贷在不同财富的借款人之间重新分配：贫困的人得到的贷款会减少，他们在进入市场时面临更大的困难；而富裕的人反而能借到更多的钱，且不必支付更高的利率。① 众多学者通过研究发现，在欧洲大陆和日本，参与者倾向用合理的规范来共担风险、共享所得。美国则更依靠盛行的市场规则（关系），在建立和维持合作关系方面坚持高价格敏感和低度承诺。这也是为什么在美国一旦个人破产降低门槛，市场借贷利率就会提升，而在欧洲和日本这一影响反而没那么大。

以法国为例，与其他欧洲国家一样，法国的个人破产申请数量大幅增长，如从 2008 ~ 2009 年的个人破产申请数量从 188, 485 件增加到 226, 582 件。法国自 2003 年引入以清算非豁免财产为交换条件来解除债务的制度，债务人在专门的法官监督下可免除债务。2004 ~ 2005 年，超过 1/3 的债务人申请许可免责被拒，而这些人之前都被过度负债委员会②确认为财务困难，没有资产可供清算。研究表明，债务人的偿还能力是法官在决定免除债务时的主要考虑因素。当债务人欠下多个债权人，特别是金融债权人的债务时，法官会认为债务人对财务困境或过度负债负有责任，因此拒绝免除债务。

免责的概率降低在一定程度上也激励了金融债权人和非金融债权人提供

---

① See Von Lilienfeld-Toal et al., *A General Equilibrium Analysis of Personal Bankruptcy Law*, Economica, Vol. 83, p. 31(2016).

② 根据法国个人破产法的规定，债务人申请破产一般向过度负债委员会提出，由过度负债委员会审查债务人情况，决定是否接受债务人的破产申请。过度负债委员会可以在“补救计划”和人员安置程序中进行选择。“补救计划”是债务人和债权人通过重新谈判，制订债务重组时间表。人员安置程序则是过度负债委员会认定债务人无法以未来收入和资产偿还债务，债务人以所有非豁免资产清算为代价换取法官免除债务。

借贷,加剧了过度借贷风险。学者的研究表明,在 1978 年《美国破产法典》第七章项下,债务人的资产被豁免清算得越多,经济困难的债务人就越有动力申请这样的破产程序。美国的微观计量经济学数据证明,即便是最鲁莽的美国借款人,在申请破产后也会受益于债务重新安排支付,迅速获得信贷。随着信贷业变得更加有利可图,如果对债权人提供更有力的保护,可能激励他们提供更多的信贷。解决个人债务增长问题的办法可能是惩罚利用消费者有过度借贷倾向,且对信贷条件和价格无知的贷款人。①

20 世纪 80 年代以来,美国消费者破产率从每年的 0.3% 增长至 1.5% 。为了保护债权人利益,降低破产申请率,2005 年《防止破产滥用及消费者保护法》颁布实施,这是美国破产法改革的重要成果之一。在该法实施前的 5 周内(2005 年 9 月 12 日至 10 月 16 日),破产申请率急剧上升,最后一周有超过 40 万户家庭宣布破产,大约为原先每周平均案件量的 13 倍。② 而此后至 2006 年 7 月,该法实施后下降的破产申请量超过了实施前增长的破产申请量。破产改革显然减少了总的破产申请量。研究发现,破产申请风险每下降 1 个百分点,信用卡利率就下降 67 个基点,次级市场范围内提供的利率就下降约 84 个基点。对消费者来说,破产法的修改导致的利率下降使无担保信贷借贷的消费者受益。破产法的修改显著减少了破产的保险价值。要推断出破产法修改对整体福利的影响,至少需要量化被拒绝者的保险价值的货币计量损失,以及修法影响信用评分变化后导致的利率所带来的收益。不那么宽松的破产制度可能减少因选择免除债务产生的道德风险,但增加破产难度也会减少其对创业的有益影响。

部分学者认为,美国 2005 年《防止破产滥用及消费者保护法》是金融危机的诱因。美国马里兰大学道西(Dawsey)和奥苏贝尔(Ausubel)两位教授曾预言:“为减少债务违约修改法律的决策者可能只是将债务人的破产形式的显著

---

① See Regis Blazy et al. , *Personal Bankruptcy Law*, *Fresh Start and Judicial Practice*, *Fresh Start*, *and Judicial Practice*, Journal of Institutional and Theoretical Economics, Vol. 169, p. 680 (2013).

② See Gross T. et al. , *The Economic Consequences of Bankruptcy Reform*, American Economic Review, Vol. 111, p. 2309(2021).

性降低而已。”债务人可能从正式破产转入隐性破产,因为破产法改革后消费贷款、抵押贷款的数额都有所上升,贫困消费者的数量也并没有减少。《防止破产滥用及消费者保护法》导致非正式破产数量增加的同时,止赎率的攀升也导致待售住房数量上升,从而增大了房地产市场价格下行的压力。价格下跌又导致房地产市场出现负资产现象,并导致越来越多的房地产抵押贷款违约,从而进一步挤压违约房产进入待售住房,供给增加加速房地产价格下跌。加上贷款机构压缩信贷规模,减少住房需求,两相挤兑进一步增加房价下跌的恶性循环。①

(三)商法视角:个人破产与创业

个人破产与创业的关系,从商法视角审视,反映了个人破产权利冲突衡平中债务人“重生”和债权人风险分担的利益衡平。创业具有积极的外部性,可以促进创新、刺激竞争和创造就业机会,鼓励创业是许多国家的主要政策目标。但真正的创新改变了多数人未曾期望的东西,企业家的创新越多,他的行为结果越难预测。熊彼特把企业行为称为“创造性的破坏”(creative destruction),并认为这种破坏性的行为是竞争最有效的方法以及经济增长的主要源泉。创业意味着更大的破产风险,不仅创业收入不稳定,而且企业家如果以非公司形式创业,则意味着企业的债务即个人债务。因此,一个宽容的个人破产法对创业活动有两种矛盾的影响:一方面,宽容的个人破产法可能使创业更具吸引力,创业者在破产情况下不会冒失去过多财富和未来收入的风险;另一方面,这些风险被转移到贷款人身上,金融机构在债务无法回收的情况下,可能通过收取更高的利率应对。研究表明,贫穷的创业者比富裕的创业者更容易受信贷成本增加的影响,个人破产让创业者“重新开始”的保险效应超过了利息的效应。②

美国学者研究发现,潜在的企业家生活在个人破产豁免水平较高的州,他

① 参见陈云良、梁杰:《2005 年美国破产法修改与世界金融危机——兼论破产法的经济调节功能》,载《政治与法律》2011 年第 4 期。

② See Fossen Frank M., *Personal Bankruptcy Law, Wealth, and Entrepreneurship—Evidence from the Introduction of a "Fresh Start" Policy*, American Law and Economics Review, Vol. 16, p. 269 (2014).

们更有可能拥有、创办和结束小企业。创业者从较高水平的个人破产豁免中获益,是因为豁免提供了部分财富保险,尽管豁免水平提高的代价是信贷供应减少。个人破产豁免水平由各州设定,差异很大。如果居住在宅基地豁免水平较高或无限制的州,那么拥有房屋的家庭拥有企业的可能性要比没有房屋的家庭高35%,而且这种差异在统计学上是显著的。如果租房者居住在高豁免权的州,他们拥有企业的可能性会比居住在低豁免权的州的租房者高出29%,这一差异在统计学上也是显著的。与拥有公司企业的决定相比,家庭拥有非公司企业的决定对豁免水平的变化更有反应。破产豁免水平也会影响创业的决定:如果房主居住的州有无限的而不是低的宅基地豁免,那么他们创业的可能性就会增加28%,尽管这种关系只在8%的水平上是有意义的。

2005年美国《防止破产滥用及消费者保护法》改革的目的是减少富裕的债务人对破产制度的滥用,尽管参议院和众议院一直未能达成一致。最重要的变化是,收入超过中位数水平的债务人将被禁止根据1978年《美国破产法典》第七章提出申请并利用“重新开始”,他们将不得不根据新的和更严厉的1978年《美国破产法典》第十三章提出申请。该章规定债务人有义务使用他们未来的所有收入来偿还破产前的债务。偿还的义务将在破产后的5年内继续。然而,研究表明,改革的一个意想不到的后果是降低了自营职业的吸引力。如果企业倒闭,倒闭企业的所有者的未来收入和部分或全部资产将无法得到保护,而是将面临对其未来收入的严厉征税,以偿还他们的旧企业债务。倒闭企业的所有者也会被阻止从事高薪工作,因为从事一份收入高于中位数水平的工作会使他们无法根据更有利的1978年《美国破产法典》第七章申请破产。贷款人也不愿意向曾经失败的企业主提供贷款,因为如果额外的收入主要用于资助他们的旧债权人,企业主就没有动力去努力工作。虽然在目前的破产法下,一些自营企业可能是无效的,但个人破产程序改革使小企业的处境更加艰难,有效和无效的企业都有可能被淘汰,其结果可能是美国经济的增长速度放缓。①

---

① See Fan Wei, Michelle J. White, *Personal Bankruptcy and the Level of Entrepreneurial Activity*, The Journal of Law and Economics, Vol. 46, p. 543 (2003).

现代个人破产法将对一国的分配制度、社会保障制度和信贷消费、创业、经济发展的方方面面产生影响。美国式债务人友好型宽松立法少见于其他国家。美国宽松的个人破产制度有特殊的立法土壤。美国为公民提供的社会福利安全保障有限,这在一定程度上导致了公民的个人财务脆弱性。一些学者指出,在美国常见的因医疗和健康费用等支出而个人破产的现象,在欧洲等福利国家并不常见。[①] 美国的个人破产制度属于该国为数不多的社会保障项目,从某种意义上看,个人破产也已经成为美国社会保障体系的一个部分。1994年美国立法改革专家委员会报告中指出:要合理制定破产制度,关键是在财产豁免以及债务免责政策的制定上做到对各方利益起平衡作用,防止所有债务人、债权人的大力反对,避免使制度的正当性处于风险之中。

一个国家的经济发展与扩大债务规模密切相关。随着我国在经济上采取扩大债务规模的发展模式和人口增速的放缓,我国不再存在劳动力无限供给的现象。我国未来经济增长不能再依靠低廉的劳动力成本优势,而应通过发挥企业家精神,以创新和提高效率来推动经济发展。[②] 从个人生产力生产和再生产的角度,我国的个人破产法的未来立法在针对消费者破产与企业家破产是否应有区别对待,仍需重点关注和研究。

三、个人破产权利冲突的衡平要素

(一)破产主体:商自然人与消费者

个人破产问题和各种不同的社会、政治及文化问题交织在一起,处理方式难以统一。综观两大法系国家个人破产法的立法发展,西方的破产法始于商自然人,并逐步扩大到消费者和企业。商业的发展催生了破产法,原因有两个:一是商业风险容易通过债务链条进行传导,会扩大社会损失。二是商人被认为有“特别的便利来拖延或欺骗债权人”,[③]因此应当尽快以破产法止损。非

---

① See Iain Ramsay, *Comparative Consumer Bankruptcy*, University of Illinois Law Review, Vol. 74, p. 241(2007).

② 参见张维迎:《经济学原理》,西北大学出版社2015年版,第689页。

③ 殷慧芬:《消费者破产制度研究》,上海交通大学2008年博士学位论文,第26、28页。

商人不具备上述因素,反而没有破产救济的机会。随着金融业的发展,消费信用将个人破产法从商人破产模式转变为一般破产主义模式。消费信用经济成了推动社会经济发展的主线,"扩大消费,扩大内需"亦成了经济发展的要求。但是,消费信用扩张同时可能导致消费者步入消费陷阱,陷入破产境地。

从生产要素理论分析,个人消费的结果是消费者自己,生产消费的结果是和消费者有别的生产物。① 消费者是最微观的劳动力生产单元,是生产并销售劳动力的经营主体。消费者只生产劳动力,而商主体是经营体,是劳动力生产之外的要素组合。商主体既是企业经营者又是个人,首先要保证劳动力生产和再生产的生活资料,再考虑商主体除创造劳动力之外的债务出清。破产制度是对市场失败的生产要素组合的惩戒机制的肯定(如债务清算或失权),但负有纠正市场的过度惩罚的责任,即阻止盲目毫无意义的追债行为。按市场出清理论,市场对企业最大的惩罚是让企业主体灭失,但对个人来说,应当保留其劳动力生产和再生产的基本生活资料,超过这个限度对任何人都毫无益处。商事破产涉及的主体皆为理性的经济主体,他们会在获取完整的信息并进行风险评估后才作出相应决策。但自然人的行为几乎无法与传统经济理想中的理性行为一致,商事破产制度中设置的正面或负面激励、收益或制裁,对不参与商业活动的自然人来说,都不太可能发生影响。② 对这一类人,目前没有一种特定的处理方式是最佳方式。消费负债毕竟和经营性负债不一样,其相对简单、清楚,债权人都是金融机构,且消费者破产转移资产和债务的可能性较小。因此,考虑破产的公平与高效,在可能的情况下,可以单独立法,或在程序上与商自然人破产有所区别,类似民事诉讼的简易程序,设置专门的消费者破产程序。

笔者认为,我国个人破产首先要解决的问题是商自然人破产,其次才是消费者破产。首先,目前我国最主要的问题是要解决企业生产经营活动导致的自然人因担保等情形负债的问题,商自然人的破产可以结合企业破产一并处

---

① [德]马克思:《资本论》(第1卷),郭大力、王亚南译,上海三联书店2011年版,第114页。

② 参见自然人破产处理工作小组起草:《世界银行自然人破产问题处理报告》,殷慧芬、张达译,中国政法大学出版社2016年版,第22页。

理。对于欠债不还的债务人个人来说,在强制执行程序中有人们最熟知的代名词——"老赖"。为了有效治理这个现象,最高人民法院屡次召开新闻发布会,公开失信被执行人名单。然而,列入失信被执行人名单、限制高消费等各种管制措施用尽后,还是有许多执行案件没法审结。因此,最高人民法院呼吁尽快设立个人破产制度,畅通执行不能的退出机制。最高人民法院咨询委员会副主任杜万华亦撰文指出,建立个人破产制度是彻底解决执行难的根本之道,也是企业法人有限责任和完善市场主体制度的需求。

其次,在信贷扩张模式的推动下,考虑经营债务和消费债务在实践操作过程中难以完全厘清,而后消费者出于生活、消费、医疗、意外等原因也有破产需求。[①] 考虑市场主体平等保护的原则,未来国家应当对商自然人和消费者予以平等保护,放宽破产保护主体的范围,使立法具有前瞻性和可预期性,这有利于对一般主体的保护。因此,应当根据以下原则将民事主体纳入个人破产保护的范畴:(1)属地原则。根据与破产财产处理有最密切联系的原则,在中国有住所、经常居所、营业场所、重要财产的自然人应纳入个人破产保护。(2)"两户一伙"(个体工商户、农村承包经营户、个人合伙)、个人独资企业、合伙企业及其他可能涉及投资人无限责任的非法人企业应纳入个人破产保护。独资企业破产往往涉及企业财产和个人财产区分与混同的问题,凡责任不独立的企业进入破产,必将涉及由个人承担无限责任的问题。合伙企业破产也同样会涉及企业财产和个人财产的区分与混同的问题。在此情况下,对从事经营活动的未来债务清理必将涉及个人,企业破产只是假象,个人破产才是实质。企业破产和个人破产应当是普通和特别的关系,对于企业破产无法解决的问题,应由个人破产来承载。

(二)破产原因:清偿能力与收入测试

根据生产要素理论,人力资本是劳动者个人拥有的最重要的财产。基于劳动创造价值的原理,劳动者个人的潜在劳动力可创造的财富价值是不可估量的。然而,通常意义上的破产财产仅包含个人现有的有形的或无形的资产,

---

① 参见徐阳光、武诗敏:《个人破产立法的理论逻辑与现实进路》,载《中国人民大学学报》2021 年第 5 期。

劳动力未来可创造的财富往往被忽视。实际上,对于资不抵债的个人来说,劳动力才是个人最重要的财产。是否有必要对劳动力要素进行合理估值?如何估值?理论上,劳动力要素的价值包含两层含义:一是劳动力作为特殊商品的价值,即劳动力生产和再生产的价值。劳动力价值是由生产、发展、维持和延续劳动力所必需的生活必需品的价值决定的。劳动力的价值主要由两部分组成:维持劳动者本人和家属的生存所必需的生活资料的价值,以及劳动者接受教育和训练的开支。二是劳动力的使用价值。劳动力的使用价值就是劳动。在资本主义的条件下,资本家购买的是雇佣工人的劳动力而不是劳动。因此,企业家与一般劳动者作为生产要素的区别在于:企业家可以实现自我雇佣,可以取得劳动创造的价值;而一般劳动者的使用价值包含劳动者生产和再生产劳动力的价值以及剩余价值,一般劳动者无法完全享有劳动创造的价值。因此,企业家的生产要素价值和雇佣工人的生产要素价值在估值机制上存在差异。由于有此差异,商自然人和消费者在破产原因和破产能力上应当有所不同。

在美国,债务人申请破产,破产原因和破产能力都要受到严格审核。为了防止第七章规定的清算程序被有偿债能力的债务人滥用,2005 年《防止破产滥用及消费者保护法》试图通过对债务人进行收入测试,迫使他们使用第十三章进行重整。其目的是让债务人必须偿还部分债务后才能获得债务豁免,而不能马上得到债务豁免。收入测试是对债务人的历史收入情况进行评估,并对债务人未来的收入进行预计,如果经过评估后月均收入有一定节余,则应转移到 1978 年《美国破产法典》第十三章进行重整。对债务人未来收入的评估主要是综合以下因素进行判断:债务人过往平均收入(一般为 6 个月)、所在州平均收入、美国国家税务局允许的费用、其他日常开支等。如果申请人的收入超过所在州的平均收入水平(按月支付所有合理开支后,每月节余 100 美元以上),则不能按 1978 年《美国破产法典》第七章进行清算,要转入第十三章进行重整,债务要在制定 5 年偿债计划后方能获得豁免。①

① 参见卜璐:《消费者破产法律制度比较研究》,武汉大学出版社 2013 年版,第 114 页。

仅就劳动力价值而言,美国的收入测试也仅仅是简单地统计债务人以前的收入及收入来源,按社会平均水平扣减劳动力生产和再生产的价值,计算债务人未来的偿债能力。这种计算方式是否符合我国社会主义制度下劳动创造价值的理念,仍有待进一步考证。

(三)破产公平与破产保护

1. 债权风险分担机制的确定

债权人与债务人权利冲突衡平的一个重要环节就是债权风险分担机制。体现破产公平与破产保护的关键环节就是债权人和债务人在债务清偿上的风险分担,首要关注的是在契约诚信的破坏和破产免责的合理性之间寻找一个平衡点。

对于个人破产涉及的契约诚信原则的坚守,以及如何进行底线设置的问题一直存在争议。个人破产导致债务人无法按其原来的信用合同条款履行合同。这种对合同条款的违反大大打击了社会交往中的契约诚信。回溯欧洲大陆法系国家个人破产的立法历史可以发现,传统上欧洲大陆法系国家反对将破产豁免制度扩展到个人破产领域,原因在于欧洲大陆法系国家认为“契约必须遵守”的原则应当予以坚守。因此,在立法取向上,欧洲大陆法系国家选择以债权人为中心,将债权清偿作为破产程序的首要任务。所以,在对债务人的总财产依破产程序处理后仍不足以清偿债权人的,大陆法系国家原本的处理方式多采取不免责主义。也就是说,债务人的还款义务不会因破产程序结束而消灭,未偿还部分在未来恢复还款能力时仍须偿还。例如,1877 年《德国破产清算法》第 164 条第 1 款规定,破产程序结束后,债权人可以无限期地向债务人主张未偿还的债权。

然而,到了 20 世纪 80 年代末 90 年代初,随着信贷市场的放宽和个人破产案件数量的飙升,许多欧洲大陆法系国家开始重新反思这样坚持的意义。如果没有破产免责制度,债务人将不得不终身承担债务负担,其未来收入也将用于偿还高额债务。债务人余生将只为还债辛苦地工作,很难建立高远的生活目标。与因欠债被关进监狱的欧洲中世纪的债务人相比,这种生活只是让债务人身处一个可移动的监狱,债务会高度影响和限制他们的经济生活和社会生活。由此,这些国家开始在立法中建立债务豁免制度,规定破产程序启动后，如一段时间届满，可以对债务人进行债务减免。因此，从世界范围看，在破产法中创设适用于个人债务人的免责制度是21世纪破产法的发展趋势。

显而易见，两大法系的立法变化反映了一个不可忽视的事实，即债务人破产保护的立法理念已经根植于两大法系个人破产法的土壤。这对于破产制度的创立者以及那些曾视破产为犯罪的中世纪债权人来说可能始料未及。无论是传统以债权人保护为导向的大陆法系国家，还是主张债务人保护的英美法系国家，在立法中对这一问题的最直接回应就是个人破产免责制度的设置。现阶段，个人破产免责制度的立法理念是寻求债务人、债权人与社会利益之间的最佳平衡：既希望个人破产免责制度给予诚实和不幸的债务人债务减免，帮助他们回归社会，也希望个人破产免责制度最大限度地保护以信贷机构为首的债权人利益；既希望个人破产免责制度可以助力经济运行，又希望个人破产免责制度不要引发债务人过度负债，带来信用风险。显然，因经济发展水平和信贷消费水平的差异，各国结合各自的法律传统、经济状况和社会福利制度等因素，在选择利益冲突的平衡点时将有所侧重。

债务豁免的宽松程度直接决定了债务人是否选择个人破产以及如何处理个人债务，显现结果就是个人破产案件的数量。严格的债务豁免条件和程序，将会消解债务人选择个人破产程序清理债务的热情，迫使债务人选择其他债务清理机制。宽松的债务豁免条件和程序，则会使债务人轻而易举地通过个人破产程序得以豁免债务，其结果必然是个人破产案件数量飙升。典型的例证就是1988年颁布的《爱尔兰破产法》。该法设立了严格的个人债务豁免条件，除非法院特别批准，豁免财产总额应限制在3100欧元内且不包括住宅。该法不仅规定了特别低的豁免限额，而且免责考察期特别长。要么债权人的债权完全得以清偿，要么需等待12年的妥善行为期之后，法院才会许可免责。债务人不仅在妥善行为期间还有遭受惩罚的可能，而且其破产记录还要被永久登记在册。因此，个人破产程序从颁布后很少有人使用。[①] 显而易见，在严苛

---

① See Jason J. Kilborn, *Reflections of the World Bank's Report on the Treatment of the Insolvency of Natural Persons in the Newest Consumer Bankruptcy Laws*: *Colombia*, *Italy*, *Ireland*, Pace Int'L, Vol. 27, p. 306(2014).

的免责制度下，债务人更愿意寻求其他途径处理个人债务，而不是采取个人破产程序。

虽然欧洲大陆法系国家和英美法系国家在个人破产免责制度的立法上存在一定的差异，但是从上述两大法系的代表性国家近年来对免责制度立法的修改可以看出，严格的免责制度无法实现个人破产制度帮助债务人"重生"的初衷，对债务人选择个人破产作为解决债务负担的途径显然不具吸引力。宽松的免责制度对债权人权利的保护力度存疑，必然导致破产滥用的担忧。免责制度的利益平衡点如何选取和设置，是学者关注的焦点，也是各国个人破产制度设计的难题。发达国家消费信贷市场的发达程度差异不大，致使各国都结合本国国情对于平衡点进行重新定位，并作出趋同的选择。大陆法系国家逐步引入免责制度并放宽对债务豁免的限制条件，英美法系国家则着重强化对破产滥用的规制，增加对债务豁免的限制。修法的目的在于使个人破产法更具张力，以适应消费信贷市场发展。未来我国寻找免责制度衡平的边界是个人破产制度设计的难题。

2. 道德风险与欺诈的防范

道德风险是个人破产中的对抗因素，需在个人破产制度中有针对性地构建防范措施。遏制个人破产中的道德风险，防治破产滥用与欺诈一直是各国个人破产立法改革的主题。破产是涉及多方利益的复杂法律关系，破产的存在必然伴随破产欺诈。由于破产欺诈在很大程度上源于法律制度本身，所以各国对破产欺诈的立法对策有二：一是以权利限制权利，使用失权制度来实现对双方权利的制衡，建立较系统的反破产滥用与欺诈的限制措施。二是对破产滥用、欺诈行为规定明确的民事与刑事责任。对于如何加强对破产欺诈的规制，域外法也给我们提供了鲜活的实例。

破产起初被视为一种犯罪，1542 年《英国破产法》和 1570 年《英国破产法》都将破产人认定为欺骗诚实人的罪犯。1570 年《英国破产法》还赋予破产专员监禁试图逃避全面调查的破产者的权利。对于作伪证的破产者，也规定了十分严厉的处理措施。[①] 随着人道主义思想的传播，个人破产法变得更注重对人的关怀，从而将破产认为是债务人经营行为的失败，不再把破产认定为犯罪。虽然破产法规定了对债务人的免责制度，但是在现实生活中，存在债务人为了逃避债务而欺诈和恶意转移财产的行为，各国和地区法律都将这种行为认定是刑法中的犯罪。例如，美国十分重视对破产欺诈的规制，1994 年《美国法典》第十八编"犯罪与刑事程序"第九章通过赋予破产受托人强有力的撤销权，对偏颇性交易和欺诈性转移行为进行了详细规定，有效地衡平了当事人之间的权利冲突。[②] 中国香港特别行政区将破产欺诈视为刑事犯罪。我国《深圳条例》第 103 条、第 112 条、第 130 条对债务人破产欺诈行为作出了规定，但这些条文对债务人的欺诈行为没有作出实质性的惩罚，最多是使债务人回到未被宣告破产之前的状态，惩戒力度不够。

虽然各国和地区立法体例不同，但在债权人与债务人的权利冲突衡平机制上都设置了正向激励机制和反向惩戒机制，其中，反向惩戒机制重点落在破产欺诈的法律规制上。如何从正向激励和反向惩戒上把握权利冲突的平衡点，是我国个人破产制度需面临的重要问题。

综上所述，根据马克思、恩格斯对社会主义制度的论述，社会主义制度要给所有人提供健康有益的工作和真正充分的自由。我国实现社会主义的目标是解放生产力、发展生产力、消灭剥削、消除两极分化，最终达到共同富裕。[③] 从解放生产力的角度，我国个人破产制度势在必行，建立个人破产制度对于我国经济发展有深远的现实意义。但个人破产制度如果太过宽松，可能造成债务人对于该制度的滥用，损害债权人的利益，进而扰乱社会秩序。我国未来立法应重视并减少这些不利影响，决策者应当认识到个人破产机制的运作可能受到社会、法律和经济的影响。因此，建立具有中国特色的个人破产制度需要对商主体破产与消费者破产进一步区分，对劳动力价值与劳动力要素价值估

---

① 参见徐阳光：《英国个人破产与债务清理制度》，法律出版社 2020 年版，第 30 页。

② 参见[美]大卫·G. 爱波斯坦等：《美国破产法》，韩长印等译，中国政法大学出版社 2003 年版，第 11 ~ 22 页。

③ 参见周晔、李亚男：《共同富裕理论的历史逻辑、理论逻辑和实践逻辑》，载《江南论坛》2022 年第 1 期。

值机制进行进一步的调研,并进一步寻找个人破产免责的利益平衡点。

目前,我国社会保障体系相对完整,因医疗、离婚、失业引发的无法偿债的情况尚未见数据统计分析。同时,我国居民储蓄率一直较高,除因购房产生的信贷杠杆外,目前尚未有消费信贷爆发式增长的情况,①因信贷消费者的脆弱性而无力偿债的情况也多由政府部门进行专项治理,尤其是近年来对互联网小贷平台的整治工作和整治"套路贷"的专项活动。这说明目前对消费性贷款引致的个人财务问题和社会问题,政府特别重视通过行政手段或刑事手段处置不负责任的放贷、投融资行为,消费性贷款仍属风险可控的范畴。同时,我国已通过多轮房地产调控对房贷进行控制,因房贷产生的个人破产风险正在通过市场进行调控。从审慎角度来说,基于我国的历史传统及社会现实,未来立法不妨先从严限制,采取渐进式立法,再根据社会经济发展状况以及法律实施情况的需要进行调整。②

霍姆斯说,法律中有关理性研究方面,现在是属于研究文本的人(black-letter man),而研究统计学和精通经济学的人是属于未来的。③ 法律研究的目的不是道德真理或者正义,也不是抽象的原则或者逻辑体系,而是"预测在什么情况下公共权力通过法庭起作用"。个人破产法像一把"双刃剑",其自面世开始,就在债务人"重生"与过度保护产生的道德风险之间辗转反侧。在破产保护与破产欺诈之间,我们应当清醒地认识到个人破产法的正向收益和逆向效应,立足我国国情,这样才能量身打造一部适合中国国情的个人破产法。

---

① See Charles J. Tabb, *Lessons from the Globalization of Consumer Bankruptcy*, Law and Social Inquiry, Vol. 30, p. 763(2005).

② 参见许德风:《破产法论:解释与功能比较的视角》,北京大学出版社 2015 年版,第 532 页。

③ 参见[美]斯蒂文·J. 伯顿主编:《法律的道路及其影响——小奥利费·温德尔·霍姆斯的遗产》,张芝梅、陈绪刚译,北京大学出版社 2012 年版,第 25、295 页。

第四章　我国个人破产权利冲突的实体衡平机制

第一节　我国个人破产权利冲突衡平之自由财产制度

一、自由财产制度对个人破产权利冲突的衡平

自由财产又称豁免财产，是指为保障个人债务人及其所扶养人的基本生活而为其保留的财产。自由财产制度的基本价值判断是保障债务人基本的生存权、发展权、人格权。

人类生存的第一要义是解决生活所需的衣、食、住以及其他物品。债务人(尤其是商自然人)在破产后，一般难以依靠原有营生的方式生活，这段时间其就需要资产以维持生计。为债务人保留生存所需的生活资料是自由财产制度设计的初衷。我国台湾地区学者陈荣宗认为，自由财产不列入破产财产，主要是为保障破产人最低限度生活，基于人道或社会政策考量以及保护公共秩序和善良风俗的需要。① 个人破产的自由财

① 参见陈荣宗：《破产法》，台北，三民书局1987年版，第190页。

产制度具有社会保障制度的功能,可以避免个人破产程序直接触发公民从国家获得物质帮助和相应的社会保障金的支出。①

自由财产的实质是将应属于债务人破产财产的一部分权利划归债务人所有,不用于清偿债务。因此,对于自由财产的界定,表面上体现的是债权人和债务人权利的冲突,即债务人生存权、发展权与债权人债权的冲突;但其主线是国家权力对社会资源的重新分配,即国家通过减损债权人的分配利益,保障债务人的生存权和发展权。国家对社会资源重新分配的权力边界与债权人权利、债务人权利的边界不可避免地存在冲突。

(一)债务人生存权保障:生活的最低限度保障

自由财产制度的核心功能是恢复劳动力价值。从生产要素理论角度来讲,劳动力作为特殊商品的价值,是劳动力生产和再生产的价值。个人破产作为恢复劳动者自由的一种制度,其前提必然要恢复劳动力价值。前已述及,劳动力价值是由生产、发展、维持和延续劳动力的生活必需品的价值决定的,主要包括维持劳动者本人和家属生存所必需的生活资料的价值,以及劳动者接受教育和训练的开支。因此,自由财产在个人破产权利冲突衡平机制上发挥着从实体上恢复劳动力价值的作用。其在维护劳动力价值,包括劳动力生产和再生产所需的人的生存、教育、职业与发展具有经济学上的正当理由。因此,自由财产的内容应包括债务人职业所需的资产、有特殊人身关联的财产以及维持自身与所抚养的亲属基本生活的财产。由于每个债务人情况不尽相同,自由财产的构成难以详尽。划定自由财产的范围与标准,建立相应的识别机制,是宪法原则和价值之间的调和,也是权益平衡所必需的。应当保障债务人何种程度上的生活水平?应该提供多少物质条件支持债务人“重生”?怎么平衡债权人的心理?

就如何界定赋予债务人“适当生活水准权”的问题,学界有不同看法。有观点认为,应该在符合人类尊严的前提下满足债务人维持基本生活并且免于贫困。满足债务人本人和家属生存所必需的衣、食、住等生活资料,满足生活

① 参见王斐民:《个人破产法的宪法维度》,载《中国法律评论》2020年第6期。

的最低限度保障。债务人究竟能被保障到何种程度的生活水平取决于一国的经济文化发展水平等诸多因素，并且与该国的治国理念和国家政策等息息相关。应当由法律确定一个基本框架后，由地方性法规予以补足，最后由法官综合实际情况酌情调整。总的原则是不应超过当地的社会保障基本水平。

（二）债务人发展权保障：重新起步的最低限度保障

根据"生产要素理论"，劳动者是价值创造者，人类的发展源于劳动创造价值。因此，对劳动者发展权的保护是推动社会生产力的基石。人类社会文明的发展推动人权的保护由生存权跃升至发展权。虽然是否考虑债务人将来"重生"在自由财产设立目的层面一直存在争议。部分学者认为，自由财产设立之初只是保护破产者的生存权，这已经是对债务人最大的宽容。但目前学术界的主流观点还是认为，自由财产应该兼顾债务人的"重生"。现代破产的目的不在惩戒，而在于迅速恢复债务人的社会地位，[①]债务人的东山再起，是实现利益共赢的源泉。笔者认为，在确保债务人"东山再起"这一问题上，应当坚持债权人利益优先的标准，在充分考虑债权人意见的前提下最大限度地满足债务人重新起步的需要。

（三）债务人人格尊严保障：具有专属性特定物的保留

自由财产制度的另一项重要内容，就是对债务人具有专属性特定物的保留。这既是对公共秩序和善良风俗的尊重，也是社会进步和文明的体现。一般而言，与债务人有特定人身关系的物品，对当事人有一定的精神价值，有特殊用途或有特殊纪念价值，如结婚戒指、照片、破产者的假肢等。各国破产法在这方面通常坚持人身权优先的原则。一些国家明确债务人可以保留有特定个人关系的特定财产，如果上述特定物中含有贵重物品的情况下，债务人的精神利益与财产价值及对债权人清偿利益的减损必须综合考量。那些对债权人来说没有多大的经济价值，但对债务人来说具有特殊意义的物品，如照片、奖状、勋章等予以保留；至于钻石婚戒等可变价的贵重物品，对债务人虽有特殊意义，但涉及对债权人清偿利益减损过多，仍应折现进行分配。

---

① 参见钱国成：《破产法要义》，台北，三民书局1991年版，第2页。

自由财产在价值确定上的比例原则。根据经济学边际效用理论，专属物品的边际效用价值可以得以最大限度发挥（或者说，对债务人的稀缺性价值远超过对于债权人的价值）。根据权利位阶理论和比例原则的适用，自由财产的留存应当符合在宪法对公民生存权和发展权保护义务功能的基本范畴为最低限度，禁止保护不足。

总体而言，社会的稳定和发展离不开每个人的稳定和发展，债务人的稳定和发展关系社会的整体稳定和发展。自由财产的保留一方面解决了债务人的基本生活问题，另一方面为其"重生"创造了一定的条件，而这种价值创造的机制必将外溢给债权人和社会。因此，自由财产制度作为个人破产法发展进程中里程碑式的制度，通过对债务人生存权和发展权的保护，间接保护了债权人利益，实现了社会效益最大化。

二、我国自由财产制度之保障债务人"重生"衡平机制

自由财产制度对债务人生存权、发展权、人格权在多大的价值范围内予以保障，即保障债务人"重生"的衡平规则如何确定，首要任务就是界定自由财产的范围。自由财产的界定是债务人、债权人权利冲突的重要环节。自由财产的界定直接影响债权人权利的实现，直接影响债权人债权清偿率。留给债务人的自由财产多一点，留给债权人就相应减少。保障债务人"重生"的衡平规则是一种复杂算法，要解决在什么情况下，保护到什么程度，债权人与债务人之间利益如何平衡以及制度背后的运行逻辑是什么的问题。根据生产要素理论，从劳动力生产及再生产需要，把握好人力资产再塑造的合理限度，维持债务人、债权人和社会公共利益之间的关系的平衡。域外经济发达、破产法相对成熟的国家和地区一般按两个维度对自由财产的范围进行分类：财产种类和财产价值。①

① 参见徐阳光、陈科林：《论个人破产立法中的自由财产制度》，载《东方论坛—青岛大学学报（社会科学版）》2020 年第 3 期。

(一)立法模式比较:列举式立法与概括式立法

1. 列举式立法

世界各国和地区有关自由财产制度的立法有列举式和概括式两种立法例。顾名思义,列举式立法,是指对自由财产的构成进行具体的列举,采用这种立法模式主要是英美法系国家和地区(见表4-1)。

表4-1　自由财产列举式立法

<table>
<tr><th>国家/地区</th><th colspan="2">生活保障(以维持破产债务人基本的生活和助其摆脱贫困处境)</th><th>重新起步保障(提供相应的能帮助其重新起步的自由财产)</th><th>专属性特定物(对人具有特殊精神意义的物品)</th></tr>
<tr><td rowspan="5">美国</td><td>不动产</td><td>价值不超过15,000美元的居住不动产</td><td rowspan="5">价值不超过800美元的其他财产利益;价值不超过1500美元的职业必需品</td><td rowspan="5">价值不超过400美元的特殊物品;价值不超过1000美元的珠宝饰物</td></tr>
<tr><td rowspan="2">动产</td><td>对机动车拥有的不超过2400美元的利益</td></tr>
<tr><td>8000美元的家庭陈设物、生活必需品</td></tr>
<tr><td rowspan="2">保险</td><td>未到期的人寿保险合同;不超过8000美元的人身保险金</td></tr>
<tr><td>破产人及其家庭成员的健康保健费用、债务人取得社会保险金、失业救济金或者政府提供的物质帮助利益,以及破产人赖以生存的人寿保险金或人身损害赔偿金等</td></tr>
<tr><td>英国</td><td colspan="2">生活必需的衣物、床上用品、家具、家庭设备和供应品</td><td>工作必要的工具、书籍、车辆及其他设备</td><td>—</td></tr>
</table>

续表

国家/地区	生活保障(以维持破产债务人基本的生活和助其摆脱贫困处境)	重新起步保障(提供相应的能帮助其重新起步的自由财产)	专属性特定物(对人具有特殊精神意义的物品)
中国香港特别行政区	为满足破产人及其家庭的基本家庭需要而必须有的衣物、寝具、家具、家居设备及供应品	破产人在其受雇工作、业务或职业中为供其本人使用而必须有的工具、簿册、车辆及其他设备项目	—

资料来源:《美国破产法典》第 522 条(d),英国《1986 年破产法》第 283 条,中国《香港特别行政区破产条例》第 43 条。

如表 4－1 所示,英国、美国与中国香港特别行政区采用列举式立法模式对自由财产的种类予以规定。根据对生存权、发展权和人格权的保障分类划分:一是维持债务人及家属的基本生活和助其摆脱贫困处境的生活保障;二是提供相应的能够帮助债务人重新起步的财产;三是对人具有特殊精神意义的专属性特定物。美国不仅规定了财产范围,还规定了价值上限。其中,美国破产法从不动产、动产和保险三个方面详细规定了债务人生活保障的自由财产范围,同时辅以一定的价值标准。英国和中国香港特别行政区则以分类列举的方式,予以规定,但没有规定价值上限。

自由财产的范围清晰,操作适用简便易行,当事人容易按图索骥,法官没有过多的自由裁量空间,是列举式立法的优点。该优点让制度增强了可预期效应,避免当事人在财产分配上的争议,减少债权人和债务人之间的权利冲突。但其滞后性和过于僵化,容易与实际情况相悖也是不容忽视的缺陷。英美法系国家和地区采用列举式立法例背后的制度支撑在于,其是判例法国家,可以通过判例的调整,由判例参照来弥补这种缺陷,判例法传统使其十分容易遵循先例予以确定。在美国实践中,除各州法适用的差异外,分歧不会很大。

2. 概括式立法

概括式立法,是指对自由财产的范围进行概括式的规定,如表4-2所示。采用这种立法模式主要是大陆法国家和地区,典型代表是德国、日本(见表4-2)。

表4-2 自由财产概括式立法

国家	表述	其他
德国	通常的家用器具、家政使用的物品不属于支付不能财团。《德国支付不能法》第36条第1款规定:“不在强制执行之列的财产,不属于支付不能财团。”→(1)《德国民事诉讼法》第811条规定:“属于生活必需品和用于宗教事宜和极具个人化的动产不可扣押。”第850条规定:“不超出最低生活费的劳动收入。”第851条规定:“痛苦抚慰金赔偿请求权不可以被扣押。”(2)《德国社会法典一》第54条规定,“继续性的金钱支付请求权不可以被扣押”	—
日本	(1)破产程序开始后破产人取得的财产;(2)禁止扣押的财产→“债务人生产与生活必需的不得扣押的财产14项,包括生活和学习必需品、两个月所必需的食物、荣誉品、祭祀用品、未公开发表的著作、发明以及假肢等财产。相应地不得扣押的债权,诸如薪金、工资、奖金等”“其他专属性债权如基于诽谤产生的精神损害赔偿金”;(3)破产管理人放弃的财产;(4)中小企业经营者破产时自由财产范围会扩大,99万日元现金(非经营者是66万日元)被视作自由财产	破产程序开始后,破产人通过自己的劳动获得作为对价的报酬,以及破产程序开始后因亲属的死亡获得的继承财产都属于自由财产。据此,破产人可以为将来经济的“重生”储备资金

资料来源:《德国破产法》第36条;《日本破产法》第34条,《日本民事执行法》第131条、第152条,《日本生活保护法》第58条(参见[日]石川明:《日本破产法》,何勤华、周桂秋译,中国法制出版社2000年版,第148页)。

概括式立法模式的优点在于对自由财产的范围认定比较灵活,将自由财产的认定权更多地交由法官自由裁量,法官可以根据经济的发展对自由财产范围边界进行调整,在一定程度上解决了法律滞后性带来的困扰,有利于据实公平合理地确定债务人自由财产范围。但未规定价值上限的做法,赋予了法官极大的自由裁量权,容易导致部分价值较大但与债务人及其家庭成员生存权密切相关的财产成为个案的矛盾激发点,将矛盾集中于法院。这种通过法官的自由裁量权来调整当事人权利冲突的方式，容易把法官推到冲突的风口浪尖。如果没有配套的社会保障机制予以同比例对照解释，或法院经验不足，或认识偏差难以满足双方当事人的预期，容易造成各方皆输，谁都说服不了谁的局面。同时，由于对自由财产的规定存在模糊性，法官的自由裁量权过大，个体认知差异会影响裁判的统一性，而且存在权力寻租的空间。在存在上述风险的情况下，以德国、日本为例的大陆法系国家和地区采用概括性立法，背后的制度支撑在于有相对齐备的社会保障管理体系支持和对法官权威的高度认可，在实操中减少了这方面的风险。

我国不是判例法国家，单纯采用列举式立法模式会存在缺乏灵活性和滞后性的问题，但现有的社会配套机制并不齐全，法官权威性易受到挑战，不宜采取概括式“一刀切”的方法。

（二）立法模式选择：概括与列举并行模式

1. 概括与列举并行模式

《深圳条例》综合列举式与概括式立法之长，如表 4 – 3 所示，从必要的生活物资到精神属性的财产，并考虑未来的发展可能，对自由财产进行了概括与列举。对债务人及其家庭成员的必要生活财产、职业发展必要财产、特定人格利益的财产予以留存，体现了对债务人及其家庭成员生存权和发展权的保护，以及对债务人人格权利的充分尊重。深圳作为我国改革开放的窗口，是我国民营经济最发达的地区，劳动力的生产与再生产所需的基本生活资料与当地的经济发展水平应当相当。《深圳条例》通过公平原则对上述财产中财产价值较大的予以排除，并对豁免财产价值进行总价值不超过 20 万元上限的规定，系据于实际情况出发，该种利益衡平方式比较契合深圳的经济发展水平。但如若以 20 万元为上限在新疆、西藏或东北等地区适用，显属过高。未来我国在个人破产法的立法过程中，必然要考虑我国幅员辽阔，各省之间风俗民情的差异及经济发展水平的差异，将这种立法方式延续下来，授权地方通过立法确定财产总值的上限。

表 4–3 《深圳条例》自由财产范围

《深圳条例》第 36 条	内容	类型
第 1 款第 1 项	债务人及其所扶养人生活、学习、医疗的必需品和合理费用	生存权
第 1 款第 2 项	因债务人职业发展需要必须保留的物品和合理费用	发展权
第 1 款第 3 项、第 5 项	对债务人具有特殊纪念意义的物品；勋章或者其他表彰荣誉的物品	专属性特定物
第 1 款第 4 项、第 6 项	没有现金价值的人身保险；专属于债务人的人身损害赔偿金、社会保险金以及最低生活保障金	特定利益
第 1 款第 7 项	根据法律规定或者基于公序良俗不应当用于清偿债务的其他财产	其他必要财产

2. 自由财产的留存限度与强制执行的标准

自由财产的留存限度应当与强制执行的标准一致。个人破产解决劳动者的社会发展机会，只能保障其恢复成为劳动者的自由。无论是强制执行还是个人破产，在债务人生活保障方面的标准应当一样。

自由财产制度设定的初衷在于解决自然人在破产后仍要生存的问题，随着社会发展，其保障范围从保障债务人及其家属的基本生活所需到兼顾事业重新起步之需，这个制度的特征有些类似民事执行制度中不可扣押、执行的财产，存在的意义在于保护公序良俗和债务人的基本人权。像德国、日本在破产法中引用民事执行法或民事诉讼法中不受执行的规定，将自由财产与民事诉讼中不可执行的财产进行混同立法。如《德国支付不能法》第 36 条第 1 款规定，不在强制执行之列的财产，不属于支付不能财团。①《日本破产法》第 34 条禁止扣押的财产："债务人生产与生活必需的不得扣押的财产 14 项，包括生活和学习必需品、两个月所必需的食物……"②

---

① Insolvenzordnung § 36 Unpfändbare Gegenstände.

② 《日本破产法》第 34 条。

根据我国民事诉讼现有立法分析,法院在采取强制执行措施时,应当保留被执行人及其所扶养家属的生活必需品。最高人民法院《关于人民法院民事执行中查封、扣押、冻结财产的规定》也对不可在执行中查封、扣押、冻结财产予以了明确,并对价值较大的生活资料规定在保障最低生活标准的原则下可予执行的处理原则。[①] 鉴于我国执行类立法的概括式立法倾向,但没有明确"生活必需品"的内容。哪些是必要的均需法官结合实际情况予以考量。根据我国司法实践分析,地方法院在个人债务清理中借鉴自由财产制度,许多是根据上述规定,参照强制执行关于不得查扣的财产的规定,结合本地的实际情况,对债务人的财产执行范围予以一定豁免,准予保留一部分财产。如前述"温州平阳县法院审结的蔡某个人债务集中清理案"为债务人保留必要的生活费用和医疗费用。

综上,笔者认为,自由财产的内涵可以界定为:在个人的破产财产中由法律规定或由法院酌情而定,破产人能够自由管理、使用、处分的,法院不得查封和扣押用于分配清偿债务的财产。这些财产保留的限度除维持生计外,还要保护在其破产后具备"重生"的可能性。主要包括两种:一是专属于债务人本身不可让与的财产权利,如专属于债务人人身权利的抚恤金、伤残扶助金,精神损害赔偿请求权、抚养费、赡养费、抚育费、退休金等;二是法律明文规定不得扣押的财产,主要是债务人及抚养人的必需和必要的生活用品,以及专属于债务人及抚养人有专属特定意义的物品。同时,考虑到例外情况发生,建议增设自由财产例外的规定。主要从以下几个方面予以考量:生存权优先原则。自由财产制度中对于生存权和发展权的保护应同时兼顾债务人与债权人两方,方显公平。基于生存权优先原则,可以规定以下财产除外:财产价值较大,且不用以偿债将严重影响债权人的生活或者显失公平的。

三、我国自由财产制度之道德风险与欺诈防范机制

现有条文中并没有规定豁免财产的处置问题,对于原来豁免财产上设定

---

① 参见最高人民法院《关于人民法院民事执行中查封、扣押、冻结财产的规定》第 5 条至第 7 条。

的担保物权的问题并没有得到解决。同时,对于豁免财产能否用于清偿债务,能否被放弃及转换的问题也没有得到很好地解决。因此,在债权人与债务人权利冲突之间除考虑自由财产的必要留存限度外,还应当考虑例外情况,如当债权人的生存权利受到威胁,或债务人拒绝履行扶养、抚养、赡养义务的情况。

(一)自由财产转换

债务人可能在破产申请前将非豁免财产转变为豁免财产。对于转换后的财产债务人是否有权申请免责?可否认定债务人实施欺诈转让,对其债务不予免责?

美国破产法上最置疑的是"豪宅漏洞"。根据美国破产法,居住于特定的数个州的债务人几乎将其住宅上的所有权益全部置于债权人可追及范围之外。某些债务人迁居到这些州只是为了利用"豪宅漏洞"规则。① 在1978年《美国破产法典》的立法记录中,国会更倾向支持这种做法的正当性。国会认为,债务人有权充分利用其依法享有的财产豁免权,债务人在申请破产前将非豁免财产转化为豁免财产的做法不构成对债权人的欺诈,除非有外部证据证明其存在欺诈意图,才需要限制对豁免转变的概括认可。② 有学者认为,自由财产转换与其说是权利滥用,不如说是权利冲突引起。由于法律基于对债务人人权的保护,让债权人承担容忍的义务。自由财产转换实际上是允许债务人在法律许可的范围内安排自己的权利。③

(二)权利放弃

债务人放弃权利,或将自由财产用于清偿债务,导致其无法履行赡养、抚养义务的情况如何处理。自由财产系基于对债务人基本生存权和发展权的维护所做的留存。如果债务人使用自由财产清偿债务,或债务人家属使用自由财产代偿债务,该清偿行为是否有效?笔者认为,结合我国《强制执行法(草

---

① [美]查尔斯·J.泰步:《美国破产法新论》,韩长印等译,中国政法大学出版社2017年版,第986页。

② [美]查尔斯·J.泰步:《美国破产法新论》,韩长印等译,中国政法大学出版社2017年版,第979页。

③ 参见徐阳光、陈科林:《论个人破产立法中的自由财产制度》,载《东方论坛—青岛大学学报(社会科学版本)》2020年第3期。

案)》,对不得强制执行财产除被执行人及其所扶养的近亲属所必需的生活、医疗、学习物品和相关费用,因关涉债务人及家属的生存权,属不能放弃事项,应否认该清偿行为的效力。其余的应当把握两个原则:一是清偿行为触碰了破产保护的底线,在实质上将会增加国家对债务人及其家属的社会保障义务;二是单独清偿将损害其他债权人公平受偿的权利。

(三)担保物权

从法理上讲,担保物权虽与所有权、用益物权存在差异,但仍属物权范畴。① 担保物权的核心是优先受偿权,赋予担保债权人强势的经济地位非常有必要,此举有助于维护市场交易秩序,维持市场信心。债权人的担保物权在破产程序中原则上应予保护。此外,由于担保权益通常被定义为财产权,所以宪法规定的财产权条款经常在破产程序中被援引,以维护担保债权人的完整性。

第二节 我国个人破产权利冲突衡平之破产免责制度

免责制度是个人破产权利冲突衡平机制中最重要的一环,是现代个人破产制度最重要的核心要素。为避免债务人深陷移动的债务监狱,把未来收入全部用于偿还旧债,激励债务人在破产后积极回归社会,免责制度规定在破产程序终结后,在法定的范围内免除债务人对未能偿还的债务的清偿义务。

为何未能清偿的债务可以免除?这是否违反了宪法关于财产权保护的规定?来自不同国度与种族的人对于“欠债还钱”这件事情的认识有着高度的一致性。如果说,自由财产制度只是从债务人的财产中留存了一部分为债务人生存发展所需,从保障人权的角度还可以让人接受。对债务人的破产免责则是要求债权人直接放弃剩余债权,这实在让人无法理解。债权人的清偿利益和债务人的破产免责权利之间的冲突是如此显而易见。对于免责正当性的追

① 民法学界关于担保物权的性质究竟是债权还是物权一直存在很大争议,关于担保物权存在“债权说”“物权说”“中间说”3种学说。

问一直是一个存在争议的问题。不同破产免责观体现了不同价值理念的冲突。一种是以公平清偿债权为目标,对于诚信帮助债权人实现这一目标的债务人给予免责优待。另一种是将债务人"重生"作为破产程序目标,将免责作为实现的路径。但无论世界各国破产立法采取的是债务人救济模式,还是债权人保护模式,或是社会本位模式,作为现代破产制度与古典破产制度的分水岭,免责制度的出现标志着个人破产不再固守债权人本位主义。各国在免责制度中实行的均是有条件免责,力图在债权人清偿利益、债务人免责利益和社会利益或第三者利益之间寻求平衡。①

一、破产免责制度对个人破产权利冲突的衡平

(一)债权人放贷风险的分担机制

破产免责是以维护公共利益为目的,在合理且必要的范围内对债权人财产权的一种限制。破产免责的本质是基于债权乃至财产权的社会义务而对债权人利益的限制。② 债务人对其无法偿还的债务负有责任,但这不代表债权人在这一过程中应该是利益的绝对获取者。任何为资产组合提供财产支持都要承担风险,特别是为无效的资产组合提供的财务支持。在债务人财务失败的情况下,为其提供财务支持的相对方都要承担风险。债权人的放贷利益与市场风险本就相辅相成,利润总是和风险同步增长,债权人的放款条件已包含了可能的风险承担,这不仅是市场交易公平的体现,也是法律公平的要求。破产只是一种风险控制外移的转换手段,可将债务风险管理尺度外移,避免债权人把无效资产当作有效资产继续投入监管成本。

(二)债务人投资机会均等的实质公平保障

破产免责制度满足了参与市场经济的主体都希望所做的投资风险可控的意愿。关于市场主体的有限责任,根据理查德·波斯曼法官的解释,个人作为市场主体承担有限责任的原理和股东对公司承担有限责任的原理是一样的。

---

① 参见李雪田:《我国反破产欺诈法律制度研究》,吉林大学2010年博士学位论文,第116页。

② 参见徐阳光:《个人破产免责的理论基础与规范构建》,载《中国法学》2021年第4期。

即债权人比企业更容易评估债权风险是否只是企业风险还是会延伸为股东风险，因此，债权人应当先于股东成为风险的优先承担者；同时，股东比债权人更关注企业的盈利，股东比债权人更反对企业出现风险，因此，由股东承担有限责任是有利的。[①] 在很多情况下债权人比债务人更了解潜在风险，因为他们接触过各类债务人，并且债权人可以通过分散投资来避免或降低因单一债务人破产免责造成的损失。因此，从市场主体交易公平的角度来讲，财务失败的个人与被市场淘汰的公司一样应当受破产保护，并为自己的债务承担有限责任。

（三）社会整体福利增加的综合考量

根据经济学家约翰·希克斯（John Hicks）的"社会福利均衡模型"理论，[②] 如果把全社会财富的量视为一个整体来看，社会财富只是在不同的人手中进行流动，免除债务人债务并未减少社会财富，如果希望通过制定相关法律引导民商事关系的进一步发展，进而推动整个社会经济的发展，债权债务的本质关系就不应该彻底割裂。破产免责制度在形式上似乎与传统理念背道而驰，但其实质的价值追求是有利社会发展的，只不过这种推动是方向性间接的传导。因此，其容易被人误解。

从生产要素理论分析，免责制度是恢复劳动力自由最重要的环节。劳动者只有恢复自由才能进行价值创造。破产免责制度使债务人能够摆脱困境，参与经济活动，继续努力工作或全心全意经营业务，并以此创造更多的社会财富。如果不免除破产债务人的责任，债务人债务沉重，可能长期难以恢复生产经营，或重返社会，则债务人更可能隐瞒资产状况、阻止债权追索，间接损害的是债权人的利益。债务人"重生"的机会被剥夺，意味着价值创造的可能性消失。债务人变为纯粹的社会资源消耗者而不再是价值创造者，断送的不仅是其个人前程，亦关乎社会整体发展。

---

① 参见［美］理查德·A. 波斯纳：《法律的经济分析》，蒋兆康译，中国大百科全书出版社1997年版，第516～517页。

② 参见苏素、望玉丽：《我国地区间公共福利基尼系数及其经济增长效应研究》，载《技术经济》2009年第11期。

（四）非市场背景债务的免责例外

个人破产的免责例外，是指即使债务人在个人破产程序中获得债务豁免，破产程序终结后，特定的债务不可免责，债权人仍能够向债务人追偿。破产救济旨在为超出债务人控制的、不稳定的经济和社会条件的受害者提供救济。个人破产免责并不代表债务人被免除了所有的债务，如果说，破产免责制度是对于债务人的救济，免责例外则是对于因债务人个人破产造成的利害关系人的救济。如根据国外通行的担保权穿透理论，担保债权人可以担保物的特定价值实现其债权。同时，与自由财产制度的运行机理相同，破产免责制度表面上是债权人权利与债务人权利的冲突，而实质上是国家对资源的再分配。为了避免对公共利益和债权人造成损失，世界各国都对免责例外进行了限制，即破产程序结束后，不可免责的债务所对应的债权人仍能向债务人进行追偿。

对于免责范围的界定主要围绕两个方面：一是不可免责的债权，即免责例外；二是不可免责的事由。免责例外设定的不可免责的债权主是要基于债务本身的属性不能够得到免责。而免责范围设立的不予免责的事由主要是防止道德风险与欺诈，根据债务发生的原因，对债务人故意行为予以限制，以此抑制债务人恶意负债。免责例外对个人破产免责制度的限制更多是出于对社会整体利益的考量，不可免责事由设定主要从道德风险防范角度出发，二者的价值取向不同。

（五）道德风险与欺诈的防范

破产免责的代价是牺牲债权人利益，所以必须严格破产免责的条件。为了防止过分损害债权人利益和防止债务人滥用破产程序逃避责任，应当对免责事由予以限制。事实上，虽然有大量破产人的理由不符合获得免责的要求，但由于审查的遗漏或是破产人的主观隐瞒，未能被发现。这一问题被重新发现后，如果破产人已获得免责，将严重损害债权人的利益，法律将明显不公平。为平衡这种利益冲突，明确不免除责任的情形，赋予债权人异议的权利和法院等破产机构依职权撤销的权利，均是破产免责制度需要重点关注的。对于债权人申请撤销免责的，法院受理案件后，必须听取各方当事人的意见，依法作出撤销决定。撤销免责后，债务人已被豁免的债务需要继续清偿，已取得的不当利益须悉数归还。

免责限制背后的理念是只有诚实可信的债务人才有资格获得“重生”。为预防欺诈，债务人应在破产程序中履行信息披露的义务，诚实透明地披露其经济情况，否则将不能享受免责的优惠。具体的撤销事由，每个国家的规定不尽相同，但总结起来皆是强调债务人的善意。各国均将通过欺诈、故意不履行法定义务或以不正当手段获取免责列为首要的撤销事由，不履行配合义务的作为撤销事由。

总体而言，免责制度是在平衡债权人和债务人权益的基础上，以债务人重新开始社会经济活动和“重生”为出发点建立起来的。免责制度被大众接受的路十分曲折，但目前，大多数有个人破产立法的国家已将免责制度纳入个人破产制度。也就是说，免责制度的人道主义和整体经济效益已得到世界各国的广泛认可。

二、我国破产免责制度之保障债务人“重生”衡平机制

（一）立法模式选择

1. 立法模式

免责制度包括当然免责主义、许可免责主义、混合免责主义。由于各国对免责理念的不同，导致了在免责路径的设计上的差异（见表4－4）。

表4－4　破产免责立法模式

分类	国家/地区	内容
当然免责	美国	只要申请破产的是诚实不幸的个人，就可以得到债务豁免。执行完破产程序之后，只要不存在法律规定的不可免责的情形，无论当事人是否放弃免责，剩余未清偿的债务都自动免除清偿

续表

分类	国家/地区	内容
混合免责	英国	当然免责:破产程序开始起算1年后破产个人自动免责。许可免责:在破产宣告终结前提出申请
	中国香港特别行政区	当然免责:破产人宣告破产后4年后,破产个人自动免责(曾被判定过破产的是5年)。许可免责:在特殊情况下,破产人可提早申请免责。从未被判定过破产的破产人可以在任何时间申请免责,有过破产的则需在破产令作出3年后
许可免责	德国	符合余债免除条件的债务人,在向法院申请免除剩余债务并获得法院许可之后,方可获免除对剩余债务的清偿责任
	日本	债务人可以自破产清算程序开始的申请提出之日起到破产清算程序开始的裁定确定后1个月为止,向破产法院提出免责申请。法院在接到免责申请后,可以命令管理人或书记官就是否存在不许可免责事由等事项展开调查。法院在作出破产清算程序开始的裁定的同时,应当设定破产管理人及破产债权人就许可破产债务人免责是否正当向法院申述意见的期间

资料来源:《美国破产法典》第727条(a);英国:Lorraine Conway, *Discharge from Bankruptcy*, UK Parliament (July 22, 2022), https://commonslibrary. parliament. uk/research-briefings/sn03043/;中国《香港特别行政区破产条例》第30A条、第30B条;德国:杜景林、卢谌译:《德国支付不能法》,法律出版社2002年版,第140页;《日本破产法》第366条。

当然免责主义,是指破产程序结束时,不需要申请,可以依法自动获得免责。相较许可免责,这种免责方式对债务人利益保护更周全,被一些英美法系国家和地区所采用。许可免责主义,是指破产人符合破产法规定的免责条件时,向破产法院申请免责,经法院审查同意,可以免除其清偿剩余债务的责任。许可免责的出发点是充分保障债权人的利益,这种立法模式为大陆法系国家和地区所青睐。混合豁免主义则是上述两种兼顾使用。无论是哪种路径,破产免责制度分为当然免责、许可免责及混合模式,模式本身并无优劣之分。

2. 许可免责的选择

免责制度给了破产债务人一个机会，这是法律赋予的一项权利，但这项权利绝对不应该是无限的和无条件的。换言之，这种机制不意味着“直接免责”，免责制度还应规定不予免除剩余债务的情形。虽然破产与道德无关的观念已经成为共识，但“违反道德的破产”仍需要法律的制裁。债务人只有在财务上诚实可信，方有获取“重生”的资格。① 此外，并非所有债务都是可被免除的，特定债权人和特殊债权应不予免除，规定可撤销余债免除的情形也是必要的。这些也促使申请剩余债务减免的债务人在破产前后很长一段时间内得按照诚信规则行事。

许可免责是债务人在破产程序中只有获得法院许可方得免除剩余债务。许可免责赋予法院决定免责的权利，有利于打击破产欺诈行为。债行为较严重，采用许可免责制度，可以对诚信道德缺失、恶意或投机性负债、逃债的债务人起到震慑破产欺诈的作用，确保“诚实而不幸”的债务人得到免责。② 为加强对债务人的约束，打击破产欺诈和破产“逃废债”的行为，《深圳条例》采用许可免责制度，虽然司法成本比较高，债务人走出困境的时间长一点，但比较契合我国目前需要借助公权力进行打击和约束不诚信行为的现状，有助于个人破产权利冲突的解决。

（二）免责例外

为了避免对公共利益和债权人造成损失，其他国家和地区都对不可免责的债务进行了规定（见表4－5）。

---

① 参见［美］查尔斯·J. 泰步：《美国破产法新论》，韩长印等译，中国政法大学出版社2017年版，第1098页。

② 王欣新：《用市场经济的理念评价和指引个人破产法立法》，载《法律适用》2019年第11期。

表4－5 不可免责债务

国家/地区	具体债务
美国	1. 联邦税收债务。税收债务的不可免责,意味着公共政策目标优先于债务人“新生”政策。 2. 因为债务人的欺诈行为而获得金钱、财产、服务或者信用展期,因此而承担的债务。比如,债务人在故意的情况下,申请大量信用卡并在短期内迅速消费完毕,然后申请个人破产。 3. 债务人未在其负债状况中列明的债务,导致相关债权人未能参与个人破产程序。本项规定旨在防止债务人故意将部分债权人排除在破产程序之外,不予免责将加重债务人的责任。 4. 负有特殊信义义务的债务人,通过挪用等行为实施信义欺诈而承担的债务。比如,建筑承包商挪用工程款、雇主未按照法定义务为职工缴纳社保、保险代理人挪用保险费等。 5. 家庭扶养义务相关债务。本项规定旨在强调家庭价值的维系,保障婚姻中妇女儿童权益。 6. 债务人恶性且故意行为导致债权人受到伤害,并因此而承担债务。比如,外科医生在手术中故意伤害病人的行为。 7. 行政罚款、处罚或刑事赔偿责任。 8. 教育贷款债务。 9. 债务人因为酒驾、毒驾等行为,致人死亡或者损害的债务。 10. 债务人在之前破产案件中放弃免责,或者未予免责的债务。 11. 涉及保险储蓄机构或信用合作社的信托欺诈或者挪用所产生的债务。 12. 债务人对联邦保险储蓄机构等机构作出的资本维持承诺后产生的债务。 13. 按照《美国法典》第18编《刑法及刑事程序法典》,债务人应偿还的债务。 14. 债务人对联邦税收机构之外其他税收机构的负债。 15. 家庭扶养义务之外债务人对配偶、前配偶、子女等的负债。 16. 破产申请后到期并在申请后持续欠费的物业费或分摊款。 17. 服刑人员因为起诉、申请、指控或上诉所施加的费用。 18. 债务人拖欠退休金、利润分成方案、股票分红方案或其他计划的欠费。 19. 债务人因为违反《证券法》而承担的债务。按照本条的构造,债务人的上述负债,在个人破产程序中原则上不可豁免
英国	1. 家事法院判决需要支付的费用(如抚养费); 2. 因破产人的行为引发的人身伤害之债(包括造成他人死亡、引发疾病或者其他身心上的伤害);

续表

国家/地区	具体债务
英国	3. 法院的罚款以及因为欺诈或者其他犯罪行为引发的债务； 4. 在法院颁发破产令后产生的债务； 5. 自 2004 年 9 月 1 日后的所有到期的学生贷款
中国香港特别行政区	1. 凡根据《贩毒(追讨得益)条例》(第 405 章)作出任何没收令或登记任何外地没收令,则根据该没收令或外地没收令而须支付任何款项的法律责任。 2. 破产解除并不影响破产人的任何有抵押债权人强制执行其抵押以偿付该破产人得以免除的债项的权利。 3. 破产解除令并不使破产人得以免除偿付因破产人有份参与的任何欺诈或欺诈违反信托而招致的任何债项或债务,或破产人借其有份参与的任何欺诈而获得延期偿付的任何债项或债务。 4. 破产解除并不免除破产人就因任何罪行而遭施加的罚款的法律责任,亦不免除破产人因签担保而引致的任何法律责任,但如属就与公共收入有关的成文法则所订的罪行而施加的罚款或签担保,而财政司司长同意免除,则属例外。 5. 除在法院指示的范围内及条件下,破产解除并不免除破产人偿付包含于一项法律责任的任何破产债项,而该项法律责任是就对任何人造成的身体损伤而须为疏忽、妨扰或违反任何法定的、合约订明的或其他职责作出损害赔偿
德国	1. 债务人实施的故意侵权行为产生的债务； 2. 罚金以及与罚金具有同等地位的债务人的债务不能免除； 3. 向债务人提供无息贷款以支付破产程序费用的负债
日本	1. 税收等债务。 2. 因破产债务人恶意实施的侵权行为而发生的损害赔偿责任。 3. 因破产债务人以故意或重大过失实施的侵害他人生命或身体的侵权行为而发生的损害赔偿请求权中,不属于因恶意实施的侵权行为而发生的损害赔偿责任。 4. 涉及亲属关系的一系列负债。 5. 因雇佣关系而发生的职工和职工的公积金返还之债务。 6. 债务人明知其存在却未将其记载到债权人名册上的债务。 7. 罚金等

资料来源:美国破产法典》第 523 条;英国:徐阳光:《英国个人破产与债务清理制度》,法律出版社 2020 年版,第 113 页;中国《香港特别行政区破产条例》第 32 条;《德国破产法》第 302 条;《日本破产法》第 253 条。

不可免责的债务安排体现了个人破产免责制度的价值衡平机制。

非市场背景下产生的一些债务在许多国家的制度中被排除免责。(1)基于法定身份关系产生的债务,如债务人履行家庭义务产生的法定抚养、扶养、赡养义务和所负担的债务。(2)基于法定义务产生的债务,如纳税义务产生的税款,守法义务产生的罚没款以及其他公共债务。(3)基于雇佣关系产生的劳动报酬请求权;基于人权保护对故意或过失侵犯身体权、生命权和恶意侵权行为产生的损害赔偿债权。这些基于宪法义务明文规定产生的债权与债务人的人权保障具有同等位阶价值,即依据债务类型对危及生存权益的债务不适宜免责,以免产生负外部效应,属于不可免责的特殊类型债权。①

《深圳条例》第97条将债权人的债权按生存权保护—人身权保护—财产权保护—公共利益保护的顺位逻辑,进行了免责例外的规定。将故意或重大过失造成的侵犯人身权、生命权行为、恶意侵权行为、基于特定人身关系产生的债务、隐瞒的债权和公共债务设定为不可免责债务(见表4-6)。同时,又基于生存权保护之需,规定因债务人丧失或部分丧失劳动能力,如果不予免除将导致债务人及其所扶养人生活长期极其困难的,债务人或管理人可以向法院申请部分或全部免除。以此衡平债权人与债务人及国家利益(公共债务)之间的权利冲突。

表4-6 《深圳条例》不可免责债务

第97条	内容	类型
第1款第1项	因故意或者重大过失侵犯他人身体权或者生命权产生的损害赔偿	侵权人身权和生命权
第1款第5项	恶意侵权行为产生的财产损害赔偿金	恶意侵权
第1款第2项、第3项	基于法定身份产生的赡养费、抚养费和扶养费等;基于雇用关系产生的报酬请求权和预付金返还请求权	特定人身关系

① 王斐民:《个人破产法的宪法维度》,载《中国法律评论》2020年第6期。

续表

第 97 条	内容	类型
第 1 款第 4 项	债权人知悉而未记载于债权债务清册的债务,但债权人明知人民法院裁定宣告债务人破产的除外	隐瞒债权
第 1 款第 6 项、第 7 项	债务人所欠税款;因违法或者犯罪行为所欠的罚金类款项	公共债务
第 1 款第 8 项	法律规定不得免除的其他债务	

关于教育贷款要不要免责的问题,是《深圳条例》制定过程中争议较激烈的问题。目前将教育贷款列入免责例外的国家主要有英国、美国、加拿大。英国在立法层面绝对排除教育贷款的免责。加拿大则规定"7 年规则",如果学生借款人自结束兼职或全日制学生身份之日起至少 7 年后申请破产,则可以获得学生贷款义务的免责。如果偿还贷款会造成"极度困难",则可以缩短至 5 年。法院则在确认债务人存在财务困难的情况下,才能作出免责决定。《美国破产法典》第 523(a)(8)条规定,如果法院没有作出认为存在"极度困难"的情形,以下 3 类教育债务不得在破产程序中免除:(1)由政府单位提供或担保的贷款,或由政府单位或非营利机构提供全部或部分资助的任何项目;(2)对以教育福利、奖学金或助学津贴等形式接受的资助的偿付义务;(3)根据《1986 年国家收入法典》第 221(d)(1)条的定义,由个人债务承担的任何其他合格教育贷款。据此,国内许多文献认为教育贷款应纳入免责例外。但有的学者认为,美国破产法对个人教育贷款历经宽松到严格的变化,带来严重社会问题,不仅导致个人破产应对教育贷款危机失灵,也导致教育贷款债务问题政治化,最终只能通过行政方式解决。我国在设计个人破产制度时应秉持能免则免、应免尽免的制度本色。①

从生产要素理论出发,有生产力的财富累积的资产可以分为三大类:土地

---

① 参见陈夏红:《个人破产程序中教育贷款的免除困境与制度抉择》,载《清华法学》2021 年第 6 期。

及房产、企业或公司机构、知识资产。社会价值最高的财富是知识资产。人力(包括知识)不能像房子一样以产权易手来折算财富。劳动力作为生产要素其与产品虽是不同之物,但生产要素市场与产品市场的合约形式大致相同,购买劳动力与购买产品是同一回事。贝克尔认为,人力资本是通过人力投资形成的资本;用于增加未来货币和物质收益的人力资源的知识、技能和体能。根据人力资本在人体的存在形式可分为:教育资本、技术和知识资本、健康资本及迁移与流动资本。① 教育贷款属于教育资本,是将金钱转化为人力资本的最重要的手段,其最终输出的成果是劳动者这一生产要素财富价值的增加。从生产要素理论出发,就交易公平而言,债权人放贷的用途在于提高人力资本价值,而非普通的以市场营利为目的的商业性贷款,不存在债权人承担放贷风险的事由,而个人破产的最终目的是恢复劳动者为正常劳动力生产要素,重新进入市场,创造价值。因此,对投入劳动者身上的教育贷款,劳动者以增值后的人力资本的未来收入予以偿还,符合交易诚信和公平原则。因此,英国、美国家将教育贷款作为免责例外有其经济学理论基础。

深圳特区立法针对在深圳居住满 3 年的公民,尝试不把教育贷款纳入免责例外,其探索的空间和试错的范围可以限定在深圳市,且尚有后续的全国立法可以覆盖地方立法,所以,地方立法的社会影响不大。然而,全国立法是否照抄就应通盘考虑。目前我国的个人助学贷款分为国家助学贷款和商业助学贷款。前者实行"财政补贴、风险补偿、信用发放、专项资金和按期还款"原则;后者实行"部分自筹、有效担保、专款专用和按期还款"的原则。前者贷款发放较严格,以财政作为保障;后者大多存在有效担保,即便债务人陷入困境也不会对国家金融体系造成过大冲击。② 同时,我国教育贷款发放的直接目的是帮助学生完成学业,贷款利息与条件都十分优惠。根据生产要素理论对教育贷款缺乏风险分担事由不予免责的原理,参考各国在破产准入门槛和免责条件上的松紧尺度的市场效应:如果教育贷款可以免责,则后续市场效应带来的将是

---

① 参见徐斌、李燕芳:《生产要素理论的主要学派与最新发展》,载《北京交通大学学报(社会科学版)》2006 年第 3 期。

② 参见徐阳光:《个人破产免责的理论基础与规范构建》,载《中国法学》2021 年第 4 期。

放款条件的严格审查和利率的提升,反而提高了真正有困难需要得到教育贷款资助的学生的贷款门槛和障碍。据此,建议全国性个人破产立法应把教育贷款纳入免责例外。

(三)免责考察期限与清偿比例

我国个人债务清理的司法实践经验显示,要让债权人接受个人破产主要有两个因素:一是诚实披露财务情况;二是努力提高债权清偿率。

2021 年 7 月,深圳市中级人民法院裁定批准首例个人破产重整计划。申请人梁某是一名工程师,因创业失败,到公司任职结构工程师,有未来可预期收入,且偿债意愿较强,深圳市中级人民法院同意梁某的重整申请。在第一次债权人会议上,梁某提交了豁免财产清单和重整计划草案,深圳市破产事务管理署、深圳市破产管理人协会代表到场列席会议。经管理人测算,在破产清算情形下,梁某债权人的普通破产债权的受偿率约为 33.34%;在重整情形下,普通破产债权的受偿率约为 88.73%。债权人会议现场讨论并表决通过了梁某的豁免财产清单和重整计划草案。根据法院裁定批准的重整计划,未来 3 年,债务人梁某及其妻子除保留每月一家四口基本生活费用 7700 元以及生活工作必需品作为豁免财产外,承诺夫妻的其他收入均用于清偿债务,计划在 36 个月内清偿债权人的全部本金,债权人则依计划免除其利息、滞纳金等。如果梁某不能严格执行重整计划,债权人有权向法院申请对其进行破产清算。[①]

让债权人接受破产,债务人是否尽力偿债是判断其是否"诚实"的重要标准。深圳市中级人民法院在审查个人破产申请以及推进案件办理时,非常重视对债务人偿债情况的审查,以防范债务人的"搭便车"心理和破产欺诈。在该案中梁某展现出强烈的偿债意愿和努力。在创业失败后,梁某积极找工作谋生;申请破产前一家人节衣缩食一直坚持还款,维持较低的生活水准;本人及其家人都在破产程序中高度配合,充分、全面地履行了如实申报义务,申报的个人以及家庭财产、债务与管理人最终的核查结果基本一致;重整计划获得家人支持,其配偶也拿部分收入一并偿债。在第一次债权人会议上,债权人理

---

① 广东省深圳市中级人民法院(2021)粤 03 破 230 号(个 1)民事裁定书。

解债务人的还债努力,充分肯定其诚意,最终高票表决通过豁免财产清单和重整计划。

为避免债务重整方案损害债权人利益,债务重整方案获得法院批准的要求是:债权人的受偿数额不能低于其在清算程序中能够获得的受偿数额。然而在大多数情况下,普通债权人的清偿比例往往很低甚至是零。此条规定对于债权人利益保护有限,因为债务整理方案的清偿额度只要比零清偿稍微高一点,甚至是"零计划",也并不违反该原则。因此,它可能成为高收入债务人未来逃避还款责任的手段。据此,大多数国家和地区个人破产法上的免责设计都有清偿比例或还款水平①的要求,不达到这个要求,则不允许获得免责,或该程序可能会被停止。

缩短豁免期有助于债务人尽快恢复财务状况并鼓励企业家"重生"。《深圳条例》第95条设定了债务人自破产宣告之日起3年的考察期(见表4-7)。《深圳条例》以破产宣告之日3年期限作为考察期的限定标准,并辅以提高清偿比例作为缩短考察期的条件(考察期提前届满),以此促进债务人努力提高债权清偿率,此种立法模式值得延续。

表4-7 《深圳条例》免责考察期限与清偿比率

条款	债务清偿比率	免责考察期限
第95条	—	宣告破产之日起3年
第100条第1项、第2项	清偿剩余债务达2/3以上	经过1年
	1/3以上,不足2/3	经过2年

三、我国破产免责制度之道德风险与欺诈防范机制

(一)不可免责事由

债务人有权获得豁免,但该豁免并非无条件适用于债务人,也并非无条件

① 许士宦:《债务清理法之基本构造》,台北,2008自版发行,第266页;Soogeun Oh, *Personal Bankruptcy in Korea: Challenges and Responses*, Theoretical Inquiries in Law, Vol. 7, p. 597 - 624 (2006).

适用于债务人的所有债务,破产欺诈是法律规制的重点。域外国家和地区法律规定以下情况出现将不予免责,如表 4 – 8 所示。

表 4 – 8　不可免责事由

国家/地区	不可免责事由
美国	1. 债务人在破产程序启动前 1 年内,以妨害、延误或者欺诈债权人的意图,实施转让、转移、损毁、破坏或隐匿财产等行为。 2. 债务人在缺乏合理理由的前提下,未能妥善保管财务账簿等资料。 3. 债务人在破产程序中或与破产程序相关的案件中,构成破产犯罪。 4. 债务人对财务状况恶化的解释含糊笼统,无法让人信服地解释财务状况恶化的原因。 5. 在涉及上述几类行为中,债务人拒绝作证或者拒绝遵从法院的指令。 6. 债务人本人之外的"内部人",在破产程序启动前 1 年内,从事禁止性的行为。 7. 债务人在 8 年内第二次申请个人破产。 8. 债务人在取得第 12 章农场主破产或第 13 章个人债务重组下的免责后 6 年内,申请第 7 章个人破产免责。 9. 债务人自愿书面放弃免责并得到法院批准。 10. 债务人未能在破产程序启动前后完成财务教育课程。 11. 因为存在住宅豁免制度而推迟对债务人的免责
英国	1. 破产人的财产不足以清偿所有债务的 50% 的; 2. 破产开始前 3 年内,破产人始终未对其经营账目作适当记录和保的; 3. 破产人在明知自己无力清偿后仍继续经营的; 4. 破产人在明知毫无清偿希望,仍订立合同设立合同债务的; 5. 破产人没有对其财产损失或者减少做出圆满解释,有未尽情节的; 6. 因破产人的草率、投机冒险、生活过度挥霍、赌博,或者对业务有应受处罚的疏忽大意情状以致造成其破产的; 7. 破产人因挑起毫无意义的诉讼或因无理拖延诉讼造成不必要的开支,致使其破产的; 8. 在接管令发布后 3 个月内,破产人明知无力清偿全部债务却对某些债权人不当地特惠支付; 9. 在接管令发布前 3 个月内,破产人有意对无担保的普通债权支付了 50% 以上,以致造成无法清偿的责任的;

续表

国家/地区	不可免责事由
英国	10. 破产人过去曾经有过被宣告破产的经历,或者曾经历过和解程序或者重整程序的; 11. 破产人曾犯有诈欺罪,或者曾有过违反信托的不法行为; 12. 破产人曾有过与破产有关的其他罪行的
中国香港特别行政区	可依据以下理由提出不予免责: 1. 破产人相当可能在自破产开始起计的5年内有能力对其产业作出重要的供款; 2. 破产人的破产解除将会损害对其产业的管理; 3. 在对破产人产业的管理方面,破产人并不合作; 4. 破产人就破产开始前的期间或就破产开始后的期间的行为操守并不令人感到满意; 5. 破产人已离开中国香港特别行政区,且在破产管理署署长或受托人要求其返回香港特别行政区后没有随即返回香港特别行政区; 6. 破产人在知悉自已无力偿债后仍继续营商; 7. 破产人触犯有破产相关罪行; 8. 破产人没有为受托人拟备一份其入息及财产取得的周年报告
德国	1. 债务人因破产犯罪而受到判决且判决发生既判力; 2. 债务人在破产申请前3年内有债务欺诈或公共义务欺诈的行为; 3. 在过去10年内曾被免除过剩余债务; 4. 在破产申请前的1年内有过度举债和挥霍财产的行为; 5. 在破产程序中有违反告知、协助义务的行为; 6. 在消费者破产程序中就其财产状况、负债情况故意或因重大过失作出不正确或不完整的陈述
日本	1. 破产债务人有意图地实施的侵害破产债权人的行为。例如,不当减少破产财团价值的行为,不当负担债务的行为,不当偏颇的行为,浪费、赌博及其他射幸行为,以欺诈手段进行的信用交易,隐灭账簿等行为,提交虚假债权人名册的行为。 2. 怠于履行日本《破产法》规定的义务,妨害程序进行的行为。例如,违反配合调查义务的行为,妨害管理业务的行为,以及其他违反义务的行为。 3. 免责制度相关的政策性事由,如在7年以内获得过免责

资料来源:《美国破产法典》第521条(a);英国《1986年破产法》第281条;中国《香港特别行政区破产条例》第30B条;德国:杜景林、卢谌译:《德国支付不能法》,法律出版社2002年版,第141页;《日本破产法》第252条。

为了避免破产滥用,在个人破产免责制度上基本形成如下共识,即针对重复提起破产救济的个人,有必要设置法院的裁量驳回规则。该规则实质上带有遏制潜在破产欺诈的目的。所以,规制思路可为断绝其进入清算程序的可能,增加破产申请成本。破产程序开始之前,针对诈欺性的隐匿、转移或低价出售财产行为以及偏颇性清偿行为,各国破产法均通过民事与刑事手段进行了规范。[①] 第一种是否定行为效力;[②]第二种是否定获得免责的机会;[③]第三种是通过刑法对隐匿或欺诈行为施以刑罚。[④]

挪威、瑞典、丹麦、芬兰等晚近引入个人破产立法的北欧国家,赋予法官在债务免除方面的裁量决定权。[⑤] 设立连续免责申请限制制度的初衷,在于避免债务人形成债务免责的预期,过失或者鲁莽作出经济决策,频繁地想要通过破产方式去逃避债务。单独设置时间限制,是基于当事人的内心想法难以证明,采用了假定的方式,可以基于充分知情的基础上作出。

多数国家和地区将破产犯罪行为列入不能免责的情形。鉴于破产犯罪不仅侵害债权人利益,而且干扰破产秩序,如果免除破产犯罪者的责任,无疑对债权人极为不公平,也不利于打击破产犯罪。同时,为了鼓励当事人债务人与债权人诚实合作,即使破产欺诈行为尚未达致犯罪,各国仍将其列入不可免责的原因。为了防止破产滥用,各国均严格限制二次破产,即如果前一次的破产豁免未达到法定期限,则不能再次适用。债务人许多奢侈浪费行为,是基于相信该债务会在破产程序中被免责而对自己的行为毫不节制。各国和地区在个

① 例如,2004 年最新修订的《日本破产法》中即包含了破产犯罪相关规定,其第十四章"罚则"中以 11 个条文规定了 11 种破产犯罪的罪名和罪状、法定刑,包括破产诈骗罪、向特定的债权人提供担保等之罪、破产财产管理人等的特别渎职罪、拒绝说明以及拒绝检查之罪、拒绝披露重要财产等之罪、隐匿关于业务以及财产状况的物品等之罪等 11 项犯罪行为以及相应刑罚。

② 张艳丽:《破产欺诈法律规制研究》,北京大学出版社 2008 年版,第 10 ~ 25 页。

③ 11 U. S. C. §727(a)(2) - (5).

④ 例如,《美国法典》第十八编第 152 节(18 U. S. C. §152)专设破产犯罪一节 。对于破产欺诈犯罪均处罚金刑或 5 年以下监禁,或者两种刑罚并处 。另可参见英国《1986 年破产法》第二编第六章"Bankruptcy Offense"一章,该章对于在个人破产程序中的犯罪与不当行为进行了统一规定。

⑤ See Nathalie Martin, *The Role of History and Culture in Developing Bankruptcy and Insolvency Systems: The Perils of Legal Transplantation*, Social Science Electronic Publishing, Vol. 25, p. 1(2005).

人破产法上对给予债务人免责设计了多种例外以应对免责制度产生的道德风险,采用“给予免责的利益加上不予免责的约束”政策,校正债务人的滥用行为。从表4-8可以看出,在个人破产程序中债务人能否严格遵守法律规定,履行义务,防止破产滥用与欺诈,是判断能否免责的核心要素。

(二)免责撤销

《深圳条例》第98条关于“不得免除未清偿债务”的规定,强调对债务人诚信与善意的考察,以及债权人利益和社会公共利益保护的兼顾(见表4-9)。对于违背上述核心要素的行为不予免责,即使免责后也可以撤销。《深圳条例》第103条设定了债权人或其他利害关系人可以申请法院撤销的免责撤销权,以此对抗债务人的道德风险,向社会传递出明确的信号,如果债务人心存侥幸,故意隐瞒或者未如实报告财产和债务情况,甚至进行个别清偿,损害债权人公平清偿,那么不可免责机制就是很好的“照妖镜”。由此可见,即便进入破产程序,尽力偿债仍是对债务人关键性的要求。企图通过破产“赖账”的行为既不被制度允许,也无法通过程序检验,当然无法获得破产救济。

表4-9 《深圳条例》不可免责事由

第98条	内容	类型
第1款第1项	违反债务人行为限制的规定	行为限制
第1款第2项	违反债务人义务性规定及财产申报义务	义务履行
第1款第3项、第5项	因奢侈消费、赌博等行为承担重大债务或引起财产显著减少	破产滥用
第1款第4项、第6项	隐匿、毁弃、伪造或者变造财务凭证、印章、信函文书、电子文档等资料物件;隐匿、转移、毁损财产,不当处分财产权益或者不当减少财产价值	破产欺诈
第1款第7项	法律规定不得免除的其他情形	其他情形

我国设立免责制度时,对不可免责的事由应予设定,规定债务人有违反个人破产法规定的债务人申报和披露等行为可能影响债权人利益的,人民法院裁定驳回免责申请或者撤销免责裁定。具体如下:(1)不如实申报财产、债权、债务;(2)隐匿、损坏、不当处分财产或不当减少财产价值;(3)隐匿、伪造、变

造、销毁涉及财产状况的账簿、文书及其他证据；(4)在破产申请前的3年内有过度举债、赌博、挥霍财产的行为；(5)在法院或管理人调查时，拒绝说明情况，或做虚假说明；(6)曾经于10年内依据破产法进行免责的；(7)因拒不执行判决、裁定而受到过罚款、拘留或刑事处罚的；(8)破产犯罪行为；(9)人民法院认为其他不应免责的情形。前款第(1)项至第(7)项，如情节轻微，在全体债权人同意的情况下，人民法院可以裁定免责。

第三节　我国个人破产权利冲突衡平之失权、复权制度

一、破产失权、复权制度对个人破产权利冲突的衡平

如果说，自由财产制度解决了债务人的生存问题并打下发展的基础，免责制度则让债务人不再有债务负担，为债务人重回起跑线扫清了障碍。那么，个人破产制度显然，对债务人过于呵护，对债权人有失公允。法律分配公平、正义的功能就大受质疑。显然，对债务人应当有相应的惩戒制度，以弥补债权人的权利损失，无论这种弥补是出于心理损失弥补，还是对债务人违约造成信用环境受损的弥补，债务人应当对其破产行为承担责任。个人破产制度的失权和复权制度，就是通过对债务人的部分人格权利进行限制，让其在生产生活中受到诸多限制，实现这种价值交换。破产失权是制约自然人自愿沦为破产人的利益平衡点。复权制度则在债务人诚实履行破产合约后，对其权利限制予以解除。

（一）破产惩戒：破产失权制度对个人破产权利冲突的衡平

从失权监禁走向失权惩戒。破产失权，是指法律所规定的对债务人破产宣告后的权利限制。一些国家称为“人格破产”。失权的实质就是债务人通过人格减等换取生存和发展的权利，通过减损债务人的人格权利，弥补债权人的债权损失，以及对社会的信用破坏等，解决的是债务人与债权人、社会之间的权利冲突。债务人可能因为各种原因进行商业、投资、消费，也可能因大病、天灾、人祸等原因陷入无法预知的财务困境。个人破产制度通过对意料之中但

又无法预知的财务困境带来的必然损失进行再分配，将负担分配、分散到社会其他成员身上，就会产生一个公平和团结一致的解决方案。如果说，个人必然要承担风险，这些风险是他们没能力理解且不能避免的，则个人破产制度就是通过对这些风险提供保险而维持的一种平衡状态，保费就是通过小幅增加信用成本并对之适当分配的方法来融资。为推动经济体系达到容许极限不可避免风险，个人破产制度系通过向社会分摊这种不可避免的风险成本，来换取社会福利。

最早的失权制度可见于古罗马的《十二铜表法》，其中规定债权人可以贩卖或者杀死债务人，就是一种生命剥夺刑。[①] 中世纪后，生命和自由的珍贵程度在人们的观念里加深，"奴隶式"的失权方式被逐渐去除，但是欠债应受到惩罚的观点依然是主流。

1834 年的英国议会报告显示，监禁失权制度在各国普遍存在，这种情况一直延续到 20 世纪初期。人权意识的觉醒推动失权制度的改善。1926 年，失权监禁制度被英国破产法所废除。

历史上的失权制度是一部对债务人的惩罚法。那一时期的破产法，从最严格的意义上讲，是一部绝望的法律，也是一部复仇的法律，没有保护人权的概念，没有让债务人获得新生活的希望。现代法治理念的出现，影响了破产法的发展，改变了失权制度。现代失权制度虽然限制了人的权利，但这种有限的限制又是一种对人权的保护，它给债务人设置了可以预见的破产成本，可以有效地遏制债务人对破产程序的滥用。

1. 个人承诺的信守与破产公平的维护

通过失权制度，能够警示个人的民事活动，逼迫债务人管理好自己的财务状况，谨慎负担超出自己能力的负债，降低破产发生概率。同时，符合公众的价值判断，可以满足社会公众的心理安全需求。市场行为离不开风险，尽量降低风险是每个理性经济人的正常心理状态。一些债务人在面对利益时会低估风险，导致经营失败。因此，需要外部力量来强化对失败的恐惧。除损害财产

---

① 参见［法］孟德斯鸠：《论法的精神》，商务印书馆 1961 年版，第 283 页。

利益外,这种外部力量还包括剥夺权利和资格,如对生活质量的追求等。通过降低社会生活的价值感,让债务人不愿意选择破产。失权制度通过督促债务人信守个人承诺实现对社会秩序的维护和对社会公众心理安全的价值预期。

2. 人格减等与债权人利益补偿

根据前述“权利定律”,经济学意义上的人权作为选择权利为“非市场等级排列”,要产权平等,人权不平等必须增加。通过失权制度对债务人的选择权予以一定限制,对于增加债权人认同、社会认同、信用修复非常有帮助,最终是有利于债务人重新回归社会,实现人力资本作为生产要素的平等。利用失权制度来约束债务人,可以安抚社会心理,保障正常的社会秩序。对权利的限制将促进债务人对恢复权利的追求。恢复权利的过程往往与债权人的利益有关。也就是说,复权的实现过程往往是确保债权人利益的过程。失权制度间接地保护了债权人的利益。失权制度通过社会心理安慰实现对债权人利益的补偿。

3. 失权类型与权利冲突的衡平

破产失权制度通过对债务人从事特定职业或担任特定职位的限制和消费水平限制,发挥惩戒债务人的功能。破产失权制度可增大债务人申请破产承担的成本,①防止破产滥用。综观当今世界各国立法,各国对于债务人资格、权利的限制主要从经营型职业资格、信誉型职业资格和高消费行为加以限制。一是经营型职业资格限制。主要为公司董事、经理和企业高管等,这些人握有决定公司命运及影响社会公众利益的巨大权力,这些人的失职行为、违法行为不仅影响股东、职工,还有社会公众的利益,因此应当加以限制。二是信誉型职业资格限制。信誉型职业资格限制又分公务型人员和专业人员。前者是代表国家行使行政、司法等职权,需要道德高尚、诚实负责等品质,并且要有一定威信。而后者,如会计师、律师、公证员、仲裁员等为市场经济提供专业的鉴证和服务,其行为和品行如果不被信服,提供的鉴证和服务的质量就存疑,有可能严重破坏市场秩序。三是高消费行为限制。为避免债务人滥用破产程序获

---

① 参见殷慧芬:《消费者破产制度研究》,上海交通大学2008年博士学位论文,第111页。

得免责,债务人应当诚实守信、努力清偿。免责期间,债务人不可过奢侈生活,不得有非生活必需的消费行为。所有权利惩戒都是基于对生产要素使用的配置的权利。限制这些权利是限制其就业方向,基于恶劣劳动力的结果,认为其暂时不能从事这些职业,根据其实际使用情况来看,实际上是劳动力使用的评估,这些职位容易造成重大社会后果,是高危行业,对债务人就业方向的限制有利于防止进一步扩大社会损失。消费是劳动力再生产过程。债务人使用高消费来扩大劳动力再生产的方式将造成高资源耗费,因此高消费应该被限制。

破产失权是制约自然人沦为破产人的利益平衡点。如何有效地利用免责制度,既能保护债务人,又防止债务人滥用,损害债权人利益。防范道德风险,规范债务人行为是关键。目前各界对个人破产滥用的担忧主要在于"假破产,真逃债"。对于破产免责给债权人造成的损失需要由债务人以人格减等为补偿。个人破产的建构须以人格减等为基,重点研究破产人的地位如何设置,从哪些方面限制破产人的经济、政治、伦理人格。[①] 失权具有加重破产人破产责任的性质,在法律上具有制裁性的特点。破产案件的性质类型,个人破产清偿的偿债比例,债务人对个人破产的主观恶性,破产后果的严重程度,诸多因素都与失权密切相关。复权,顾名思义,是对上述限制的解除,恢复其固有权利的一项制度。

破产失权制度有增大债务人因申请破产而承担成本方面的作用。从经济秩序角度来看,失权制度是建立信用制度的重要组成部分,对债务人的惩罚可以恢复公众对经济财产安全的心理预期,有助于修复经济秩序,维护社会稳定,体现法律在责任分配中的作用,树立法律制度的权威。

(二)信用修复:破产复权制度对个人破产权利冲突的衡平

失权与复权制度是不可分离的。债务人只有失权所引发的后果是债权得不到实质性实现,债务人无法"重生"。从本质上说,复权是失权面对人权时的

---

① 参见欧元捷:《论个人破产建构的中国逻辑——以破产以免债的界分为起点》,载《山东社会科学》2020 年第 3 期。

退让,是失权的终点,是人权的回归。[①]

复权制度在逻辑上也是个人破产制度的一部分,在破产终结之后,限制权利已经没有必要,在这种情况下,复权制度就顺理成章了。在破产被认定为犯罪的年代,不会有复权的观念产生,因为复权制度包含一种对个人的尊重。如果说失权制度是“人格破产”的法律体现,复权制度则是“人格恢复”的法律确认。

然而,如何在复权制度中平衡债务双方的权利?为解决这一问题,就必须赋予其评价功能。如果评价结果是肯定的,那么复权就得以生效以平衡失权的利益。但是,如果评估结果是否定的,则表明权利丧失本身仍在合理范围内,不适合恢复的效果。面对破产欺诈,我们也可以通过评估机制进行检查。

从发展趋势可以看出,复权的核心功能就是限制失权的过度使用,以凸显现代法治对基本人权的尊重。对任何破产者的惩罚并不意味着生命价值的永久贬值。作为一项平衡的措施,复权制度从保护和尊重人权的角度为善良诚实的破产者提供了重返社会的机会。此外,复权制度可以增强失权制度对破产欺诈等行为的惩罚效果。复权的期限由法院根据过错的程度确定,这可以更恰当地惩罚破产欺诈等行为。

二、破产失权、复权制度的立法模式

(一)破产失权制度的立法模式

对于破产失权有两种立法形式:少部分国家,如法国、英国、波兰等是在破产法中直接对破产人将失去哪些权利加以规定;而更多国家和地区所采用的另一种方式是在破产法以外的法律中加以规定,将破产作为公、私生活上资格或权利丧失的事由(见表4-10)。[②] 在破产失权立法上,各国存在裁判形成主义(裁判失权模式)和当然形成主义(当然失权模式)的立法例。裁判失权模式下,破产失权的效果需法院或者专门机构的裁判才能形成,只有当法院作出失

① 参见汤维建:《破产程序与破产立法研究》,人民法院出版社2001年版,第460页。
② 参见谢邦宇主编:《破产法通论》,湖南大学出版社1987年版,第240页。

权裁判才会产生失权的效果。当然形成模式下,破产宣告直接导致破产失权,从个人被法院宣告破产之日起算。破产失权在各国规定中总体偏少,多散见于专门法中,对失权模式的探讨,更多的是从失权制度在域外国家和地区的具体规定来具体分析。

表4-10 破产失权立法模式

国家/地区	分类	内容
英国	裁判形成主义	法院基于相关主体申请颁布破产限制令,如此债务人将在规定的期限内失去某些资格或者行为受到限制,待限制令期限过后或者限制令依法取消后,债务人的权利才能得到恢复
中国香港特别行政区	当然形成主义	破产人在被宣告破产后可以随时向法院提出申请以解除失权效果。由此可见,在香港特别行政区,破产人的部分权利在被宣告破产时当然受到限制
日本	当然形成主义	在破产债务人宣告破产同时产生失权效果,在没有复权之前皆处于失权期间
德国	当然形成主义	德国并没有规定失权是要破产终结后由法院或者其他机关作出裁定,而是在宣告破产之时就当然失权即产生失权的限制效果,如破产程序开始后,终止父母对子女的财产管理权;破产程序过程中,破产人不得担任监护人等

资料来源:参见徐阳光:《个人破产立法的英国经验与启示》,载《法学杂志》2021年第7期;《香港特别行政区破产条例》第30条;周婧:《我国破产失权与复权的制度构建研究》,新疆大学2014年硕士学位论文,第15页。

以上两种失权主义各有利弊。破产程序的特点是时间跨度大。在裁判形成模式下适用失权,要结合债务人的主观恶性、破产清偿比例、破产后果的严重程度以及破产案件的性质类型综合判断。通常需要在破产结束时予以确定。在宣告破产与破产终结的漫长时期内,不存在对其资格或权利限制的效果,这显然违背了失权制度设立的初衷。而采取当然形成主义,在宣告破产的同时,必然会对破产人或准破产人产生失权效果,从而有效克服这一缺点。但裁判形成主义的优势在于,它可以避免对所有破产人一视同仁。

(二)破产复权制度的立法模式

复权既是对失权的救济,从而将破产惩戒主义的消极影响限制在一定限度内,又是对破产人的更生机制,侧重对破产人个人利益的保护,有利于破产人东山再起。从各国家和地区对复权制度基本问题的规定来看,由于其历史传统、文化背景和制度各有特点,其规定也不同。其立法差异主要表现在复权的模式上,分为当然复权、许可复权和混合复权。

域外国家和地区对复权分为当然复权和申请复权两种方式。前者认为破产人获得免责的同时,也获得复权。此外,破产因和解而终止时,破产人也无须承担失权后果。申请复权中免责与否与失权与否无关,如果破产人能够用合理的方法达到解除或免除全部债务的结果,那么可以向法院申请复权(见表4-11)。

表4-11　破产复权立法模式

国家/地区	分类	内容
美国	当然复权	美国是通过债务免责制度来终结失权的期限,并不是没有复权制度,而是采用了相应的替代制度。复权效果在美国依然存在,并且对债务人的保护力度很大。从程序上看,美国的复权效果属于当然效果
英国	当然复权	破产人因为有下列情形之一而取得复权,无须向法院提出申请并经过法院的许可: 1.破产人在免责的同时,已取得法院确认其为不幸破产的证书; 2.破产人取得法院撤销破产宣告的决定; 3.无上述情形但破产免责被许可后已经经过5年
中国香港特别行政区	许可复权	中国香港特别行政区高等法院会依据债务人的申请,据以法律审查来决定附条件或无条件宣告复权

续表

国家/地区	分类	内容
日本	混合复权	除法定当然复权的情形外,法院必须依据破产债务人的申请作出复权决定。当然复权的情形包括:一是破产免责决定确定时;二是强制和解协议认可确定时;三是依照法定申请,废止破产的决定确定时;四是破产人在破产宣告后,未受欺诈破产之有罪确定判决且已经过10年时

资料来源:美国:Alan Schwartz, *A Contract Theory Approach to Business Bankruptcy*, Yale Law Journal, Vol. 107, No. 6, p. 1807(1998);英国:Fletcher, *Law of Bankruptcy*, Macdonald & Evans, 1978, p. 341;中国香港特别行政区:韩中节:《香港地区破产法述评及其借鉴意义》,载《东莞理工学院学报》2006年第2期;日本:[日]伊藤真:《破产法》,刘荣军、鲍荣振译,中国社会科学出版社1995年版,第91、312页。

当然复权制度具有高效便捷的优点,但缺乏公示性。许可复权则效率相对较低下,但具有公示性,利于解决债务人回归正常的社会生活,阻止恶意的债务人获得复权的效果。混合复权制度可以兼采两者之长,但裁判、复权的节点及公示公信,都要历时弥长的磨合。

三、我国破产失权、复权制度的立法模式选择

(一)当然失权

个人破产与企业破产有本质区别,企业被宣告破产之后,应主动向主管部门申请办理注销的手续,而个人在破产终结后并不存在消灭的可能性。因此,为了达到惩戒破产者的目的以及规避债务人赖账的可能性,应对破产债务人的部分权利进行限制,并在此基础上设置债务免责考察期。现阶段,我国更适合当然失权模式的理由在于:该模式能有效防止破产滥用,充分体现了对破产人的惩戒以及对债权人保护,平衡了双方利益;同时,该模式可以加强立法层面的监督,威慑个人谨慎进行民间借贷;该模式更符合世界各国和地区立法趋势,且具有成熟的立法模式可供考察。

1. 权利限制范围

立法应明确债务人当然失权的实际范围。一是消费水平限制:禁止破产人进行高额消费和超前消费。对此,我国对失信人员限制高消费便是对失权

制度的早期探索。二是职业资格限制：限制破产人经营型职业资格和信誉型职业资格，限制其从事特定职业或担任特定职位，如律师、注册会计师和担任公司高级管理人等（见表4－12）。

表4－12　《深圳条例》限制高消费行为

第23条	内容	类型
第1款第1项	乘坐交通工具选择飞机商务舱、头等舱、列车软卧、轮船二等以上舱位、高铁以及其他动车组列车一等以下座位	出行消费
第1款第2项	在夜总会、高尔夫球场以及三星以上宾馆、酒店等场所消费	娱乐消费
第1款第3项、第4项、第7项	购买不动产、机动车辆；圈建、扩建、装修房屋；支付高额保费购买保险理财产品	生活消费
第1款第5项	供子女就读高收费私立学校	子女教育
第1款第8项	根据其生活或者工作必需的消费行为	必要消费

《深圳条例》第21条规定了债务人履行信息披露，如实接受财产调查的义务。针对破产失权，《深圳条例》进行了限制高消费和限制从业资格的规定。其中，第23条从债务人的出行、娱乐、生活、子女教育、必要消费等方面，对债务人的高消费行为进行限制，确因生活和工作需要，需经法院同意。第86条则对债务人的经营型职业资格进行限制，限制债务人不得担任上市公司、非上市公众公司和金融机构的董事、监事、高级管理人员。

鉴于《深圳条例》仅对债务人进行了限制高消费和限制经营型从业资格的规定。建议未来中国的破产失权制度从扩大资格限制的范围入手，扩大经营型职业资格、信誉型职业资格限制，同时与强制执行同步规定限制高消费行为。

2. 权利限制期限

对于权利限制的期限可以根据免责债务的金额确定为3～6年。在权利限制期间，债务人有违反权利限制行为的，债权人可以向人民法院申请延长权利限制期限，权利限制期限最长不超过8年。

（二）许可复权

《深圳条例》将复权安排分别规定在重整、和解和清算中，其中重整与和解在法院裁定批准重整计划或和解协议的同时解除限制。清算程序则在免责考察期满由法院根据债务人和管理人的报告做出解除决定。此种许可免责制度,监督免责期间的权利限制及义务履行将会带来较高的司法成本,并实质上影响个人破产制度的实际成效。但考虑我国当前的信用水平,许可复权制度虽然效率相对低下,但具有公示性,有利于债务人恢复信用,防止债务人社会性死亡,同时,也可以阻止恶意债务人获得复权的效果,而混合复权模式操作条件具有选择性,操作模式更复杂,在我国初始尝试阶段尽量采用简便易行的方法更具妥当性。当然,复权制度作为与失权制度相配套的法律制度,在债务人复权过程中也应考虑如何平衡债权人、债务人双方的权益,围绕这个目的明确相应的适用条件,法院审查后裁定是否恢复债务人的权利。

综上,个人破产制度通过自由财产制度、免责制度、失权和复权制度三大核心制度对个人破产的权利冲突进行实体衡平。其中自由财产制度和免责制度承担保护债务人,帮助债务人走出财务困境的功能,失权、复权制度则肩负着惩罚与修复的功能。若设计不当,将可能带来债权人与债务人利益冲突激化,或者纵容破产欺诈行为,并导致破产滥用的不利后果。因此,对于自由财产的范围限制和财产处置,以及免责制度的程序、范围限制,失权和复权制度的设置对于衡平个人破产的权利冲突尤为重要。

第五章　我国个人破产权利冲突的程序衡平机制

第一节　个人破产权利冲突的程序衡平机制

在破产法历史进程中，各国都是结合自己的国情设计了独具特色的个人破产运行机制，共同点是通过设定一定的程序准入条件或专业机构对破产案件进行繁简分流，力图实现公平与高效。根据现代个人破产法权利冲突衡平的原则，结合《破产法立法指南》与各国实践之效果，可以总结出个人破产权利冲突的程序衡平机制构建中可供借鉴的原则与经验。

一、民间和解程序对冲突防范的运行机理

民间和解程序，是指由法院指定或同意的民间机构主持，通过债权人与债务人形成合意来完成的个人债务整理程序。① 个人破产债务人在债务结构、债权人

---

① See Jason J. Kilborn, *La Responsabilisation De L'Econoic*: *What The United States Can Learn from the New French Law on Consumer Over-indebtedness*, Michigan Journal of International Law, Vol. 26, p. 619 (2005).

构成等方面,相较企业破产债务人而言更简单。个人破产者大多是工薪阶层的消费者,他们有稳定的可预期收入用于偿债,所以民间和解程序成功的概率较大。民间和解程序具有节约司法资源、减轻债务人压力、成本较低、程序较简单便捷的优势。由债务人与债权人通过和解达成的和解协议或清偿安排,一般债务人会积极执行。① 民间和解程序作为司法前置程序在各国破产程序设计中屡见不鲜。

值得一提的是,法国针对消费者破产问题设立了"负债状态监督委员会",这在民间机构主持和解程序外,设置了由专业行政机关主持和解程序的机制,该机制成效明显,法国20世纪90年代各年份通过和解机制结束案件的比例分别达到:1991:45%,1992:58%,1993:62%,1992~1996年超过60%的案件都能达成和解计划。②

但无论由民间机构还是行政机关来主导庭外和解程序,司法监督都是必要的,可以杜绝程序主持者徇私枉法或债权人滥用和解程序。

二、重整程序对冲突调和的运行机理

重整程序是法院主持的一种债务整理程序。在民间和解程序阶段,少数债权人异议即可能阻挠和解协议达成;而在法院主持的重整程序中,这一弊端应被避免。当有一定比例之债权人对于重整方案没有异议的情况下,法官可批准。③ 另外,法院主持的重整程序应符合现代破产法基本价值取向——允许债务人借此获得"重生"的机会。④ 因此,重整程序设计免责制度是必要的。但是,免责前提是债务人已经拿出未来收入的合理部分,在一定期间内稳定地向债权人进行债务清偿。这一程序的启动标准应当设计明确,阻止有能力偿债

① See Soogeun Oh, *Personal Bankruptcy in Korea: Challenges and Response*, Theoretical Inquiries, Vol. 7, p. 597(2006).

② See Jason J. Kilborn, *La Responsabilisation De L'Econoic: What The United States Can Learn from the New French Law on Consumer Over-indebtedness*, Michigan Journal of International Law, Vol. 26, p. 619(2005).

③ 参见许士宦:《债务清理法之基本构造》,台北,2008年自版发行,第263~265页。

④ See Thomas H. Jackson, *The Fresh-Start Policy in Bankruptcy Law*, Harvard Law Review, Vol. 98, p. 1393(1985).

的债务人利用程序逃避债务。此外,要注意到民间和解机制与法院主持的重整程序的适配问题。避免前置庭外和解程序沦为拖延债务人进入破产程序的累赘,可以设置特定机制激励债务人配合程序、快速推进程序。在重整程序中对债务人提交偿债方案应设有时间限制,以避免债务人无故拖延程序。[①]

三、清算程序对冲突衡平的运行机理

清算程序由法院主持宣告债务人破产,对债务人的财产进行统一清算,集中清偿债权的司法程序。进入清算程序便意味着破产者可通过"径直破产"而获得免责,因此容易诱发破产者借破产程序逃债的道德风险。因此,在程序设计上,设计明确的限制条件对申请者进行限制是很有必要的。[②] 另外,这限制不应彻底封死程序入口,对于陷入财务困境,无明显能力以未来收入偿还债务的债务人,应当在其接受财务教育与咨询后,允许进入破产清算程序。但在破产免责中,应当设计明确的免责例外,以免与公共政策和其他法律规定的立法目标冲突。此外,由于清算程序对于债权人并无利益可言,不存在债权人滥用程序的道德风险,加上程序自身成本较低,故基于尽早发现破产情况、保护债权人利益的目的,该程序可由债权人强制申请。最后,绝大部分清算程序案件的债务人均无任何资产可供分配清偿,应当考虑债务人支付破产程序费用的困难,要求他们预先支付程序费用可能阻绝他们获得免责救济。

和解、重整与清算的程序价值可以从"贾某重整案"中管窥一斑。

(一)案情简介

贾某于2004年成立乐视网并在6年后借助创业板成功推动乐视网上市,市值曾一度达到1700亿元。但是他并不止步于运营乐视网这样一家视频网站,业务也从原本的视频网站拓展到影视制作、智能电视、体育、电商、电动汽车乃至农业等领域。如此庞大的商业帝国需要大量的资金投入,而这些资金

---

① 参见王之洲:《个人破产法制之比较研究:现代化改革、运作机理与滥用规制》,上海交通大学2011年硕士学位论文,第39页。

② See Jason J. Kilborn, *La Responsabilisation De L'Econoic: What The United States Can Learn from the New French Law on Consumer Over-indebtedness*, Michigan Journal of International Law, Vol. 26, p. 619(2005).

的重要来源之一是贾某通过股权质押得到的融资。2015 年,贾某股权质押比例高达 78%,占 1/3 乐视股份。2016 年年底,乐视网被曝拖欠供应商 100 多亿元。此后乐视股价即开始大跌。贾某于 2017 年辞去乐视职务,前往洛杉矶。[①] 贾某赴美被很多人解释为“逃债”。根据破产文件显示,他的债务大多来自其个人担保和代表乐视直接筹借的钱款。而中国招商银行等各路债权人则纷纷采取法律措施冻结贾某在中国的资产。[②] 然而,奔赴美国后的贾某仍然没有停止追寻他的商业梦。凭借 2014 年创办的法拉第未来(Faraday Future)(以下简称 FF)集团,贾某继续探索设计和制造下一代零排放电动汽车和移动生态系统。在过去的几年里,FF 集团投入了巨额资本进行研发,并完成了首款车型——FF91 的设计。但是,该车型目前仍未能投入量产,且后续需要大量资金支持,而贾某受到的债务追索成为 FF 集团融资的阻碍。

2019 年 10 月,贾某依据《美国破产法典》第十一章向特拉华地区联邦破产法院申请个人破产重整。[③] 适用第十一章重整并非经常为个人破产所采用,因为其往往需要精心设计重整计划并实施。而此次贾某的个人破产申请却恰恰选择了此种方式,其本人给出的解释是要“为债权人打工”。根据破产文件,他预估自己需要承担的责任总额达 37.7 亿美元,而他个人总资产的估值为 14.17 亿美元,月收入 7.5 万美元。债务中,个人借贷债务为 6.3 亿美元,担保债务为 31.13 亿美元。[④] 贾某的债权人数量多达上百家。因债权人动议,破产案件被转移至加利福尼亚州中区联邦破产法院。2020 年 2 月 6 日,破产法院下令要求当事各方参与调解,并安排进一步的情况会商。调解结束时,贾某和债权人委员会就方案的实质性条款达成共识。2020 年 2 月 27 日,当事各方签署了方案条款清单,达成基本共识。

---

① 参见余应敏、刘帅:《控股股东股权质押乱象的危害及其治理:以乐视网为例》,载《财政监督》2019 年第 13 期。

② 参见丁伯韬:《号外:个人破产——贾某的救命稻草》,载搜狐网 2020 年 6 月 12 日,https://www.sohu.com/a/401318530_805786。

③ 参见王斐民:《个人破产法的宪法维度》,载《中国法律评论》2020 年第 6 期。

④ United States Bankruptcy Court, Central District of California Los Angeles Division Case No. 2:19-bk-24804-VZ.

（二）重整方案

贾某的个人破产重整是在债权人信托的基础上建立的。根据重整方案，具有索赔权的债权人是债权人信托的受益人，而信托受托人为债权人会议的首席律师，信托资产为贾某对FF集团享有的所有股权。债权人想要从信托中获益，需要FF集团发展良好，这无疑是将债权人利益与FF集团的前景捆绑在一起。2020年5月，加利福尼亚州中区联邦破产法院作出贾某个人破产重整确认判决。① 根据该判决，破产重组方案对贾某本人，债权人信托及其受托人，所有索赔提起方，所有待履行合同和未到期租约的一切对手方，以及相关继承者、执行管理人员等产生约束力。破产重整方案生效后，贾某可以自由参与现有或新增商业事务，并投资或持有资产；债权人信托可以依规定自由运营、分配、处置信托财产；（Debtor in Possession，DIP）贷款到期日自方案生效日起自动延期一年；债务人可以进行退出融资（exit financing）；贾某此前在美国担保债务的资产全部解除担保。重整方案给债权人设定了为期4年的诉讼滞留期，即所有获准债务索赔、获准中国有担保索赔或者获准逾期提交债务索赔的各持有人，自破产方案生效日起算的4年内，不得在美国外的管辖地通过诉讼方式向贾某追索债务。上述索赔持有人还应在破产方案生效日或其索赔获准之日（以较迟者为准）起90日内，通知中国法院将贾某从“失信被执行人”名单中除名，并解除任何消费或旅游限制。在停滞期内，上述索赔人不得采取可导致贾某重新被划入“失信被执行人”名单或遭受限制的任何行动。

（三）争议问题

1. 清偿率

首先，是清算或重整问题。贾某破产重整案自2019年10月在特拉华区联邦破产法院启动以来，历经多轮博弈。申请之初贾某希冀通过“快车道”预重整迅速完成重整，但在债权人与联邦破产管理署的阻击下主动放弃。联邦破产管理署一度以债务人“不可信赖、财务管理混乱、违反信义义务”等理由，要求法院指定管理人接管债务人财产。最终，在部分债权人与联邦破产管理署

① 参见王斐民：《个人破产法的宪法维度》，载《中国法律评论》2020年第6期。

的要求下，案件被移送至加利福尼亚州中区联邦破产法院继续审理。异地再战，债务人历经两次修改的重整计划披露声明不被法院认可；法院同时要求债务人说明为何案件不应被转为清算程序，重整程序一度濒临失败。自2020年2月完成与无担保债权人委员会的调解，贾某开始逐步赢得无担保债权人委员会成员的支持；同时，贾某也通过自己实控企业安排了重整融资，解决了无担保债权人委员会调查费用与优先顺位债权的受偿问题。历经4轮修改的重整计划披露声明获得主审法院批准。自此，进入债权人表决环节。重整方案将债权人的索赔分为4类：优先非税款债务、美国有担保债务、中国有担保债务以及普通债务。前3类的索赔利益在重整计划中不受影响，可推定为相关债权人接受该方案。则第四债权组无担保债权组的表决意见至关重要。在该组表决中，有61名债权人（债权额超51亿美元）表决接受草案，表决债权人总数及债权总金额均超过80%，根据《美国破产法典》"人数过半、债权金额不低于2/3要求"，[①]表决结果为通过。

其次，是债权人"最佳利益"是否满足的问题。《美国破产法典》第1129(a)(7)条规定，重整计划草案获批的前提之一是：受重整计划影响的债权组别中的每一名债权人，根据该草案获得的清偿将高于或等于债务人直接进入破产清算时债权人能够获得的清偿比例。该条款俗称为债权人"最佳利益"原则。债权人认为，债权人依据重整计划草案获得清偿的可能性微乎其微。不仅贾某提供的清算分析无法证明债权人的"最佳利益"得到保护，而且该案如果进入清算程序，其在FF系公司的股权将被清算并获得收益，债权人仍可向甘某追偿，但依据重整计划草案债权人需放弃该追索权方可获得信托清偿，贾某重整的实际结果让债权人利益进一步受损。贾某则认为，根据FF系一家公司2018年年底进行的一次股权交易及其价格，清算分析足以证明其置入信托的股权具有对应的清偿价值，如果其被迫破产清算，则必然导致FF系公司尤其是持有核心技术的FF Inc.等美国公司难以获得必需融资并最终走向清算，而FF系公司旗下的最重要资产主要为知识产权，只有在公司正常运营的情况

① American Bankruptcy Act §1126.(c).

下能实现最大价值,因此,被迫清算的结果将导致债务人资产分文不值。法官认为,债务人在披露声明中提供了清算程序下的受偿预测,足以证明在债务人破产清算情况下,FF 系公司价值将遭遇毁灭性打击,作为债务人主要资产的 FF 系公司股权将一文不值,而债务人提供的估值证据则支持了其对重整计划下用于清偿的财产价值。因此,重整的清偿率将高于清算。

2. 重整计划的可行性

《美国破产法典》第 1129(a)(11)条还要求法院必须认定重整计划草案具有"可行性"(feasible)之后方才能批准草案。在美国破产法下,具有"可行性"意味着:根据重整计划草案的安排,债务人在退出重整程序后不太可能再次需要破产救济。就该案而言,根据联邦第九巡回法院(主审法院即位于该院辖区之内)就此点确立了更加具体的规则:就重整计划的可行性,债务人只需要证明重整计划的成功落实"存在合理概率"。债权人对 FF 集团的经营前景提出质疑,认为重整计划草案要求的第四组别债权人在中国将债务人移出"失信人员名单"缺乏落实方法与中国法院配合的保障,假如这一点无法落实,FF 集团汽车企业难以进入关键的中国市场,清偿将成为泡影;目前 FF 集团负债累累,融资与上市愿景都遥不可期。还有债权人对贾某被英属维京群岛(The British Virgin Islands,BVI)法院禁止转移 FF Peak 和 FF Top 资产的禁令存在质疑,认为此举将造成贾某无法按照草案承诺将相关利益转移至债权人信托。贾某并未正面回应有关 FF 集团经营前景的质疑,只是提出基于该案程序及异议人申报债权的行为,主审法院已经取得了对债务处理的管辖权,而草案获得批准也就意味着债务人不再负有清偿责任,此时 BVI 法院亦无理由继续冻结相应资产。法官认为,异议人并未提供充分证据证明其置疑成立,但债务人提供的证据足以证明,重整计划草案的目的就是最大化 FF 集团商业成功的概率并解决其进入中国市场障碍。异议人也未能提供充分证据证明 BVI 法院禁令无法解除或会影响草案的可信性。因此,草案满足《美国破产法典》第 1129(a)(11)条对于可行性的要求。

3. 免责问题

(1)债务人提前免责

根据重整计划草案规定,自重整计划生效日起(往往是在法院批准草案后10日左右),债务人一切被纳入重整程序的个人债务即获得免除。异议债权人认为,根据《美国破产法典》第1141(d)(5)(A)条规定,在债务人为自然人的重整案件中,原则上债务人应当在重整计划执行完毕后方得免责;而且如果债务人想要获得提前免责,必须基于法院对这一请求进行听证并基于"特定事由"(cause)下达提前免责令。该案债务人不仅未对草案承诺的清偿结果提供任何担保,一般无担保债权受偿来源的信托的未来收入存在高度不确定性,因此在该案中该等"特定事由"并不存在。贾某指出,该案与一般个人破产重整案件的差异是:传统个人破产重整程序中的债务人会进行持续多次还款来兑现重整计划项下的清偿承诺,因此法院在允许债务人提前免责上的谨慎态度,均是为了确保债务人积极兑现清偿承诺。而本案债务人的清偿方案更类似公司重整,在草案生效之际,即通过让渡其全部个人财产给信托完成了清偿义务,因此完全具备获得提前免责的资格。根据草案规定,债务人名下全部非豁免财产将在草案获批生效后被转移至信托中用于清偿无担保债权人,即草案生效之日,债务人即已履行完毕对债权人的清偿义务或至少已经为该义务的履行兑现提供了保障。此后,贾某主动针对草案作出了调整,将免责时间改为"根据法院裁定确定"。法官最终决定,就免责时间问题,另作专门听证后再作裁决,并就提前免责令的下达规定了先决条件。

(2)第三人免责

根据重整计划草案规定,贾某前妻甘某在完成草案规定的出资义务后,债权人将放弃向甘某个人追偿债权的权利。草案的批准不仅实现债务人免责,也将达到"第三人免责"的效果。美国联邦破产管理署及若干债权人对这一安排提出异议,认为该做法不仅违反《美国破产法典》第524条的规定,亦与第九巡回法院多年来反对通过重整程序实现第三人免责目的立场相悖;此外,草案不仅免除甘某的夫妻共同债务,也免除甘某的个人责任,对甘某个人责任的免责范围太宽。贾某就此做出让步,表明其意图实现的免责效果仅适用于甘某因夫妻共同债务而产生的个人责任,并提交了草案修正案。法官裁决,债务人对此点的澄清以及相应修正,满足破产法以及判例法在第三人免责问题上的要求。

“贾某重整案”曾一度引起轰动。从该案债权人争议的焦点可以看到个人破产中债权人和债务人的利益博弈是多么激烈。债务人希望能成功地利用美国的个人破产保护,让其在未来一定时期内可以不受债权人干扰,专心投入FF集团的运营,从而重获新生。而债权人则认为,贾某的行为是典型的利用个人破产“逃废债”。贾某的个人重组建立在债权人信托的基础上,信托资产是其对FF集团享有的所有股权,则债权人利益与FF集团的前景深度绑定。而实际上贾某作为FF集团曾经的实控人和如今的“打工人”,法拉第公司的股权价值与其个人信用和个人价值深度绑定,实控人对公司的未来价值是不可切割的。实际上贾某通过此次重整,不仅让债权人无法拿到现实收益,只能把希望寄托在FF集团成功运营的基础上,而且成功地把公司运营风险和实现个人价值的创业风险再次转嫁给债权人,而自己却成功免责,实现了“金蝉脱壳”。

由于该案系贾某重整而非FF集团重整,则该案实际涉及了一个十分有趣的问题,即如何比较企业重整中的营运价值和个人重整中个人未来可创造的价值。在企业重整中,判断一个企业是否具有重整价值,最主要从社会价值和经济价值两个方面来衡量。社会价值是对整个社会具有十分重要的影响。如银行、保险、证券、铁路、通信等关系国计民生的特种行业,对社会将产生十分重大的影响,彻底解构会造成社会动荡,会造成社会损失,在破产重整时需要十分慎重。如果企业的存续不能盈利,救济是有成本的,存续的费用要由社会承担,则营运价值低于清算价值,重整即为非效率。企业营运价值和社会价值利益的最大化是判断企业是否具备重整价值核心要素。

根据生产要素理论分析,一个有效率的个人破产制度不应轻易鼓励个人清算而鼓励个人重整,为什么?主要是因为理论上讲劳动者个体的创造力是无限的,但劳动者个体创造力的偏差又是巨大的,当对一个劳动力的价值创造的位次无法判断时,则很难判断一个劳动者是否彻底丧失劳动创造力,或对其未来劳动力要素价值进行评估。个人作为生产要素,资产和人的结合非常紧密,人力资本的价值在于其市场价值。此时,越有技术,越有知识和创新能力的劳动者,其市场价值就越高。商个人由于其更具市场要素的创新性,而且其生产要素的价值即人力资本价值与企业的营运价值呈正相关的关系,从生产要素价值创造的角度出发应当鼓励个人进行重整。从生产要素价值理论分析,企业重整中的营运价值更多源于资本、技术、管理等生产资料的积累,个人重整中的生产要素价值则更多地源于知识。我们也注意到在债权人对FF集团经营前景提出质疑时,法官给出的理由是异议人未提供充分的证据证明该主张。是否可以推断,由于贾某对法拉第的实控与经营,让法官更肯定他的价值创造力,认为在无相反证据证明的情况下,不应对他的未来创造力进行质疑。因此,从个人生产要素与企业生产要素之间的关系,可以推导出个人破产与企业破产之间的关系,由此商个人的生产要素价值与企业的生产要素价值密不可分。

贾某案件的价值在于其是生产要素组合拆解及重组的成功案例,对激发企业家创新、创业具有积极的意义,但由于缺乏劳动力要素价值估值以及个人跨境破产国际保护的协同,破产公平与破产保护之间的合理性令人深度置疑。

总体来说,个人破产对于债务人来说是一项重大的信用污点。和解制度通过债务人与债权人的和解协议了解债务,避免了债务人的信用减损,也可以减轻对债务人后续生活的负面影响。在个人破产程序中,可以区分不同的主体设计不同的程序。对于债务、破产财产规模较大、关系复杂的商自然人,需要信息披露成本高、对债权人的程序保障要求更高的规则设计,而对债务和破产财产额度小、简单清楚的小规模经营和普通工薪阶层以及其他消费者,实施相对简单快捷的程序。基于我国对个人破产缺乏宽容土壤的现实情况,鼓励选择和解和重整程序,有利于债务人恢复名誉,尽快回归社会,减少破产人的社会性死亡。

第二节 我国个人破产准入机制对权利冲突的预防

一、个人破产申请条件限制

个人破产权利冲突衡平的第一道关口就在于个人破产准入规则的设定和

个人破产程序的选择。个人破产的准入涉及程序启动的实质性要件,包括破产能力与破产原因。如何合理地设定个人破产准入规则,有助于防范个人破产的道德风险,建立有效识别机制,发挥个人破产的制度功能。针对债务人申请破产保护设定的准入门槛是否合适,是个人破产制度发挥法律效果的先决条件。个人破产的准入门槛可通过程序规定,由法院对实体破产原因进行形式审查判断,决定是否启动破产程序。通过对个人的财务状况的审查,对债务人作出专业判断,判断其是否符合进入破产程序的条件,是快速拯救诚实而不幸的人和防止个人破产制度沦为"逃废债"的工具的重要手段。对个人破产申请从准入门槛设定上进行识别,从程序上进行繁简分流,实现个人破产权利冲突运行机制的公平与高效。

(一)申请条件限制

出于担心消费者滥用破产保护,因生活消费导致的个人破产是否纳入条例调整的范围一度引起争议。立法者也曾担心会造成引导大众对过度消费的误解,但考虑对自然人的整体保护,《深圳条例》采纳目前国际通行做法,将生活消费导致的破产纳入破产保护的范畴,并把"因奢侈消费、赌博等行为承担重大债务或者引起财产显著减少作为不得免责的情形"。[①] 以此规制消费者滥用破产保护。目前,《深圳条例》在启动程序上并未对商主体和消费者破产程序进行区分。根据《深圳条例》第 2 条的规定,债务人达到"丧失清偿债务能力"和"资产不足以清偿全部债务"两种情形中的任一情况,都属于具备破产原因。"丧失清偿债务能力"和"资产不足以清偿全部债务"是一种客观事实状态,但导致产生客观事实状态的原因审查,在实践操作中仍视为应有之义。如深圳市中级人民法院审理的首例不予受理个人破产申请案中,深圳市中级人民法院以债务人"对财产变动经过不能作出合理解释,且离婚时约定夫妻共同债务由一方承担,并过度举债归还,导致法院无法认定其本人是否存在破产原因"为由,裁定不予受理。[②] 对于该案的审理,有学者认为,在我国个人破产制度配套机制、机构不健全的情况下,这可以防范债务人利用个人破产"逃废

① 参见《深圳条例》第 36 条。

② 广东省深圳市中级人民法院(2021)粤 03 破申 780 号(个 49)民事判决书。

债”,达到不法目的。①

笔者认为,设立单独的消费者破产程序有其必要性。消费者破产与商主体破产最大的不同在于债务人的债权债务关系较商主体破产简单,消费者破产的程序设计可以更便捷、简易。商主体因其债务结构复杂、债权人数目较多且诉求各异的破产问题,如果将消费者破产与商主体破产程序一视同仁,会徒增司法成本,耗费司法资源,得不偿失。同时,对于债务情况极端恶劣的消费者,法院外债务清理前置程序只能流于形式,对于完全无和解可能的案件,一概强制进行法院外债务清理程序只能进一步恶化债务问题。② 所以一般在程序启动时,对债务人的负债构成、债权人数量和构成,应该有特定要求,并予以区分,可以提高程序运行效率。域外立法改革一个共性的趋势就是针对不同破产主体进行繁简分流。例如,2001 年修订后的《德国破产法》中领取工薪者的个人破产程序可以适用于小规模经营者,但限制要求为“债权人未满 20 人,且无因雇佣关系所生债务”。③ 因此,我国的个人破产程序可以区分一般破产程序和消费者破产程序,设立更简便、高效的消费者破产程序,对消费者破产程序从债务人的负债构成、债权人数量和构成上予以限制。

此外,对滥用破产程序以获得免责的债务人的第一道规制,是要求债务人从其财产中支付破产程序费用。要求债务人申请破产时提供财务信息资料也是增加其破产成本。根据美国破产法的规定,破产费用的拒绝缴纳或延迟交纳,会导致破产程序废止;④债务人未能在规定时间内提供相关财务信息资料,也可能导致破产程序被废止。⑤ 是否在破产准入时要求债务人交纳破产申请阶段的程序费用?德国破产法规定可由联邦财政资金先行垫付,但该笔债务不得被免,破产者在今后继续偿还。⑥《深圳条例》第 68 条规定了程序费用由

---

① 参见徐阳光:《厘定不予受理规则 防止滥用破产程序》,载《人民法院报》2021 年 7 月 16 日,第 2 版。

② 参见卜璐:《消费者破产法律制度比较研究》,武汉大学出版社 2013 年版,第 55 页。

③ German Insolvency Act 1999 § 304.

④ 11 U. S. C. § 707(a).

⑤ 11 U. S. C. § 707(b).

⑥ See Susanne Braun, *German Insolvency Act: Special Provisions of Consumer Insolvency Proceedings and the Discharge of Residual Debts*, German Law Journal, Vol. 7, p. 59(2006).

破产财产随时清偿的原则，但对于无产可破的案件，是否适用诉讼费用减免的规定并未予明确。鉴于破产费用与税收债务等均系基于公共政策目标和法定义务产生的支付，如果减免，应有相应的程序。我国的国情与现实需求决定了个人破产立法尚不可能通过鼓励个人破产来达到刺激经济的效果，也没有必要通过设置缴纳破产费用作为终止破产程序的理由。因此，可以保留《深圳条例》的立法方式，个人破产的程序费用属于应当支付的破产费用从破产财产随时支付。对于不能支付的债务人应当后续继续清偿。对于后续确无能力清偿的，可以通过设立破产基金或诉讼费用减免的方式予以处理。

（二）债权人申请权限制

谁能申请个人破产？在《深圳条例》制定过程中，该问题成为各方关注的焦点。破产对债务人既是保护也是惩罚。如果债务人自己不申请破产，债权人是否可以申请债务人破产？这个尺度如果把握不好，容易导致破产程序被滥用。个人破产制度在为债权人提供公平清偿的平台的同时，为防止债权人滥用申请权轻易将债务人陷入破产的境地，一般对债权人申请债务人破产都有起破金额的规定。如在英国的规定中，债权人申请债务人破产的，债务人无担保债权至少要达到 750 英镑。①

《深圳条例》吸收了防止小额债权人滥用破产程序的国外立法例，赋予债权人申请债务人破产清算的权利，并通过债权数额加以限定。《深圳条例》第 9 条规定，当债务人不能清偿到期债务时，单独或者共同对债务人持有 50 万元以上到期债权的债权人，可以向人民法院提出破产申请，申请对债务人进行破产清算。以此衡平债务人不愿意破产对债权人可能造成的权利损害，和债权人可能滥用破产申请权利将财务状况还不是十分严重的债务人卷入破产程序的冲突。

《深圳条例》限制债权人对重整程序的启动。由于重整程序主要以债务人未来的收入偿还债务，高度依赖债务人的配合，如果债务人无重整意愿，重整程序很难进行。同时，重整程序会被债权人作为追索债权的工具，给债务人带

---

① See Susanne Braun, *German Insolvency Act: Special Provisions of Consumer Insolvency Proceedings and the Discharge of Residual Debts*, German Law Journal, Vol. 7, p. 59 (2006).

来沉重的心理负担。《深圳条例》最后没有赋予债权人启动重整的权利。

关于过度投资和消费行为是否应予保护的问题在《深圳条例》的立法过程中曾引起争议。过度投资和消费行为的行为属于滥用破产程序的行为。对于此类滥用行为，一是存在行为识别问题，二是存在行为规制问题。如果通过设立破产门槛直接将两类行为排除在外，在程序上存在对事实状态未查明，或未赋予当事人申诉权的同时直接剥夺个人申请破产保护的权利，权利保护的公平性存疑。对于此类情况，笔者更赞成前述学者的观点，不能简单地拒之门外，可在受理之后，通过破产撤销、无效行为或不予免责等制度予以惩戒。[①]

二、前置审查甄别过滤机制

在自动免责的诱惑下，许多债务人往往宁可选择破产清算也不愿选择个人重整。域外国家和地区通过前置程序对债务人是否符合准入条件的审查，在一定程度上可以防止债务人滥用破产程序。2005 年美国破产法改革为防止破产清算程序被滥用，引入“收入测试”机制对债务人财务状况进行测试。即要求未来达到一定收入的债务人选择重整程序，限制其进入清算程序。其实质在测试债务人的潜在劳动力价值，评价劳动力要素价值，迫使有潜在劳动力的人去创造更大价值，以维护债权人的利益。个人破产中应当解决债务人的破产财产估值的市场价值是否合理问题。但个人破产中往往只对破产财产的可变现价值进行评估，不考虑劳动力要素价值。而劳动力要素价值是一个人拥有的最重要的资本。任何一个要素破产，必然要以资产解构后的劳动力的要素价值作为依据。事实上，劳动者的潜在偿债能力是不一样，越过劳动力要素价值的估值过程，直接考虑对债务人的豁免，必然让债权人难以接受。劳动力的潜在生产力越高，其劳动力要素价值越高，则提高债权清偿比率更合理和公平。虽然不能逼迫劳动者以未来收入全部清偿债务，但合理适度的清偿仍是允许并且符合社会正义理念。因此，设置劳动力要素价值的估值机制具有

---

① 参见徐阳光、武诗敏：《个人破产法的理论逻辑与现实进路》，载《中国人民大学学报》2021 年第 5 期。

现实意义。劳动力要素价值估值机制的必要性及合理性是两个层面的问题。收入测试结果往往决定了债权人给不给宽松的豁免条件,而豁免比例则决定了破产人愿不愿追求宽松的豁免条件。宽松的豁免条件显然是指向更高的社会地位和更大的偿债压力。总之,劳动力要素价值的估值意义既要解决债权人公平受偿的问题,也在于防止债务人过分夸大清偿能力,让债权人较高偿债比例的预期落空,且债务人仍然没有从负债中解放出来的问题。

1978 年《美国破产法典》第七章,通常被称为“直接”或“清算”破产,允许债务人使用自己的流动资产来偿还部分债务或清偿所有债务。但只有债务人证明其收入低于所在州家庭的平均收入才能申请。申请后,法院将指定一个受托人来监督该破产案件,受托人的部分工作就是接管债务人的资产并出售,把筹集到的资金分给债权人,债权人必须提交适当的债权文件才能获得款项。债务人被允许保留某些财产以保障生活所需,拥有重新开始的资本。每个州的“豁免财产”规定各不相同,一般都规定有唯一住宅、唯一汽车、某些退休账户、工作和谋生所必需的财产等。债务人留下豁免财产后,几乎没有足够的资金来支付其他债权人的欠款,同时,剩余债务将被免除。因此,美国个人破产依据第七章提起清算程序,债权人收到款项的概率很低。

1978 年《美国破产法典》第十三章适用的对象是有固定收入的债务人。在 3 ~ 5 年内偿还至少一部分债务,并且允许债务人向债权人寻求庇护,并制订债务偿还计划,同时保护债务人的资产不受清算。这是一种常见的破产类型,但只有那些收入稳定且能够坚持履行还款计划的个人才有机会申请。根据第十三章的规定,法院会把债务人的所有债务合并到一个还款计划当中,同时可以防止催收员和债权人再与债务人联系,也就是说,债务人只要同意了法院的还款计划,就可以在不被干扰的条件下,慢慢偿还债务。

而当债务人通过重整计划能为债权人提供高于破产清算程序所能获得的偿付时,可用 1978 年《美国破产法典》第十一章进行重整。债务人选择依据 1978 年《美国破产法典》第十一章进行破产时,允许在破产程序进行过程中继续运营其业务。在多数重整案件中,债务人要关闭其在申请前所有银行账户,并开设自我管理债务人银行账户,之后他所有的资金往来必须通过这个账户进行。在破产案件尚未得到破产法院或其他有权机构批准而待定未决时,债务人可以开展任何“通常业务范围内”的运营事项。在案件程序待定未决时,如果债务人希望开展通常业务范围之外的事项,则应申请破产法院的批准。在债务人提出此类申请时,所有破产案件利害方均会得到通知,并有机会反对。“贾某重整案”系依据第十一章进行重整。

综上,美国破产法引入“收入测评”制度,对第七章破产申请的个人消费债务人进行过滤,阻止未来收入足以偿还一定比例债权的债务人进行破产清算程序,促使其选择第十三章重整或放弃破产申请的程序设计也符合对破产滥用的规制。引入收入测评的过滤机制实质是消费信贷行业要求严格限制债务人权利进行的多年努力的结果,平衡了债务人和债权人之间的权利冲突。通过前置审查程序在债务人申请破产时对其破产能力和破产原因进行严格甄别筛选,可以有效地抑制破产滥用行为,杜绝“假”破产的现象。

笔者认为,根据解决权利冲突的程序预防原理,对于个人破产的权利冲突应当有个预防机制尽量排除冲突的发生。考虑到我国目前个人破产立法刚刚起步,只有“诚实而不幸”的人才能得到破产救济,建议在申请破产时对申请主体予以严格审查,防止破产欺诈,以保证法律效果。

三、债务人的信息披露义务

如何防止破产欺诈?具有破产欺诈行为是否丧失破产资格?破产欺诈是否应当作为破产程序启动的障碍?过度投资和消费行为是否应予保护?

如果在受理阶段要对破产欺诈行为进行识别,破产免责例外规则(免责资格排除)将可有可无。破产程序的启动最重要的是破产救济是否及时提供,受理阶段只需考察是否达到破产界限。因此,破产欺诈不应当作为破产程序启动的障碍。

1883 年,英国贸易委员会主席乔瑟夫 · 张伯伦在《1883 年破产法》二次审议时指出,好的破产法应当有两个主要目标:一是实现对破产财产的诚实管理和公平有效分配;二是体现“预防比治疗要好”的理念。该法提出了破产问题关系整个社会利益的理念,债务人的事务必须在破产程序中接受公开的调查,并以破产前的行为作为结论决定能否进入和解或者获得免责。债务人在申请破产时，应当如实提交财产状况说明，明确资产负债情况，并就情况说明的真实性在相关法院官员或律师面前进行宣誓保证。①

第三节　我国个人破产程序机制对权利冲突的衡平优化

一、和解前置对个人破产权利冲突的预防

域外国家和地区都十分注重庭外债务清理机制，尤其力促债务人与债权人通过和解来达成协议，解决个人破产问题。德国更是把庭外和解当成进入破产程序的前置条件，要求只有事先努力进行过法庭外和解的债务人才可以提出启动申请。债务人除提交证明在启动申请前的最后6个月内无法和债权人就债务清理达成合意的文件外，还需就无法达成的原因进行说明。有观点认为，德国法将民间和解程序失败规定为申请法院主持债务整理程序的强制前提，会产生程序不经济，应当引以为训。笔者认为，根据深圳个人破产案件的收立案申请踊跃和我国目前执行难的情况，现阶段的个人破产门槛不宜放宽，而应采用多渠道债务纾解方式对个人债务进行清理。

德国的个人破产适用于不曾从事独立经济活动的自然人，由3个阶段组成，包括债务清偿庭外和解程序和债务清偿庭内和解程序这两个前置程序和一个简化的破产程序。② 如果债务人以前从事过独立经济活动但财产关系简单明了，且不存在针对他、因劳动关系产生的请求权，也可适用个人破产程序（见图5－1）。

---

① 参见张永红：《英国个人破产案件的处理及启示》，载《人民司法》2020年第4期。

② 参见何旺翔：《德国个人破产制度及其思考》，载《江南大学学报（人文社会科学版）》2008年第6期。

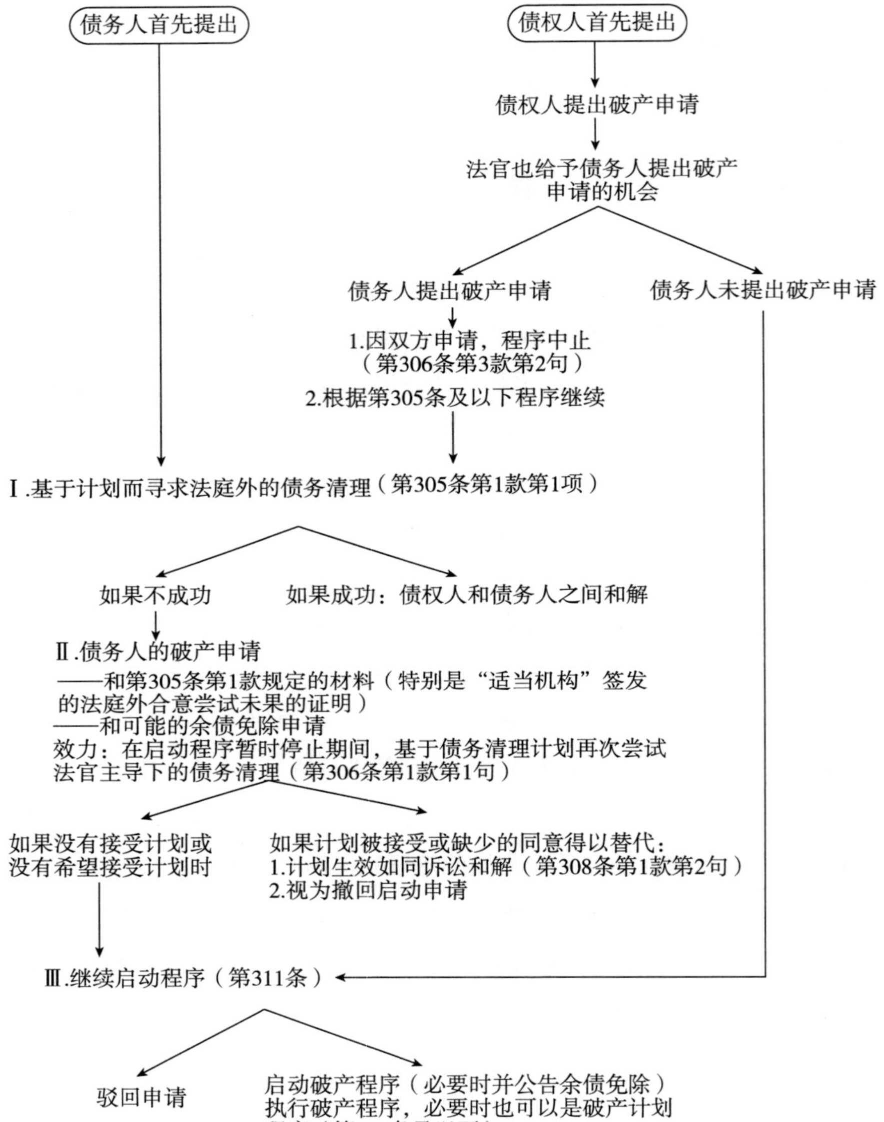

图 5－1　德国消费者破产程序

资料来源：[德]乌尔里希·福尔斯特：《德国破产法》，张宇晖译，中国法制出版社 2020 年版，第 333 页。

事先进行过和解的债务人才可提出破产启动申请——债务人应当证明其在启动申请前的半年内无法和债权人就债务清理达成合意。[①] 该证明文件应由适格人员或机构出具;对此,联邦各州已在实施法中规定了哪些人员或机构视为适格。其中,主要包括消费者中心、债务人咨询处或调解处、社保局;此外,律师、公证人、经济师、税务咨询师、法院执行官和调解人也符合条件。如果债务人没有进行过和解努力,破产法院将根据《德国破产法》第 305 条第 3 款第 1 项要求其补充提交。如不能在 1 个月内提交相应材料则破产申请将被取消。

如法庭外的债务清理计划未能在限期内成行,便可提出启动破产程序的申请。债务人要在申请中说明:为何法庭外的和解提议会失败。此外,他还要提交一份清单列明其债权人,并说明自己是否打算申请余债免除。债务人要在启动申请以外附具一个债务清理计划,计划可以在顾及债权人利益及债务人的财产收入和家庭关系的前提下,以实现适当债务清理为目的,包含所有通过私人意思自治达成的措施,特别是延期、(部分)免除分期付款、没收和关于失业情形的规定,以及对于自有住宅等特定有价财产的保留和通过第三人的支付或担保等。

法院向债权人送达了债务人提交的债务清算计划和财产清单,并敦促债权人在 1 个月的固定期限内表达其态度。债务人可以据此修改计划,债权人可以对修改后的计划再次发表意见。债权人必须决定清偿的债务。如果所有债权人都同意,该计划将被采纳。债权人逾期不表示的,视为同意。如果超过半数的债权人同意破产计划,即应当按照债务清算方案申请执行。

如果债务人提交的债务清理计划未获通过则启动程序将重新进行。在债权人申请的情况下此程序将立刻开始。法院需审查是否具备某个启动原因,是否拥有足够财产支付程序费用。如果满足这些前提条件,程序就将启动。但这个破产程序是极度简化的。按照《德国破产法》的要求,债务人需要在 6 年内将剩余收入通过受托人支付给债权人,考验期间,若债务人不存在因过错违反义务、因破产犯罪被宣判、无法保证受托人的报酬且受托人不愿接受延期

① 参见熊杰:《个人破产救济程序的选择与建构》,载《人民司法》2020 年第 10 期。

支付的情况,则剩余债务自动免除。

二、庭外债务清理程序对个人破产权利冲突的实践调和

世界银行《自然人破产问题处理报告》中提到,“任何系统,只要致力于减轻过多债务负担、分配利益和损失,都属于自然人破产处理的范围内”。① 在全球经济受到新冠疫情的重击下,许多企业和个人出现财务困境。有的国家开始修改破产制度来应对当前的危机。但在破产制度相对成熟的国家,充分运用好现有的债务清理制度才是最及时有效的对策。个人破产权利冲突的解决离不开社会力量的参与和社会各界的协同。

(一)庭外债务清理程序

英国的个人破产和债务清理制度相对较发达,法定的个人债务清理程序除我们熟悉的破产清算程序(bankruptcy)外还包括:债务纾缓令(Debt Relief Order)、个人自愿安排(Individual Voluntary Arrangement, IVA)、管理令(Administration Order)和“喘息空间”计划(Breathing Space)(见图5-2)。

债务纾缓令由英国破产服务局颁发,联合专业的债务咨询管理机构来实施。债务人在获得债务舒缓令后在一定期限后可以免除其未能清偿的债务。该程序运作有低成本、高效率的特点,在英国个人破产案件的办理中发挥重要作用。② 就前期审查的模式而言,英国债务纾缓令是个很好的借鉴。

个人自愿安排是债务人在破产从业者的帮助下与债权人之间达成一种还款安排。个人自愿安排是一种庭内程序,由债权人会议表决通过之后,适用于全体债权人。作为一种具有法律约束力的破产清算替代制度,债务人按照还款安排进行清偿,在安排方案期限结束之后,只要债务人没有出现违反规定的情形,未能清偿的债务就能予以取消。③

---

① 自然人破产处理工作小组起草:《世界银行自然人破产问题处理报告》,殷慧芬等译,中国政法大学出版社2016年版,第7页。

② 参见徐阳光:《英国个人破产与债务清理制度》,法律出版社2020年版,第122页。

③ 参见徐阳光:《英国个人破产与债务清理制度》,法律出版社2020年版,第134页。

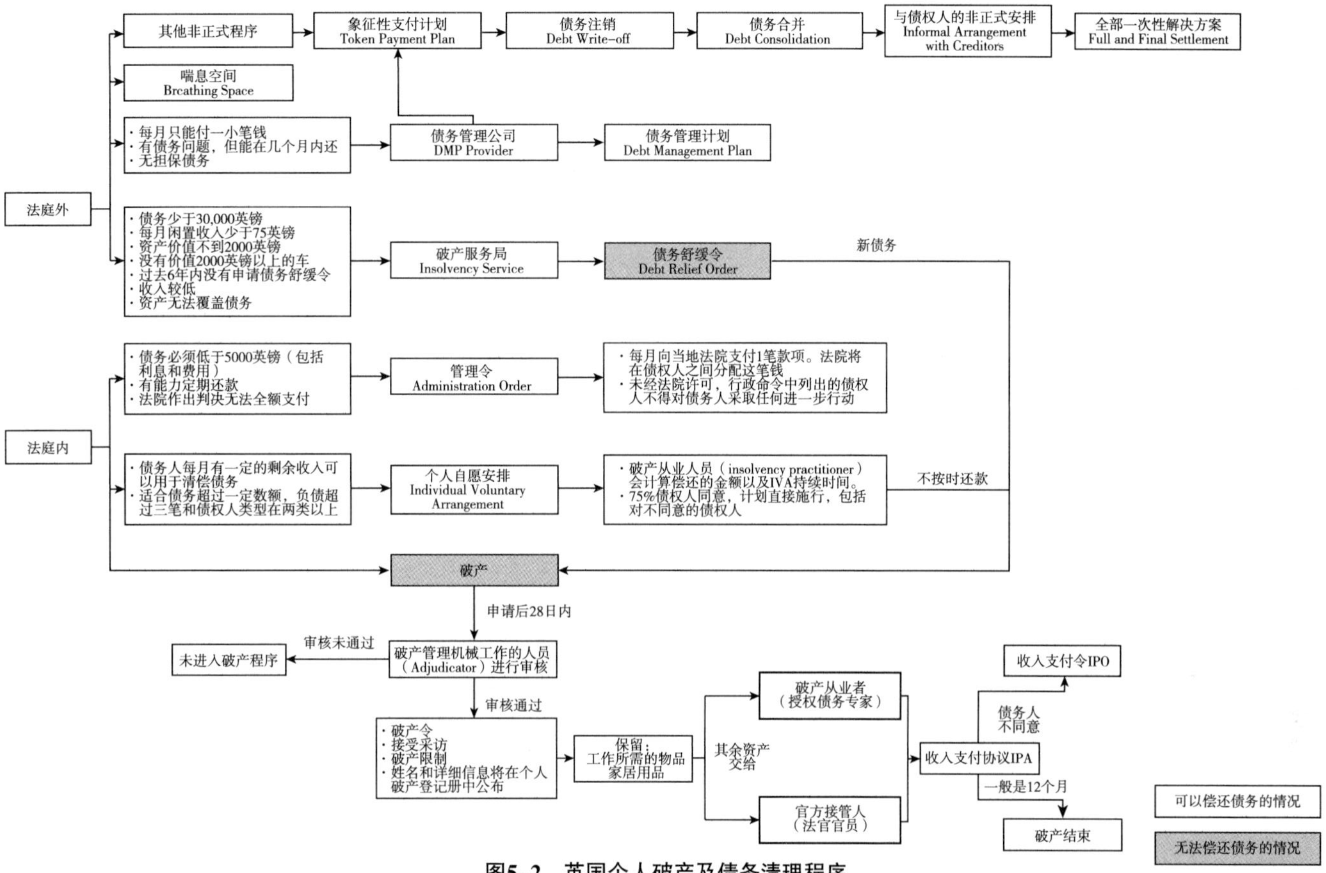

图5-2 英国个人破产及债务清理程序

管理令,是指债务人在由法院判决的债务无法清偿时,向法院申请对其财产进行管理以解决债务困难的制度。法院会根据债务人的财务状况,确定一个合理期限内清偿的数额,每次清偿时债务人将钱交给法院,由法院在扣除相应费用后按比例分配给债权人。①

"喘息空间"计划包括两个部分:一是"喘息空间",二是债务清偿计划,目的在于给陷入债务困境的债务人一个掌握他们财务安排的机会。债务人获准进入"喘息空间"后会得到60日的延期偿付期限,在此期间债权人将被禁止采取任何强制执行、催收或讨债行动。债务人在此期间可以免受债务追索,从而进行较充分的债务咨询,进入一个适当的债务解决方案。②

与法定程序相对应的是非正式的个人债务清理程序,包括债务管理计划(debt management plan)、象征性支付(token payemnt plan)等,这些非正式的债务清理程序受到金融行为监管局、财务咨询服务局等机构的监管指引,可以在全英国范围内适用,但不具有法律强制执行力。

债务管理计划是债务人和债权人达成的一种非正式债务清偿安排,主要针对非优先债权,由英国金融行为监管局及债务管理标准协会共同进行监管。债务管理公司作为中间方制定债务管理计划,并与债权人沟通,还款时债务人将钱交给债务管理公司,由其分给债权人。③

无论是英国的喘息空间计划、债务纾缓程序,苏格兰的最小资产破产程序,在英国本土的运行中都取得了不俗的成绩。根据英国破产服务局的数据,英格兰和威尔士地区2019年度个人破产案件数量约为12万件。其中,13.7%为破产清算案件,债务纾缓令案件占22.5%,个人自愿安排的案件占比63.8%。④

(二)金融机构的债务协商机制

金融机构的协同是个人破产配套措施中不可或缺的一部分。费孝通的

---

① 参见徐阳光:《英国个人破产与债务清理制度》,法律出版社2020年版,第140页。

② 参见徐阳光:《英国个人破产与债务清理制度》,法律出版社2020年版,第164页。

③ 参见徐阳光:《英国个人破产与债务清理制度》,法律出版社2020年版,第153页。

④ 参见徐阳光:《个人破产立法的英国经验与启示》,载《法学杂志》2020年第7期。

《乡土中国》一文指出了中国乡土文化对乡土治理的影响。我国在构建个人破产制度中应当针对熟人社会的现实需求予以考量。我国传统家族结构和交友习俗,决定人们靠血缘网络内部和熟人朋友来互通有无,也是实现人际金融交易的一种。这种信贷关系会在一定程度上限制包括消费信贷在内的金融市场的发展。在这种情况下大部分债务纠纷不会通过第三方,只会在借贷双方之间解决。而这种建立在人际关系基础上的债权债务关系根本无须破产制度去调整。[①] 正如前文所述,中国传统文化中并非没有个人破产文化,“仰碗”“吾兰道沫”“摊账”“大片肉”的民间习俗在乡土治理中发挥了积极作用。未来的个人破产法包含了商主体的个人破产,利用行会、同业公会的力量参与债务清理,不失为一个良好的选择和历史的传承。

债权人的风险控制是解决个人破产最有效率的手段之一。债权人负责任地放贷是对债务人陷入债务危机釜底抽薪最好的办法。债务人的安全不仅关系债权人债权的清偿问题,还关系社会的稳定与发展。保护金融消费者利益,加强对金融机构监管一直是金融稳定的核心。根据债权人放贷风险分担原则,金融机构负有债权风险的损失分担义务。近年来,网络贷款行业爆发了一系列风险事件,严重损害了投资者的利益,2016 年,中国银保监会下发《P2P 网络借贷风险专项整治工作实施方案》对 P2P 平台进行治理,以保障金融安全、社会稳定和互联网金融业的健康发展。[②]

将消费者的债务清理单独抽象出来立法的原因在于,消费者财产较少,债权债务关系较简单,应使用更简便的程序处理其债务问题。因为债务人对于金融机构积欠的法律关系较单纯,金融机构债务协商机制前置明确规定债务人对金融机构因消费借款、自用住宅借款、信用卡等负债务之情形采用协商前置主义。在申请更生或清算前,应提出债权人清册,向其中任一金融机构请求协商债务清偿方案。为避免债务人任意毁诺已与金融机构达成的协议,滥用重整或清算等程序,条例规定,债务人与金融机构达成的协议,没有不可归责

① 参见卜璐:《消费者破产法律制度比较研究》,武汉大学出版社 2013 年版,第 170 页。

② 参见中国银保监会《关于印发〈P2P 网络借贷风险专项整治工作实施方案〉的通知》(银监发〔2016〕11 号)。

于自己之理由致履行有重大困难的,不得申请重整或清算,亦称毁诺条款。①

因此,个人破产的庭外债务清理程序可以考虑建立金融机构债务协商机制。以温州市委、市政府《实施意见》的方式为例,其设立金融债权一致行动原则,鼓励金融机构债权人积极参与个人债务集中清理程序,采取一致性行动激活银行债务减免制度,实质性化解金融债务"担保链"问题。② 在金融债权一致行动原则的协同下,瓯海区人民法院成功引导金融债权人,以同意采取多数决表决规则的方式变通性表决通过清理方案。遂昌县人民法院推行的"个人债务重整"中引入当地银行合作"重整贷",借助市场化机制为债务人提供"重生"的机会亦是金融协同的一个很好的范例。台江市中级人民法院在金融消费者债务清理中,与台州银行、泰隆银行、民泰银行达成《关于加强金融审判工作协同推进个人债务清理创新工作会议纪要》,联合推进金融不良债权处置亦是一个有益的探索。③

(三)破产管理机构行政职能分流

英国破产法实行司法和行政相分离,将破产程序的功能分为司法和管理两部分,前者由法院负责,后者则交给政府的职能部门来行使。特别是后者这种以行政为主导的运行机制,使政府机构在破产事务的处理中发挥重要作用。债务人的破产申请是通过政府网站向破产服务局提交审核。究其实质个人破产如同福利和社会保障一样,可以由政府机构直接处理。建立与个人破产配套可行的运行机制是十分必要的。配套机制的建立可以使主管部门累积不同的专业知识和专业经验,解决个人破产中可能发生的问题,协调包括信息流通、责任分配以及共同行动等协作活动。

在我国推行破产行政管理机构作为前置审查及后期监督的主体,可以减轻法院负担,降低个人破产的程序成本。如何构建个人破产的管理人制度,使破产审判权和破产事务管理权适度分离是个人破产制度的核心问题。学者陈

① 参见殷慧芬:《消费者破产制度研究》,上海交通大学2008年博士学位论文,第88页。

② 参见温州市中级人民法院2020年《温州法院个人债务集中清理试点工作情况》。

③ 参见罗亚妮等:《五个全国首次! 台州法院个人破产制度见成效》,载搜狐网2019年12月31日,https://www.sohu.com/a/363814474_100111842。

夏红提出,在个人破产制度设计中,可以启动破产行政管理体系改革,合理建构配套的破产行政管理机构,对个人破产进行前期审查和后期监督。① 破产行政管理机构可以担负如下核心职能:充当债务人的管理人,协调行政机构、督促债务人如实申报财产,在免责之前负责对债务人的日常监督,包括破产犯罪的侦查与起诉,相关法律咨询与援助,法律实施评估等。

破产管理人制度是破产制度中的重要制度之一,其担任财产核查,资产清理,破产财产变价、分配等职能。一个破产案件的顺利审结离不开高效的破产管理人。管理人担负对债务人的财产和债权债务等相关情况进行全面核查的责任,并制作债务人及财产情况报告,与债权人协商、沟通,从操作层面给予债务清理程序以保障。管理人清算后,向债权人会议提交财产分配方案,经审议后提请法院裁定终结破产程序。管理人工作接受债权人会议和法院的监督,管理人费用主要从破产财产中取酬。但在企业破产法实施过程中,已明显出现管理人在协调地方政府和债权人关系时的力不从心。由于配套机制不足,行政机构的协同缺位,导致有些破产案件审理多年未结。

如何构建良好的管理人制度,使破产审判权和破产事务管理权适度分离是一个重要问题。在个人债务清理程序中试点法院借鉴企业破产中的管理人制度,建立个人债务清理管理人制度,并规范管理人职责。对进入个人债务清理程序的案件依法指定管理人,该管理人可由原企业破产管理人担任,或法院从入选管理人名册中指定,或由债权人会议推选债权人代表组成。目前,温州法院利用破产审判中的府院联动机制积极推进债务清理进程。温州法院从个人债务清理过程中,发现管理人工作存在难点和痛点,如管理人薪酬少、工作量大、投入产出严重失衡、影响工作积极性、管理人队伍不稳定、工作质量难以保障。失权期间的监管难,也是管理人工作的难点之一。据此,温州市中级人民法院通过府院联动会议和温州市司法局共同探索公职管理人制度——确定由“个人担任,机构管理”的模式。由司法行政机关公共法律服务部门担任公职管理人的管理机构,承担个人债务清理中行政性事务管理的工作,履行对公

---

① 参见陈夏红:《个人破产制度要做好“两手准备”》,载人民号 2019 年 8 月 16 日,https://mp.pdnews.cn/Pc/ArtInfoApi/article?id=6515798。

职管理人的监督、管理和协调等职责。①

此次《深圳条例》借地方立法之机，设立了破产事务管理署，通过破产审判权和破产行政管理的分权，构建了破产审判权和破产管理权分工协作的破产办理机制，学者称之为真正的“深圳贡献”。② 我国可以在深圳破产事务管理署的试点上，构建法庭外的债务纾缓机制、庭外和解机制、庭内外衔接机制。③

三、高效程序对个人破产权利冲突的衡平优化

个人破产滥用问题的另一层面原因是破产程序设计存在法律漏洞，让当事人有合理规避的理由，并非仅是“道德风险”。如果个人破产程序过于复杂、冗长、低效、缺乏透明度，会导致程序被滥用。加强个人破产制度设计，提高程序推进效率，增强程序可预期性与透明度，有助于解决因制度设计导致的破产滥用问题。

（一）破产简易程序

对无产可破案件设立专门的破产简易程序有助于提高破产程序的效率，减轻债务人的负担。债务人可以通过个人破产程序免责，个人破产对债务人来说实际也是一项福利制度。如何高效解决这些人的破产问题？设计简易程序解决债务人实际无产可破的案件，一直是各国个人破产法改革的关注点。

在美国约有75%的个人破产案件在个人申请破产时，即已无产可破，这些案件称为“no-asset case”。这类案件无须进行拍卖程序，债务人可以立即直接获得债务免责，又称“立即免责”。在实际操作中，债务人必须等上一两周时间，等待法官真正签署债务免责裁定后才能执行。④ 作为大陆法系代表的德国，多年来一直在寻求对消费者破产和剩余债务免除程序进行改革，以使改革

---

① 参见温州市中级人民法院：《全国首个公职管理人制度出台！破产公职管理人机构同时亮相！》，载清算网2020年5月20日，http://www.yunqingsuan.com/news/detail/61288。

② 周丽婕：《[专访]陈夏红：个人破产的“深圳贡献”主要在破产行政机构》，载微信公众号“破产法快讯”2020年7月17日，https://mp.weixin.qq.com/s/PiqW05B9Ixdaxz IiX5Pxh_Q。

③ 参见白田甜：《个人破产立法中的争议与抉择——以〈深圳经济特区个人破产条例〉为例》，载《中国人民大学学报》2021年第5期。

④ 参见[美]小戴维·A.斯基尔：《债务的世界——美国破产法史》，赵炳昊译，中国法制出版社2010年版，第7页。

能够使剩余债务免除程序变得更加快速和经济。前已述及，德国在2005年后致力寻求对拯救无望债务人的破产案件的处置方式——“无受托人债务免除程序”，为最弱势的消费者提供了更便捷的债务减免程序。

综上，从域外国家的实践看，对破产案件进行繁简分流，设定不同的入口和机制是十分必要的，可以明显提升个人破产机制的运行效率。因此，我国可以设立无产可破案件的简易程序，即经过收入测试，通过破产立案登记审核，债权确认后，即行宣告破产，无须再选任管理人，经过一定时间后，按法定程序直接予以免责。

（二）执行程序与破产程序的转换衔接

关于执行程序与破产程序转换衔接的问题。在深圳立法中一开始并无和解程序，征询意见过程中建议专章规定“个人和解程序”，但深圳市人大常委会监察和司法委员会在一读审议时并未采纳，理由为个人债务在进入破产程序前，大部分已经经过执行程序，如在执行程序中不能达成和解，再安排庭外和解或者破产程序中的和解，多数不能产生增量效益。从个人债务清理的实践可以看出，经个人债务清理程序后如无法履行或无法和解的，主要有两类：一是执行程序中金融债权人缺乏债权核销机制，无法对个人债务免责和自由财产保留持赞同意见，由于缺乏法定程序确认，无法达成执行和解；二是没有和解的空间。

深圳市首例个人破产和解案，即由于强制执行未果，直接进入个人破产和解程序。76岁的债务人张某因为公司经营性贷款承担连带保证责任而负债，经多次执行未果，从2019年开始，张某每月要从6000多元的退休金里拿出4000元还债，生活十分困顿。张某于2021年6月7日向深圳市中级人民法院提交了和解申请，经法院指定管理人核查，确认其如实申报财产状况，免除了91.8万元的债务。张某得以恢复正常的养老生活。[①]

因此，对于第一类可以直接对接和解和重整程序，利用程序机制达成破

---

① 深圳市中级人民法院：《深圳审结全国首宗个人破产和解案　免除债务91.8万元》，载微信公众号“深圳市中级人民法院”2021年11月1日，https://mp.weixin.qq.com/s/IBOQA-XDH_W-LrWpv12jdw。

产和解或重整。对于第二类,则可以直接进入清算程序。执行过程中已发生的行为直接产生法律效力。关于债权申报、财产披露可以直接接入破产程序,无产可破案件直接适用简易程序予以终结,以免在执行程序继续浪费时间和金钱,避免债务人财务状务的继续恶化;有产可破案件继续后续流程的推进。目前,最高人民法院《关于执行案件移送破产审查若干问题的指导意见》(法发〔2017〕2 号)规定,"执转破"案件的主要适用对象是企业法人和其他组织。后续统一立法时,可以增设个人债务清理与个人破产的转换衔接程序。

(三)企业破产与个人破产融合

鉴于目前我国最紧迫的是企业家连带债务的清理问题。最高人民法院已成立课题组对企业破产与个人破产制度融合机制进行调研。目前,全国各地人民法院也纷纷摸索在企业破产中一并处理实控人债务清理,进行合并破产,并已有成功案例以供参照。

在山东省东营市中级人民法院审结的"高某夫妻个人债务清算案"。该案高某系企业实控人,妻子为企业股东,夫妻所负债务均为企业提供担保的负债,个人财产与企业财产无法有效区分,高某夫妻多起执行案件无财产可供执行。东营市中级人民法院在审理企业重整案件时指定该案的管理人为个人债务清理案件管理人。在清理债务后,结合企业破产案件和执行案件的执行情况,确认债务人诚信状况良好。债权人一致同意以现有存款和非豁免财产拍卖价款进行清偿后,免除剩余债务。该案成功审结,打破了企业担保案件中"债务人无力清偿,债权人无法受偿的"执行僵局,为企业破产后经营者巨额担保负债豁免开辟了新路径,探索出企业破产程序与个人破产程序融合衔接的有效模式。①

此外,相应的监督机制对于个人破产程序的建设也十分重要。在我国,检察机关是国家法律监督机关,它们代表国家对破产案件程序进行司法监督,是最权威也是最有效的。故我国个人破产制度中应确立检察监督原则,设立具

① 参见山东省高级人民法院《山东法院破产审判十大典型案例(2021 年)》。

体的监督程序,让检察机关,一方面,对审判权进行制衡,抑制法官可能的滥权行为;另一方面,也对破产当事人进行监督,使其行为与法律的要求相一致,对监督过程中发现的破产犯罪行为,检察机关应代表国家进行追诉。

第六章　我国个人破产权利冲突衡平的信用机制

第一节　信用机制对个人破产权利冲突衡平机制的重塑

个人破产并非孤立存在的，它会涉及个人信用体系、财产登记等制度，甚至法院破产审判制度和行政机关破产管理规则也会与它的运行有密不可分的关系。个人信用体系建设与个人破产制度有十分密切的联系，完善的个人信用体系有助于个人破产制度功能的发挥，可以在前端通过信用评价解决债务人精准画像问题，后端通过信用惩戒规制债务人"逃废债"问题，通过个人信息保护和信用恢复解决债务人社会性死亡问题。因此，可以把个人信用体系看作个人破产制度的配套制度，两者的良性衔接可以增加个人破产制度可适用性。

一、信用评价对个人破产受理的影响

（一）信用权与破产受理

完全市场机制的情况下，交易人只有在存在无限次重复博弈的情况下才会选择守信。如果博弈不是无

限次的,商业主体为了达到利益最大化会当然地选择不守信。因此,如果个人信用体系能够公布一个商业主体的诚信情况,如果某主体在博弈中总是选择不诚信,那么他的下一个博弈对手就能够知道,从而将一次性博弈变成一个不诚信者与社会的博弈,如果参与者多次选择违约,那么今后将会没有人和其交易,其就会被市场淘汰。[①] 个人信用体系让信用者的"一次性交易"变成了"重复博弈",从而双方有了共赢的利益基础。在这种情况下,以信任为基础而进行的合作关系终究会维持下去。[②] 换言之,将交易人以往的信用交易信息予以公开可以达到促使当事人遵守信用诺言,履行信用合约的目的。从博弈论角度,个人信用体系可以从信用和信息两个端口作用于个人破产权利冲突衡平机制,确保个人的"诚信"、个人破产程序的透明及对道德风险的防范;利用信用评价和信息查询解决破产受理阶段的债务人信息披露问题,确保债权人的信息对称与破产公平;利用信用恢复机制解决债务人的复权,注意个人信息保护,加强反破产歧视,为重建信任实现债务人"重生"创造条件。一个强大的个人信用体系能节约大量的破产成本,保障个人破产机制的顺利运行,实现个人破产的功能,达到个人破产的目的。

个人破产的受理本质上以个人信息的存在为前提,或者说,个人信用体系就是个人破产制度实施的重要基础和标尺。[③] 两者之间的这种逻辑关系注定了个人破产的受理离不开对个人信用的评价。

信用权,是指民事主体有权获得和维护关于其经济能力和履约意愿的公正的社会评价与相应的社会信赖,并享有和支配此种社会评价和信赖所带来的经济利益。[④] 信用权的法律性质一直存在不可调和的争议。一部分学者认为,信用权是一种人格权。[⑤] 反对者则否认信用权与人格权具有相同属性。例如,个人信用主体与人格权主体并不对等,信用权各类主体不完全享有人格

---

① 参见吴国平、马一:《征信法律制度的经济学分析》,载《广东社会科学》2011 年第 3 期。
② 陈国华:《走出信用建设"囚徒困境"》,载《浙江经济》2003 年第 8 期。
③ 参见刘冰:《论我国个人破产制度的构建》,载《中国法学》2019 年第 4 期。
④ 参见杨立新:《论信用权及其损害的民法救济》,载《法律科学》1995 年第 4 期。
⑤ 参见杨立新:《论信用权及其损害的民法救济》,载《法律科学》1995 年第 4 期。

权,而且在来源、客体价值指向、权利内容、人身依附性等方面,两者均存在差别。[①] 但无论对信用权作何种权属的认定,个人信用涉及信用主体人品、道德能力,都是参与经济和社会活动的当事人之间所建立起来的一种信任关系。破产的产生是信任的破裂和信用的损失,而个人破产同时是信任的重建过程,在这一过程中,信用权一方面受到限制,另一方面也受到保护,这取决于在价值构造与制度设计中的具体落实。

(二)信息披露的作用机制

虽然个人破产使债务人暂时得以摆脱困境,从而获得"重生"的机会,但债务人道德风险的隐患使破产难以得到应有的信任,尤其是在建构个人破产免责制度的过程中,道德风险影响了债权人与债务人之间的相互信任。要实现个人破产法律制度和个人信用体系的和谐互动,防范道德风险,需要制度上与实践上的共同努力。

对于道德风险的防范,我国有制度基础予以规制。例如,2000 年国务院颁发《个人存款账户实名制规定》,确立了个人账户实名制度。中国人民银行也在 2003 年颁布了《人民币银行结算账户管理办法》,规范了人民币银行结算账户的开立和使用,加强了银行结算账户管理,维护经济金融秩序稳定,从而促进了个人资产账户实名制的发展。在互联网金融时代,以支付宝为代表的互联网支付异军突起,在改变人们支付习惯的同时,也推动了互联网支付实名制度的落实,这有利于防范金融支付风险,确保个人资产的安全。账户实名制事实上构成了财产登记制度的重要组成部分。除财产登记制度外,我国个人信用体系也是防范债务人道德风险的基础性体系。成熟的个人信用制度体系应包括个人信用登记、评估、风险预警及转嫁、管理等诸多方面。

个人信用登记制度是个人信用体系的前提。先解决了信用的登记工作,才有信息后续管理的可能,个人信用登记制度是整个个人信用体系建立的基础。要实行登记,首先面临的第一个问题是征信数据的开放,但征信数据是否开放,开放的范围和开放的程度都难以达成意见的统一。20 世纪 90 年代中期

---

① 参见李晓安:《论信用的法权性质与权利归属》,载《法学论坛》2020 年第 2 期。

以来,从信息获取的角度来看,中国的信贷管理者已经能够初步获得比较完整的企业信用数据,形成质量可以接受的中国信用调查报告。在个人信息方面,国务院建立了个人信息数据库,以应对个人信用状况,方便个人信用信息的保存和利用。但个人信息数据库的发展目前还在起步阶段。

二、信用修复对债务人"重生"的意义

过往研究在个人破产制度对债务人"重生"方面给予了充分的关注。例如,个人破产程序从单纯的清算分配程序发展为再建型破产和清算型破产共存并逐步侧重再建程序,实现了人性关怀和法律人本主义的契合。①

笔者认为,破产制度致力在债权人与债务人之间建构衡平机制,不仅要充分保护债权人的利益,对于债务人在破产制度的地位也不宜一味贬低。对"重生"价值的高度宣扬会掩盖对破产本身其他消极作用的思考,因此需要一种合理机制来规范和指导"重生"价值的实现,尽量给予债务人以经济"重生"的机会,在实现"重生"的同时对债权人的利益也必须给予重视。

将个人信用体系应用于债务人"重生"机制是这方面的努力和尝试。债务人"重生"的关键是要重构信任,在信用已经受损的情况下,如何恢复自己在社会,尤其是与债权人之间的信任关系并非一个简单的问题。个人破产无论是基于什么原因,是破产欺诈、虚构债务等主观恶意驱使,还是客观原因的资不抵债,无论是否偿还债务,都会对债务人的信用造成负面影响。基于人性关怀和法律人本主义给予债务人重获新生的机会会弱化了对债务人本身应该得到的惩罚,忽视债权人的需求。因此,债务人信用恢复的过程不能脱离监督,否则将为债务人彻底逃脱履行还债义务创造机会。

但个人信用体系对破产过度介入也会引发一系列的负面影响和消极作用。如2019年日本备受关注的"破产地图"事件,②在日本出现一张谷歌地图,

---

① 参见刘静:《试论当代个人破产程序的结构性变迁》,载《西南民族大学学报(人文社会科学版)》2011年第4期。

② Naoki Kondo:《从信息泄露到社会性死亡:"破产地图"上的债务人隐私如何保护?》,载微信公众号"个人破产法研讨"2022年1月19日,https://mp.weixin.qq.com/s/EIuS-eBYWLgFCi7lCLdNgA。

通过编程显示的日本地图,上面绘制了许多标记。如果人们浏览该地图,就会立即发现每个标记代表申请破产的债务人的地址。如果点击一个标记,与之相关的债务人的名字和地址就会弹出。如此,浏览者就可以很轻松地发现破产债务人所处的位置以及身边是否存在破产债务人。但是,这样的行为明显侵犯了债务人的个人隐私权,扰乱了个人生活,并且会在一定程度造成对个人的伤害。

2020 年 7 月,日本律师协会联合会发表意见书警告称此类破产信息的不当传播将侵犯个人隐私权,而且肯定会对个人造成损害,因为他们将因申请破产的记录而在社会生活中面临事实上的不利。日本律师协会联合会敦促政府做出回应并采取有效措施,防止破产信息传播。随后,个人信息保护委员会(Personal Information Protection Commission,PIPC)要求“破产地图”管理者关闭其网站,并停止侵权行为。

破产信息的过度公开不利于社会秩序的稳定,意味着个人在种种方面受到严格的限制,即这直接导致了个人社会信用评价尤其是道德评价的下降。负面的个人信用信息一旦不受管制地披露,将使债务人面临信用评价无法恢复的风险,增加了债务人偿还债务的难度。因此,破产信息的过度公开给破产债务人带来的诸多不便引起了强烈的反对和不满。

笔者认为,应该在严密的监督下进行个人破产,同时利用信用工具及时管理破产过程。这有利于债务人恢复偿债能力,走出“债务泥潭”,从绝境中解脱获得“重生”的机会,也有效地保护了债权人的权益。基本逻辑即让债务人以对实质债务的负担退出破产程序,通过重新参与社会经济活动、创造社会财富重构信任。

《深圳条例》第 1 条对立法目的开宗明义:为了规范个人破产程序,合理调整债务人、债权人以及其他利害关系人的权利义务关系,促进诚信债务人经济再生,完善社会主义市场经济体制。其中,获得再生机会的是“诚信债务人”,也就是说,“诚实信用”是债务人获得个人破产制度保护的前提条件,非诚信的债务人不具备申请个人破产的资格,这也是《深圳条例》贯穿始终的基本原则。

为了配套该条例落地执行,深圳市破产事务管理署会同深圳市中级人民法院、深圳市市场监管局印发了《关于建立破产信息共享与状态公示机制的实施意见》(以下简称《实施意见》),致力建立一个个人破产与社会信用联动机制。这个机制力图实现破产信息多渠道归集、多平台联动公开,及时更新公示企业和个人破产状态。最终目的是要完善信用体系建设,从而促进公平竞争。其中,破产信息和债务人信用信息会在一定程度上进行公开和共享,尤其是债务人的信用承诺会进行公示,接受社会监督,其履约践诺的情况也会被跟踪和记录。

在信用修复与权益保护方面,债务人在通过考察期、达成和解等前提条件下,将予以信用恢复。而针对因转移财产、破产欺诈、虚构债务等严重妨害破产程序的失信行为,即便在受到人民法院处罚或者免责裁定被依法撤销的,相关信息也会在决定作出之日起公示3年。

同时,我们不能忽视失信信息对于债务人"重生"带来的不利影响。历经破产程序的自然人,在恢复偿还债务执行能力,履行债务义务后,成为新生主体,这个时候就应该对该债务人既往的不良公共信息、不良贷款信息、债务催收记录等予以关闭。隐私权的保护客体应包括个人破产信息。雇主为招募员工向征信机构索取应聘者的信用报告时,破产信息应被排除在基本信息之外,除非雇主能够合理证明破产信息与职位性质及履职具有关联性,避免破产后的歧视效应持续存在。

从个人破产的制度设计和流程管理,可以看出个人破产与社会信用联动机制充分调动了债权人、社会公众等各方面力量,加强了破产全流程的监督力度。债务人个人破产信息的公开,督促其自觉加强诚信自律,及时履行法定义务,从而恢复信用,保护个人破产信用可修复的权益,减少生活上的限制和歧视。因此,就构建个人破产权利冲突衡平机制而言,个人信用信息全面渗透个人破产制度,发挥信用评价在个人破产处理中的作用,对债务人走向"重生"提供了可能性,对维系社会整体秩序价值同样具有重要意义。

三、失信惩戒对"逃废债"的规制

无论是企业主体还是自然人主体,破产都会带来一系列的社会难题,增加社会的负担与成本。而信用体系的健全有利于促进个人破产制度的完善，对于破产债务人，个人信用体系不仅可以有针对性地降低诚信债务人负债后的成本，而且对于整个社会效益和社会秩序都有积极和正面的作用。

例如，无论是对于现阶段存在的大量的失信执行人，还是法院积压的执行案件，社会都将为之负担巨额的救济成本。债权人申请对债务人纳入“失信被执行人”名单，在征信系统予以记录。债务人随之面临限制出入境、限制高消费等措施，对于个人就业、贷款、乘坐高铁和飞机都有一定的限制，甚至影响了子女的读书与就业。大量执行案件无法解决的，债权人的权益得不到实质保护，整个社会都为此而支付巨大的成本。

个人信用体系的构建会使个人破产制度的落地执行更加实际和合理。我们可以通过信用这一介质作为尺度，度量破产对象。这其实是以信用来给债务人设置可以预见的破产成本。对于诚信的债务人，允许其实现个人破产，他们可以避免进入“失信被执行人”名单，减少了社会上的歧视以及生活上的麻烦，也不必无止境地面对债权人的追偿。①

第二节 我国个人破产信用分级惩戒机制的重建

一、个人信用惩戒标准的公平性

失信惩戒机制是使用法律、经济等手段，通过对主体失信行为的记录、发布及应用，奖励诚信、抑制失信。该机制会对失信人的权利进行限制，因此对于失信的范围和惩戒方式都应制定较细致的法律制度。而目前我国的信用体系建设表现出过度关注失信惩戒机制而忽视个人信用信息权益保护的特点。②同时，行政机关的处分权缺乏约束，容易造成行政权力的滥用。如果被处罚人受到错误处罚或过度处罚，法律没有给予其适当的权利和救济渠道，这违反了基本的程序正义。在给予自然人权利受限之前，或者说承担不利结果之前，应

---

① 参见刘冰：《论我国个人破产制度的构建》，载《中国法学》2019年第4期。

② 参见李艺：《个人信用信息何以应由宪法保护？——一个制度论证的进路》，载《法大研究生》2021年第2辑。

当赋予其陈述申辩的机会以及相应的救济渠道是大势所趋。

当前,我国对于个人信用惩戒机制缺乏分级干预的设置和实践。2013 年最高人民法院出台的《关于公布失信被执行人名单信息的若干规定》中,明确了被执行人被纳入失信被执行人名单的标准为:有能力履行而拒绝履行生效法律文书确定义务的被执行人。但在司法实践中,一些无履行能力的债务人如不及时报告财产,也会被人民法院列入失信被执行人名单。

惩戒标准看起来具有唯一性,实际留下了大量的裁量空间。因为每个被执行的人情况不同,客观上破产原因、情况、程度不同,主观上履行能力和社会地位等条件也不同,如果不考虑后果影响,无差别地予以惩戒,就落入了“为惩戒而惩戒”的陷阱之中,从而违背公平原则,起到适得其反的效果。诚实而不幸的破产者中,尤其要考虑对其进行严格惩戒的意义。因此,个人信用分级惩戒机制的确立至关重要,也迫在眉睫,考虑依据被执行人失信的程度选择惩戒的方式方法,尽可能做到罚责相当,而不是无差别地“一刀切”对待。

二、个人信用分级惩戒的必要性

一般个人破产制度中的信用奖惩机制有以下两个方面:守信激励和失信惩戒措施。前者是对社会的一般教育,即通过对守法者加以褒扬和激励,在全社会形成尊重诚信的风尚;后者是针对失信者处以贬斥和惩戒,降低其社会信用评价甚至是整体评价,限制其发展的机会和空间,使失信者陷入道德风险之中,以此来督促其积极履行债务。

守信激励和失信惩戒措施是一个问题的两个方面,构成了我国个人信用奖惩机制的两大支柱。守信激励是对个人为或者不为一定行为给予法律上的支持,但实际上这一措施充满了浓厚的伦理主义和道德色彩。守信激励的具体举措,如公开宣称报道、给予行政审批绿色通道、优先提供公共服务便利等。这使守信者在工作生活中既获得较高的道德荣誉感,又有利于为其实质发展和进步提供更多的机会和空间。

相反,失信惩戒措施去掉对“失信”的惩戒,对失信者的惩处依旧发挥其道德色彩的力量。之所以惩戒失信者并不是简单地因为法律上的规定,而是行为人的过错导致对债务的不履行或其他的违约行为,因而即便行为人事后没有逃避的故意,依旧要对其进行训诫、限制和防备。失信惩戒包括提醒告诫、重点监督、声誉不利和资格限制或者剥夺以及自由限制等。① 通过失信惩戒,让失信者在市场中"寸步难行",从而使其为失信行为付出相应代价。

而将分级惩戒机制作用于个人破产中,可以起到塑造诚实守信的破产者的作用。凡是个人破产制度较完备的国家或地区,它们的社会信用监督与奖惩体系都已经相对完备。② 守信激励和失信惩戒的作用贯穿个人破产案件受理申请前、办理破产案件中等各环节。

《深圳条例》第 14 条第 1 款对不具备条件的破产申请如何处理就作出了明确规定,即在审查破产申请时发现债务人存在特定的不具有"诚实而不幸"的条件时,法院应当裁定不予受理破产申请,同时对于已经受理但是尚未宣告破产情形的则应当裁定驳回申请。但是由于法院办理个人破产案件系行使审判权以处理民商事纠纷的司法职能的重要体现,这与行政机关享有的行政职能相分离,使法院无法掌握行政机关在行政管理活动中所获取的某些特定信息。而为了保证个人破产制度的有效运转,此类信息必不可少。这就是个人破产制度中需引入信用机制的重要原因——向法院共享行政管理活动中掌握的有关债务人的信用信息,可以判断债务人是否存在特定失信行为。换言之,在个人破产受理阶段,守信激励可以通过鉴别的方式来降低诚实而不幸的破产者进入破产程序的门槛。与之对应的失信惩戒措施则可鉴别出恶意"逃废债"或者实施破产欺诈的债务人,阻止他们进入破产程序。

而在办理个人破产案件中,守信激励和失信惩戒措施可以监督个人破产的实施。债务人在经过一系列审查后,可能得到部分债务的豁免,但需要以未来一定时间内可预期的收入来偿还其他债务。③ 当债务人按要求定时、足额偿还时,则可以申请记录良好信用信息,同时由法院裁定免除其未清偿的债务,以达到守信激励的效果;反之,则会被记录不良信用信息,同时法院可以剥夺

① 参见沈岿:《社会信用体系建设的法治之道》,载《中国法学》2019 年第 5 期。
② 参见杨显滨、陈风润:《个人破产制度的中国式建构》,载《南京社会科学》2017 年第 4 期。
③ 参见赵吟:《个人破产准入规制的中国路径》,载《政治与法律》2020 年第 6 期。

对债务人财产的豁免,对其进行失信惩戒。

三、个人信用分级惩戒机制的构建

在2013年《黑龙江省企业失信行为联合惩戒实施办法(暂行)》中,将企业的失信行为区分为一般失信、较重失信和严重失信3个等级。不同失信等级的行为将受到不同程度的惩处。我们可以区分轻度失信、重度失信、严重失信,或者通过对个人信用进行量化并赋予分值,并将不同分值段划分为A、B、C、D几个等级。主要针对债务人主观方面、认错态度、造成后果、社会危害等进行区分对待,涉及债务人个人信用的个人品行、能力、资本、条件和抵押品诸多方面,并由此采取不同力度的惩戒措施。

进言之,就是在分析债务人个人信用情况时从几个方面进行考虑:一是债务人的收入情况评估。收入情况及来源,包括预期收益应当成为分析的基础,也是决定信用等级最为关键的因素。二是债务人的支出情况分析。支出情况可以反映债务人个人偿还债务的难度,并影响其收入的变现,因此也是信用评级的关键,在分析过程中,应当赋予更多的分值比例。三是担保品的类型。考察债务人本人有无作为保证人或者其名下资产有无设定担保物权的情况,如财产担保,则考虑担保的类型、数额等。四是是否参与了有关的保险,如是则有利于债务人债务的偿还。五是个人的道德。个人的道德是一个相对抽象、较主观的因素,在评价个人道德时,要多方面、多渠道进行考察,并得出综合的结论。

在这方面,人格调查制度是近年来兴起的产物。人格调查制度原先是一项世界通行的刑事司法政策,是完善刑事诉讼与保障人权的重要举措,具有积极的作用与功能。新近以来,随着司法运行的逐步完善,人格调查制度也开始被广泛运用,成为促进司法公正的主题。后来该制度的适用范围逐步扩大,而不局限于司法领域。

"人格"一词的词源是拉丁文"*persona*",原意是假面具,常运用于心理学学科。部分学者认为,人格是在生物基础上受社会生活条件制约而形成的独特而稳定的具有调控能力、倾向性和动力性的各种心理特征的综合系统。[①] 也有其他学者认为,人格是个体在行为上的内部倾向,表现为个体适应环境时在能力、情绪等各方面的整合,是个体在社会化过程中的给人以特色的根源。[②] 但无论如何定义这一术语,人格外化表现出来的都是一定社会条件背景下个体所为的行为,这种行为的本质是受内部心理系统所驱动的。从这个意义上讲,人格是里,行为是表。我们从人格调查大致可以推断债务人成功偿还债务的可能性。然而目前,调查的科学性遭到质疑,因为这容易导致对"道德调查"的负面联想,如果调查内容放宽,进行全面调查,则缺乏对债务人人格的重点关注、科学调查与深度把握,由此导致调查内容空泛无物。如果只是集中于某一方面,又不足以作出道德认定。如何保证人格调查制度的科学性与适度性需要进一步探索。

第三节 我国个人破产个人信用信息保护机制的重构

一、个人信用信息采集和个人信息利用的限度

个人信用信息是建立个人信用体系的基础,确保个人信用信息安全是个人信用体系运行的基本要求。随着个人信用信息的收集和利用越来越频繁,非法收集和信息滥用也越来越多,个人信用信息保护的监管也越来越重要。

2021 年 8 月 20 日,我国《个人信息保护法》表决通过,明确了国家机关处理个人信息的基本要求,并在第 6 条确立了处理个人信息的"最小化"原则,即信息处理应"采取对个人权益影响最小"的方式,信息收集应限于实现处理目的的最小范围。这意味着,个人信用体系建设中的信息利用需遵循个人保护的逻辑,以个人权益保护为重心。

有学者指出,对比法人,自然人在存在破产风险时,对于隐匿、转移财产与

① 杨丽珠:《中国儿童青少年人格发展与培养研究三十年》,载《心理发展与教育》2015 年第 1 期。

② 参见黄希庭:《人格心理学》,浙江教育出版社 2002 年版,第 8 页。

虚构债务的能力与意愿会更强。① 目前我国的不动产登记、存款及贷款登记、车辆登记、股权登记等诸多个人财产登记与申报措施正向精细化方向发展。

我国个人信用体系建设起步较晚，并随着市场经济的发展而逐步推进。萌芽阶段开始于20世纪90年代，信用卡在沿海城市的兴起让我国个人信用评估有了客观的需求。1999年，上海资信公司建立了中国的第一个个人信用征信系统——上海个人信用联合征信系统，采集了68万名信贷用户和118万名信用卡用户的个人贷款以及透支信息，为银行提供向个人发放贷款的依据，100多万名市民成为首批拥有个人信用记录的中国人。

2001年颁布的“十五”计划里，我国首次把信用体系建设明确写入五年计划。此后，国家开始在上海、深圳等城市推行个人征信试点。同年年底，《深圳市个人信用征信及信用评级管理办法》正式颁布，这是国内第一个以政府令形式发布的个人信用规章。两年后，上海市政府通过《上海市个人信用征信管理试行办法》。国务院也在2007年颁布《关于社会信用体系建设的若干意见》（已失效）。行业方面也建立了自己的信用信息系统，但这时的行业信用系统在管理上缺乏系统的规划及共享机制。

2013年，《征信业管理条例》正式实施，作为我国首部征信行政法规对征信活动进行规范。为进一步完善信用体系建设，国务院随后发布了《社会信用体系建设规划纲要（2014—2020年）》《关于建立完善守信联合激励和失信联合惩戒制度 加快推进社会诚信建设的指导意见》，对信用体系发展和修复机制建设进行长期规范。但从我国目前社会信用立法的现状来看，国家层面的统一的社会信用法律并没有出台，只在地方展开了一系列社会信用立法的尝试——湖北、上海、河北、浙江等地先后出台了与社会信用相关的地方性法规。②

目前，中国人民银行征信中心运行已10余年，仍存在诸多不足。从实际情

① 参见文秀峰：《个人破产法律制度研究》，中国政法大学2004年博士学位论文，第13页。

② 2017年3月湖北省出台了《湖北省社会信用信息管理条例》，2017年6月上海市出台了《上海市社会信用条例》，2017年9月河北省出台了《河北省社会信用信息条例》，2017年9月浙江省出台了《浙江省公共信用信息管理条例》。

况来看,我国现有信用系统在敦促个人债务人履行债务方面并未发挥其应然作用。[①] 总体来说,我国个人信用体系建设虽然取得了一些进展,但仍面临诸多问题,与法治化、系统化、规范化的目标还相距甚远,目前尚无法很好地支撑个人破产制度的运行。

2021 年 8 月 18 日,深圳市中级人民法院会同深圳市市场监督管理局、深圳市破产事务管理署联合印发《实施意见》,企业和个人的破产信息将全流程、多角度、多渠道向社会公开。根据《实施意见》,深圳市中级人民法院、市场监督管理局与破产事务管理署就破产案件信息、办理破产信息、债务人信用信息形成"三向互动"的共享机制。破产的信息只需经其中一方登记,便可以多平台联动,做到精确、高效、实时公开破产信息和破产状态。

个人信息保护应同时被关注。从个人权益角度出发,人格权益是个人权益的核心内容,基于个人信息所具有的"可识别性"特征,个人信息中必然包含个人的人格权益,所以"个人信息的收集、处理或利用直接关系个人信息主体的人格尊严"。[②] 在信用评价中采用的"量化"评分方式,将会在一定程度上触及人格尊严,造成人格权益减损,具有将人"标签化"的嫌疑。[③]

在司法救济方面,个人信用信息主体也处于弱势地位。在个人信用信息侵权案件中,与信用信息提供者和信用调查机构相比,个人在收集证据、证明行为和损害结果的因果责任方面存在很大困难。因此,公民难以提起个人信用信息侵权诉讼、获得胜诉判决,司法维权之路充满困难。

二、个人信用信息收集模式的监管

域外国家或地区个人信用制度与个人破产制度息息相关,核心在于其有

---

① 现阶段,自动履行法律义务的失信被执行人占失信被执行人名单总人数的比例尚不足三成。参见周强:《最高人民法院关于研究处理对解决执行难工作情况报告审议意见的报告》,载《中华人民共和国全国人民代表大会常务委员会公报》2019 年第 3 期。

② 参见齐爱民:《论个人信息的法律属性与构成要素》,载《情报理论与实践》2009 年第 10 期。

③ 参见孟融:《国家治理体系下社会信用体系建设的内在逻辑基调》,载《法制与社会发展》2020 年第 4 期。

限免责制度和债务清偿计划制度。[①] 目前，个人信用体系建立主要有3种模式：第一种是完全由政府或中央建立一个数据库，形成一个垄断性质的数据中心。由政府或中央银行统管组织个人信用的供求，这种模式在德国、法国、意大利等国运用。该模式有利于个人信用信息的高效集中，但相应地，政府需要较大的财政开支。第二种是以美国为代表，完全由市场操作，即由资信公司通过市场经济的运作机制引导个人信用供求，建立并运营个人信用体系，体现为以商业性个人信用机构组建的信用局制度。该模式效率高，但相应地，对于市场环境要求极高，需要完善的法律体系及社会保障体系支持。第三种是特许经营模式，个人信用机构由会员单位组成，会员单位向机构提供其所掌握的个人信用信息，同时他们可以享受其他会员提供的由机构掌握的信息，这种模式以日本为代表，体现为银行协会建立的个人信用信息中心制度。[②] 该模式信息较分散且覆盖面较低，难以保证个人信用体系在全社会范围内的普及。

从信息采集的角度比较上述3种模式，第一种模式的信用信息来源较狭窄，各商业银行提供信息是一种强制行为，而对于贷款信息并无汇报起点，是一种更重视个人隐私的信息收集方式。第二种模式中的信息采集更全面，不仅收集负面信用信息，也收集正面信息，来源除银行及相关金融机构外，还来自信贷协会和其他各类财务公司、租赁公司、商业零售机构等。而第三种模式的信息采集和来源都来自会员单位，信息也仅在会员单位中共享，信息保密度较高。

从信息使用的角度比较上述3种模式，第一种模式中规定数据征集人有义务免费向数据主体提供其本人的信息，并要求只有在数据主体同意的前提下才能使用信息。第二种模式中在具有正当理由的情况下可以不经数据主体的许可使用数据。第三种模式用法律限定信用行为对象的范围，包括征信机构和授信机构。对于3种模式的监管也不尽相同。第一种模式的监管部门为中央银行，既是监管者又是运营者。第二种模式的信用监管体系以完善的法律法规体系为基础，主要有政府监管和行业监管。政府作为信用市场秩序的监

---

① 参见孙颖：《论我国个人破产法律制度的构建》，载《现代法学》2006年第3期。

② 参见何建奎、岳慧霞：《中国个人信用体系模式选择》，载《消费经济》2004年第3期。

管者,是不参与信用活动的。在第三种模式中,政府只是制定法律和监督法律的执行,信用信息的征集和使用主要依靠行业协会的自律约束。

信用立法对信用行业的发展有着深远影响,在协调个人权利保护和信用业发展的矛盾上,立法的不同倾向会造成重大差别。对于个人隐私保护的过度重视会增加信用机构的运行成本。因此,我国建立个人信用体系必须平衡好个人隐私保护与信用发展间的矛盾。在信用法律体系建立的起步阶段,依靠政府主导是必经之路,这能够使信用体系在最短的时间走向正轨。可以通过事前、事中、事后的强有力监督,充分实现信用体系的外部约束机制,形成动态监督机制,保护信用信息权。此外,利用行政手段及时对征信机构和征信用户的违法行为作出处罚决定,可以督促征信机构和征信用户在法律框架内开展征信活动。

三、个人信息保护机制的重建

除实现对个人信用分级惩戒机制的构建外,配套设置足够的约束机制来确保制度得以遵守也是必不可缺的。债务人要进入破产程序就会先经过一系列的审查,之后其债务才有部分或全部被免的可能。在进入破产程序后,也会对未来可预期的收入进行重点考量,并且将未来可预计的收入如何运用于债务偿还进行记载。当可预期的收入得以实现时,债务人依照按时且足额偿还相应债务,就可以向破产事务管理部门申请记录其良好信用信息,同时由法院来裁定免除其未清偿的债务,以对债务人的守信行为进行激励。当然,若债务人没有按时、足额地偿还相应债务,甚至恶意逃避履行在重整程序中确定的义务,则将由破产事务管理部门记录其不良信用信息,同时法院亦可以剥夺对债务人财产的豁免,并追究债务人的民事或刑事责任,以对债务人的失信行为予以惩戒。

在个人破产的推进中,应该加强和完善群众监督和舆论监督机制,并且要完善政务诚信约束和问责机制。各级人民政府要自觉接受本级人大的法律监督和政协的民主监督。只有充分发挥政府职能部门的监管作用,才能构成对个人信用体系强有力的良性约束。

结语　衡平:系统思维的艺术

作为个人债务概括性清理的一项制度,个人破产中的各方当事人在进入破产之前本身就存在不同程度的冲突,但在破产情形下由于利益争夺更加剧了他们之间的权利冲突,这就决定了个人破产法从一开始就需要衡平各方利益,最大限度地消弭各方冲突。对于个人来说,每个人既是社会关系的交会点,也是不同权利集合于一体情形下的权利集合体。这就导致在冲突情形下,个人会同时涉及不同的权利之间的冲突。因此,我们可以观察到,在个人破产法适用的场景中,当债权债务的财务处理问题衍生到人身上之后,权利冲突问题就不仅是不同人之间的同一权利冲突,也包括不同人之间的不同权利冲突,甚至是同一主体上不同权利之间的冲突问题。因此,制度设计首先是有广泛的问题面向,其次是有复杂的衡平规则,并且这个衡平规则必须是动态的,而非确定性的法律规则可以解决。

由此产生的问题是,究竟在哪一些领域体现价值冲突?不同层面之间的价值冲突又该如何对待?这也决定了个人破产的权利冲突解决方案不仅是技术问题,更在于法律选择问题。由于多元价值收益,决定了个人破产制度在解决权利冲突时必须用多元价值理论来解构冲突并系统性地构建冲突规则，在动态价值观的指引下，按照生存权优先、人身权优先、社会公共利益优先原则进行设计。

从生产要素理论入手，劳动的价值创造是社会发展的原动力。人作为创造价值的要素组合中最重要的生产要素，从市场的角度有劳动力价值创造和成本投入的判定问题。当我们关注这个问题时，个人破产免责与个人重整就需要遵循经济学的原理，人的教育、职业和发展就更具正当性，个人债务人与债权人相互依存关系的维护就更具价值。从劳动力生产与再生产的角度出发，免责制度显示出其毋庸置疑的正当性；自由财产制度对债务人的保护则有更广的面向，即超越生存权之上对发展权的关注；失权、复权制度的适度性则应给予更人文的关怀。同时，从劳动力生产要素与其他生产要素之间的关系也让我们进一步思考个人破产和企业破产的关系。我们应该从个人破产的劳动力要素价值估值机制入手，对"收入测试"在更延展的理论空间和更详尽周全的解决方案中进行探索；同时，对个人重整的劳动力要素价值评估与企业重整的运营价值评估的理论支撑、相关性及差异进一步论证。

个人破产与商业破产的国际视角不同。在现有的国际框架下，基于非常强烈的民族国家立法特点。不同背景下的个人破产制度的选择并不相同，在我国广泛的个人债务扩张情况下，对个人破产权利冲突的研究具有特殊意义。或者说，中国选择了债务扩张模式的经济发展方式，制度的供给就不仅仅是就事论事的个人破产制度设计问题。我们应当注意到破产解决不了绝对贫困问题，如同我国现在的重点在于解决商主体的个人破产问题，而有关消费破产等问题并没有得到更多的关注。由于两者在社会经济活动中扮演的角色不一样，债务形成原因不一样，在债务清理程序设计和免责对待上应给予不同的考量。贾某案件的价值在于其是生产要素组合拆解及重组的成功案例，对激发企业家创新、创业具有积极的意义，但由于缺乏劳动力要素价值估值以及个人跨境破产国际保护的协同，破产公平与破产保护之间的合理性令人深度质疑。

个人破产的权利冲突衡平机制离不了配套机制的建设，对于破产管理人制度、金融协同机制，以及个人信用体系如何从信用和信息两个端口进一步推进个人失信分级惩戒制度和个人信用信息保护制度的建立，对个人破产制度的顺利实施具有重大意义。

本书致力从经济学、社会学和法学的角度对个人破产的权利冲突与衡平的运行机理进行系统性论证，囿于时间、精力及学识有限，在宏观上难免不够周全，在微观上缺乏更精细的论证始终是一大遗憾，仅在此抛砖引玉，期望对个人破产制度的研究有所裨益。根据迈克尔·波特的“钻石理论”，国家竞争力和国家繁荣并不是一个零和游戏，如果一国选择了有利于生产率增长的政策、法律和制度，国民能力得以提升，商业运行更有效率，则它就选择了繁荣。① 期待未来，以生产要素理论为视角，个人破产作为劳动力要素恢复的机制在设计上应有的特殊性，以确保各要素组合的有机运行，为我国创造良好的营商环境提供制度性支持。

① ［美］迈克尔·波特：《国家竞争优势》，李明轩、邱如美译，华夏出版社2002年版，第2页。

参考文献

一、著作及译著类

(一)著作

1. 李永军:《破产法律制度》,中国法制出版社2000年版。

2. 徐阳光:《英国个人破产与债务清理制度》,法律出版社2020年版。

3. 许德风:《破产法论:解释与功能比较的视角》,北京大学出版社2015年版。

4. 胡玲:《债务人生存权益视角下我国个人破产立法研究》,中国法制出版社2014年版。

5. 邹海林:《破产法——程序理念与制度结构解析》,中国社会科学出版社2016年版。

6. 刘静:《个人破产制度研究——以中国的制度构建为中心》,中国检察出版社2010年版。

7. 卜璐:《消费者破产法律制度比较研究》,武汉大学出版社2013年版。

8. 邹海林、周泽新:《破产法学的新发展》,中国社会科学出版社2013年版。

9. 潘琪:《美国破产法》,法律出版社1999年版。

10. 陈瑞华:《论法学研究方法》,北京大学出版社

2009 年版。

11. 杨立新:《人身权法论》,人民法院出版社 2002 年版。

12. 张维迎:《经济学原理》,西北大学出版社 2015 年版。

13. 张平华:《私法视野里的权利冲突导论》,科学出版社 2008 年版。

14. 杨忠孝:《破产法上的利益平衡问题研究》,北京大学出版社 2008 年版。

15. 周枏:《罗马法原论》,商务印书馆 1994 年版。

16. 陈荣宗:《破产法》,台北,三民书局 1987 年版。

17. 钱国成:《破产法要义》,台北,三民书局 1991 年版。

18. 张艳丽:《破产欺诈法律规制研究》,北京大学出版社 2008 年版。

19. 汤维建:《破产程序与破产立法研究》,人民法院出版社 2001 年版。

20. 许士宦:《债务清理法之基本构造》,台北,2008 年自版发行。

21. 黄希庭:《人格心理学》,浙江教育出版社 2002 年版。

(二)译著

1. [日]石川明:《日本破产法》,何勤华等译,中国法制出版社 2000 年版。

2. [美]莱因哈德·波克:《德国破产法导论》,王艳柯译,北京大学出版社 2014 年版。

3. [美]查尔斯·J. 泰步:《美国破产法新论》,韩长印等译,中国政法大学出版社 2017 年版。

4. [日]山本和彦:《日本倒产处理法入门》,金春等译,法律出版社 2016 年版。

5. [英]费奥娜·托米:《英国公司和个人破产法》,汤维建等译,北京大学出版社 2010 年版。

6. [美]小戴维·A. 斯基尔:《债务的世界:美国破产法史》,赵炳昊译,中国法制出版社 2010 年版。

7. [德]乌尔里希·福尔斯特:《德国破产法》,张宇晖译,中国法制出版社 2020 年版。

8. [德]马克思:《资本论》,郭大力等译,上海三联书店 2009 年版。

9. [英]马歇尔:《经济学原理》(上),商务印书馆 1981 年版。

10. [美]大卫·G. 爱泼斯坦:《美国破产法》,韩长印等译,中国政法大学出版社 2003 年版。

11. [德]瓦尔特·施瓦德勒:《论人的尊严——人格的本源与生命的文化》,贺念译,人民出版社 2017 年版。

12. [奥]欧根·埃利希:《法社会学原理》,舒国滢译,中国大百科全书出版社 2009 年版。

13. [美]庞德:《通过法律的社会控制/法律的任务》,沈宗灵等译,商务印书馆 1984 年版。

14. [瑞典]汤姆·R. 伯恩斯:《结构主义的视野:经济与社会的变迁》,周长城等译,社会科学文献出版社 2000 年版。

15. [美]曼昆:《经济学原理》,梁小民译,三联书店、北京大学出版社 1999 年版。

16. [美]理查德·A. 波斯纳:《法律的经济分析》,蒋兆康译,中国大百科全书出版社 1997 年版。

17. [美]迈克尔·波特:《国家竞争优势》,李明轩等译,华夏出版社 2002 版。

18. [美]约瑟夫·熊彼特:《经济发展论——对于利润·资本·利息和经济周期的考察》,何畏、易家详等译,商务印书馆 1991 年版。

19. [印]阿马蒂亚·森:《以自由看待发展》,任赜等译,中国人民大学出版社 2002 年版。

20. [英]伊恩·拉姆齐:《21 世纪个人破产法——美国和欧洲比较研究》,刘静译,法律出版社 2021 年版。

21.《德国支付不能法》,杜景林、卢谌译,法律出版社 2002 年版。

22. [美]斯蒂文·J. 伯顿主编:《法律的道路及其影响——小奥利费·温德尔·霍姆斯的遗产》,张芝梅等译,北京大学出版社 2012 版。

23. [法]孟德斯鸠:《论法的精神》(下册),张雁深译,商务印书馆 1961 年版。

24. 自然人破产处理工作小组:《世界银行自然人破产问题处理报告》,殷慧芬等译,中国政法大学出版社 2016 年版。

二、编著类

1. 李步云主编:《法理学》,经济科学出版社 2000 年版。

2. 沈宗灵主编:《法理学》,高等教育出版社 2009 年版。

3. 董安生等编译:《英国商法》,法律出版社 1991 年版。

4. 谢邦宇主编:《破产法通论》,湖南大学出版社 1987 年版。

三、期刊类

1. 李曙光:《破产法的宪法性及市场经济价值》,载《北京大学学报(哲学社会科学版)》2019 年第 1 期。

2. 刘冰:《论我国个人破产制度的构建》,载《中国法学》2019 年第 4 期。

3. 汤维健:《〈个人破产法〉的立法研究》,载《山东警察学院学报》2010 年第 5 期。

4. 阎天:《破产法上劳动者形象的变迁及其宪法根源》,载《中国法律评论》2020 年第 6 期。

5. 王欣新:《用市场经济的理念评价和指引个人破产法立法》,载《法律适用》2019 年第 11 期。

6. 齐砺杰:《个人破产的金融维度》,载《中国政法大学学报》2019 年第 4 期。

7. 蔡嘉炜:《个人破产立法与民营企业发展:价值与限度》,载《中国政法大学学报》2019 年第 4 期。

8. 易有禄、万文博:《个人破产的法经济学分析》,载《江西财经大学学报》2019 年第 5 期。

9. 丁燕:《现代人个破产法的基础、价值与选择》,载《上海政法学院学报》2021 年第 4 期。

10. 许德风:《论个人破产免责制度》,载《中外法学》2011 年第 4 期。

11. 倪寿明:《积极推动建立个人破产制度》,载《人民司法》2018 年第 31 期。

12. 李宏伟:《我国构建个人破产制度的现实困境与法治对策》,载《中州学刊》2019 年第 11 期。

13. 张阳:《个人破产何以可能:溯源、证立与展望》,载《税务与经济》2019 年第 4 期。

14. 杨显滨、陈风润:《个人破产制度的中国式建构》,载《南京社会科学》2017 年第 4 期。

15. 汤维建:《关于建立我国个人破产程序制度的构想》(下),载《政法论坛(中国政法大学学报)》1995 年第 4 期。

16. 孙颖:《论我国个人破产法律制度的构建》,载《现代法学》2006 年第 3 期。

17. 陈夏红:《个人破产制度,如何防止沦为逃债工具》,载《民主与法制周刊》2019 年第 29 期。

18. 欧元捷:《论个人破产建构的中国逻辑——以破产与免债的界分为起点》,载《山东社会科学》2020 年第 3 期。

19. 徐阳光:《个人破产免责的理论基础与规范构建》,载《中国法学》2021 年第 4 期。

20. 余冬生:《个人破产欺诈规制的本土化路径》,载《西北师范大学学报(哲学社会科学版)》2022 年第 6 期。

21. 刘静:《起源与词源的双重困境——解析破产制度的历史误读》,载《西南民族大学学报(人文社科版)》2010 年第 3 期。

22. 文杰、张丽琴:《建立我国个人破产制度问题研究》,载《上海社会科学院学术季刊》2002 年第 3 期。

23. 汤维建:《关于建立我国个人破产制度的构想》(上),载《政法论坛(中国政法大学学报)》1995 年第 3 期。

24. 徐斌、李燕芳:《生产要素理论的主要学派与最新发展》,载《北京交通大学学报(社会科学版)》2006 年第 3 期。

25. 于立、王建林:《生产要素理论新论——兼论数据要素的共性和特性》,载《经济与管理研究》2020 年第 4 期。

26. 王克金:《权利冲突论——一个法律实证主义的分析》,载《法制与社会发展》2004 年第 2 期。

27. 张恒山:《权利与法律权利概念再辨析》,载《中外法学》2002 年第 4 期。

28. 夏勇:《权利哲学的基本问题》,载《法学研究》2004 年第 3 期。

29. 刘国利、谭正:《人文主义法学视野下的解决权利冲突的原则》,载《法律科学(西北政法学院学报)》2007 年第 4 期。

30. 夏海波:《数据权利边界之廓清》,载《上海法学研究》2020 年第 1 期。

31. 李海敏:《我国政府数据的法律属性与开放之道》,载《行政法学研究》2020 年第 6 期。

32. 韩喜平:《马克思的信用理论及我国信用制度的构建》,载《当代经济研究》2000 年第 7 期。

33. 马学荣:《论新时代个人信用制度的完善——基于个人破产制度的视角》,载《征信》2020 年第 9 期。

34. 于海斌.:《论个人破产制度——兼论个人信用体系之完善》,载《长白学刊》2012 年第 6 期。

35. 刘作翔:《权利冲突的几个理论问题》,载《中国法学》2002 年第 2 期。

36. 彭诚信、苏昊:《论权利冲突的规范本质及化解路径》,载《法制与社会发展》2019 年第 2 期。

37. 王克金:《权利冲突研究中需要进一步澄清的问题》,载《法制与社会发展》2010 年第 5 期。

38. 王锴:《基本权利冲突及其解决思路》,载《法学研究》2021 年第 6 期。

39. 李海平:《基本权利的国家保护:从客观价值到主观权利》,载《法学研究》2021 年第 4 期。

40. 胡杰:《论权力的义务性》,载《法学》2021 年第 10 期。

41. 殷慧芬:《个人破产立法的利益平衡机制探究》,载《山西省政法管理干部学院学报》2015 年第 4 期。

42. 柳建龙:《论基本权利冲突》,载《中外法学》2021 年第 6 期。

43. 陈国华:《重复博弈:走出信用建设“囚徒困境”必由之路》,载《浙江经济》2003 年第 8 期。

44. 陈征:《宪法中的禁止保护不足原则——兼与比例原则对比论证》,载《法学研究》2021 年第 4 期。

45. 张平华:《权利位阶论——关于权利冲突化解机制的初步探讨》,载《清华法学》2008 年第 1 期。

46. 聂晶:《社会治理视域下我国破产清偿民间习俗的价值探究》,载《河北法学》2020 年第 9 期。

47. 马敏:《商事裁判与商会——论晚清苏州商事纠纷的调处》,载《历史研究》1996 年第 1 期。

48. 张世慧:《清末商会与商号破产清理》,载《学术研究》2020 年第 7 期。

49. 王雪梅:《从商人对〈破产律〉的批评看清末的社会法律环境》,载《四川大学学报(哲学社会科学版)》2006 年第 2 期。

50. 蔡雄强、夏旭丽、郑拓、郑菲菲:《个人债务集中清理的实务难点与思考——以温州瓯海法院审结的李某个人债务集中清理案为视角》,载《人民司法》2020 年第 10 期。

51. 刘恒:《执行视角下的个人破产制度研究》,载《社会科学动态》2019 年第 5 期。

52. 雷运龙:《强制执行之基本定位》,载《民事程序法研究》2016 年 2 期。

53. 赵万一、高达:《论我国个人破产制度的构建》,载《法商研究》2014 年第 3 期。

54. 王卫国:《中国新破产法中的清偿顺序与破产责任》,载《中国法律》2006 年第 3 期。

55. 蒋大兴:《公司法改革的文化拘束》,载《中国法学》2021 年第 2 期。

56. 白田甜:《个人破产立法中的争议与抉择——以〈深圳经济特区个人破产条例〉为例》,载《中国人民大学学报》2021 年第 5 期。

57. 徐阳光:《个人破产立法的英国经验与启示》,载《法学杂志》2020 年第

7 期。

58. 殷慧芬:《美国破产法 2005 年修正案述评》,载《比较法研究》2007 年第 2 期。

59. 韩长印:《破产理念的立法演变与破产程序的驱动机制》,载《法律科学(西北政法学院学报)》2002 年第 4 期。

60. 王志诚:《清算型债务清理制度之解构——以消费者债务清理条例之清算机制为中心》,载《月旦法学杂志》2007 年第 150 期。

61. 杨共乐:《罗马"债务奴隶制"考略》,载《世界历史》1998 年第 1 期。

62. 徐国栋:《罗马破产法研究》,载《现代法学》2014 年第 1 期。

63. 马长山:《司法人工智能的重塑效应及其限度》,载《法学研究》2020 年第 4 期。

64. 易华勇、吕立志:《文化对国家治理的影响效应实证分析——基于文化价值倾向视角》,载《世界经济与政治论坛》2020 年第 3 期。

65. 李帅:《论我国个人破产制度的立法进路——以对个人破产"条件不成熟论"的批判而展开》,载《商业研究》2016 年第 3 期。

66. 陈云良、梁杰:《2005 年美国破产法修改与世界金融危机——兼论破产法的经济调节功能》,载《政治与法律》2011 年第 4 期。

67. 余应敏、刘帅:《控股股东股权质押乱象的危害及其治理:以乐视网为例》,载《财政监督》2019 年第 13 期。

68. 徐阳光、武诗敏:《个人破产立法的理论逻辑与现实进路》,载《中国人民大学学报》2021 年第 5 期。

69. 王斐民:《个人破产法的宪法维度》,载《中国法律评论》2020 年第 6 期。

70. 徐阳光、陈科林:《论个人破产立法中的自由财产制度》,载《东方论坛》2020 年第 3 期。

71. 苏素、望玉丽:《我国地区间公共福利基尼系数及其经济增长效应研究》,载《技术经济》2009 年第 11 期。

72. 陈夏红:《个人破产程序中教育贷款的免除困境与制度抉择》,载《清华法学》2021 年第 6 期。

73. 张永红:《英国个人破产案件的处理及启示》,载《人民司法》2020 年第 10 期。

74. 何旺翔:《德国个人破产制度及其思考》,载《江南大学学报(人文社会科学版)》2008 年第 6 期。

75. 熊杰:《个人破产救济程序的选择与建构》,载《人民司法》2020 年第 10 期。

76. 吴国平、马一:《征信法律制度的经济学分析》,载《广东社会科学》2011 年第 3 期。

77. 李晓安:《论信用的法权性质与权利归属》,载《法学论坛》2020 年第 2 期。

78. 刘静:《试论当代个人破产程序的结构性变迁》,载《西南民族大学学报(人文社会科学版)》2011 年第 4 期。

79. 李艺:《个人信用信息何以应由宪法保护?——一个制度论证的进路》,载《法大研究生》2020 年第 2 辑。

80. 沈岿:《社会信用体系建设的法治之道》,载《中国法学》2019 年第 5 期。

81. 杨丽珠:《中国儿童青少年人格发展与培养研究三十年》,载《心理发展与教育》2015 年第 1 期。

82. 何建奎、岳慧霞:《中国个人信用体系模式选择》,载《消费经济》2004 年第 3 期。

83. 齐爱民:《论个人信息的法律属性与构成要素》,载《情报理论与实践》2009 年第 10 期。

84. 孟融:《国家治理体系下社会信用体系建设的内在逻辑基调》,载《法制与社会发展》2020 年第 4 期。

四、学位论文类

1. 王之洲:《个人破产法制之比较研究:现代化改革、运作机理与滥用规制》,上海交通大学 2011 年硕士学位论文。

2. 文秀峰:《个人破产法律制度研究——兼论我国个人破产制度的构建》,

中国政法大学 2004 年博士学位论文。

3. 程春华:《破产救济研究》,西南政法大学 2005 年博士学位论文。

4. 黄九阳:《社区建设中多元治理机制研究——以上海彭浦晋城社区为例》,上海交通大学 2016 年硕士学位论文。

5. 李雪田:《我国反破产欺诈法律制度研究》,吉林大学 2010 年博士学位论文。

6. 吕曜均:《海峡两岸困境企业重整程序之比较研究》,中国政法大学 2008 年博士学位论文。

7. 岳丽萍:《台湾地区消费者债务清理制度研究》,厦门大学 2018 年硕士学位论文。

8. 宋娜拉:《论个人破产制度在我国的构建》,南京财经大学 2014 年硕士学位论文。

9. 殷慧芬:《消费者破产制度研究》,上海交通大学 2008 年博士学位论文。

五、报纸类

1. 胡志超:《"仰碗"——解放前鄂东南农村的"个人破产制度"》,载《人民法院报》2020 年 6 月 12 日,第 7 版。

2. 徐建新等:《先行先试积极探索　稳妥推进债务清理——浙江高院关于个人债务集中清理(类个人破产)工作情况的调研报告》,载《人民法院报》2020 年 12 月 24 日。

3. 徐阳光:《厘定不予受理规则,防止滥用个人破产程序——深圳首例不予受理个人破产申请案评析》,载《人民法院报》2021 年 7 月 16 日,第 2 版。

4. 刘贵祥:《个人破产制度全国铺开前还需"三步走"》,载《新京报》2022 年 3 月 11 日,A06 版。

六、中文网站类

1. 丁伯韬:《号外:个人破产——贾跃亭的救命稻草》,载搜狐网,https://www.sohu.com/a/401318530_805786,最后访问日期:2020 年 12 月 10 日。

2. 陈醇:《破产法学习:死亡哲学、变量观念与系统重要性权利》,载微信公众号“商法原理重述”2020 年 4 月 15 日,https://mp. weixin. qq. com/s/4IeUDeeN_fQyBG0d8BR-9w,最后访问日期:2021 年 12 月 10 日。

3. 陈夏红:《[看破]陈夏红:新官上任三把火,烧出个人破产潮》,载微信公众号“破产法快讯”2021 年 5 月 4 日,https://mp. weixin. qq. com/s/AJsQxWP8cE68Ive472rE5w。

4. 田季煌:《关于个人破产,波斯纳让我们思考什么》,载微信公众号“个人破产研讨”2022 年 1 月 19 日,https://mp. weixin. qq. com/s/Yp9c1S8hB-uGI5Lw5cieGg。

5. 郝铁川:《前沿|郝铁川:妇女被拐案的启示:人格权高于生存权》,载微信公众号“法学学术前沿”2022 年 2 月 12 日,https://mp. weixin. qq. com/s/2R00I9hu1a2PviXImF-u4g。

6. 焦艳鹏:《观点|焦艳鹏:生存权利的义务主体与主要类型》,载微信公众号“法学学术前沿”2022 年 3 月 2 日,https://mp. weixin. qq. com/s/OF16Pzkt743EQrpqUS15DQ。

7. 刘思良:《深圳个人破产条例实施半年,给债务人画个像》,载微信公众号“破产法快讯”2021 年 9 月 28 日,https://mp. weixin. qq. com/s/wP57GONk79roTiI－7z25jw。

8. 袁佩如、尚黎阳:《个人破产要来了吗? 李曙光:这是共同富裕的底层制度之一》,载微信公众号“中国财富管理 50 人论坛”2021 年 9 月 5 日,https://mp. weixin. qq. com/s/ugisxQnE_QzoSyCA0CmUGQ。

9. 陈夏红:《个人破产制度要做好“两手准备”》,载人民号 2019 年 8 月 16 日,https://mp. pdnews. cn/Pc/ArtInfoApi/article? id＝6515798。

七、中译论文类

1. [韩]权宁星:《基本权利的竞合与冲突》,韩大元译,载《外国法译评》1996 年第 4 期。

2. [美]乔治·阿克洛夫:《柠檬市场:质量的不确定性和市场机制》,载《经济导刊》2001 年第 6 期。

3. [德]马丁 · 阿伦斯:《德国自然人破产法改革》,李步先译,载《中德法学论坛》2016 年第 13 辑。

八、外文著作类

1. Thomas H. Jackson, Douglas Baird, *The Logic and Limits of Bankruptcy Law*, Harvard University Press, 1986.

2. Fletcher, *Law of Bankruptcy*, Macdonald & Evans, 1978.

3. Teresa A. Sullivan, Elizabeth Warren & Jay L. Westbrook, *As We Forgive Our Debtors: Bankruptcy and Consumer Credit in America*, Oxford University Press, 1989.

九、外文论文类

1. Robert J. Landry, Ⅲ, *Ten Years after Consumer Bankruptcy Reform in the nited States: A Decade of Diminishing Hope and Fairness*, Catholic University Law Review, Vol. 65(2016).

2. John C. Weistart, *The Costs of Bankruptcy*, Law and Contemporary Problems, Vol. 41(1977).

3. Eric Posner, *The Political Economy of the Bankruptcy Reform Act of* 1978, Michigan Law Review, Vol. 96(1997).

4. Todd J. Zywicki, *The Past, Present, and Future of Bankruptcy Law in America*, Michigan Law Review, Vol. 101(2016).

5. Jeremy Berkowitz & Michelle White, *Bankruptcy and Small Firms' Access to Credit*, The RAND Journal of Economics, Vol. 35(2004).

6. John Armour, *Personal Insolvency Law and the Demand for Venture Capital*, European Business Organization Law Review, Vol. 5(2004).

7. Yongwook Paik, *The Bankruptcy Reform Act of* 2005 *and Entrepreneurial Activity*, Journal of Economics & Management Strategy, Vol. 22(2013).

8. David K. Musto, *What Happens When Information Leaves a Market? Evidence from Post Bankruptcy Consumers*, Journal of Busines, Vol. 77(2004).

9. Michelle White, *Bankruptcy and Consumer Behavior*, Theory and US Evidence, Vol. 7(2006).

10. Louis Edward Levinthal, *The Early History of English Bankruptcy*, University of Pennsylvania Law Review and American Law Register, Vol. 67 (1919).

11. Tal Gross et al., *The Economic Consequences of Bankruptcy Reform*, American Economic Review, Vol. 111(2021).

12. Ulf von Lilienfeld-Toal, Dilip Mookherjee, *A General Equilibrium Analysis of Personal Bankruptcy Law*, Economica, Vol. 83(2016).

13. Régis Blazy et al., *Personal Bankruptcy Law*, Fresh Start and Judicial Practice, Vol. 21(2011).

14. Frank M. Fossen, *Personal Bankruptcy Law, Wealth, and Entrepreneurship—Evidence from the Introduction of a "Fresh Start" Policy*, American Law and Economics Review, Vol. 16(2014).

15. Wei Fan, Michelle J. White, *Personal Bankruptcy and the Level of Entrepreneurial Activity*, The Journal of Law and Economics, Vol. 46(2003).

16. Iain Ramsay, *Comparative Consumer Bankruptcy*, University of Illinois Law Review, Vol. 74(2007).

17. Nathalie Martin, *The Role of History and Culture in Developing Bankruptcy and Insolvency Systems: The Perils of Legal Transplantation*, Boston College International and Comparative Law Review, Vol. 28(2005).

18. Jason J. Kilborn, *Reflections of the World Bank's Report on the Treatment of the Insolvency of Natural Persons in the Newest Consumer Bankruptcy Laws: Colombia, Italy, Ireland*, Pace International Law Review, Vol. 27(2015).

19. Michael Hettinger, *Goltdammers Archiv für Strafrecht*, R. V. Decker, Vol. 103(1981).

20. Charles J. Tabb, *Lessons from the Globalization of Consumer Bankruptcy*, Law and Social Inquiry, Vol. 30(2005).

21. Soogeun Oh, *Personal Bankruptcy in Korea: Challenges and Response*, Theoretical Inquiries in Law, Vol. 7(2006).

22. Alan Schwartz, *A Contract Theory Approach to Business Bankruptcy*, Yale Law Journal in Law, Vol. 107(1998).

23. Thomas H. Jackson, *The Fresh-Start Policy in Bankruptcy Law*, Harvard Law Review, Vol. 98(1985).

24. Jason J. Kilborn, La Responsabilisation De L'Econoic, *What The United States Can Learn from the New French Law on Consumer Over-indebtedness*, Michigan Journal of International Law, Vol. 26(2005).

25. Susanne Braun, *German Insolvency Act: Special Provisions of Consumer Insolvency Proceedings and the Discharge of Residual Debts*, German Law Journal, Vol. 7(2006).

十、外文网站类

1. Elizebath Warren, *Fixing Our Bankruptcy System to Give People a Second Chance*, Senator Elizebath Warren's official website (7 January 2020), https://elizabethwarren.com/plans/bankruptcy-reform, last visited at September 3, 2021.

2. *Annual Business and Non-business Filings by Year* (1980 – 2021), https://abi-org.s3.amazonaws.com/Newsroom/Bankruptcy_Statistics/Total-Business-Consumer1980–Present.pdf, last visited at September 13, 2021.

3. Lorraine Conway, *Discharge from Bankruptcy*, https://commonslibrary.parliament.uk/research-briefings/sn03043/, last visited at May 20, 2021.

后　记

《个人破产的权利冲突与衡平》一书是在我博士学位论文基础上修改而成的。我原是厦门市中级人民法院的一名法官，从事经济审判工作多年，当事人的争吵对峙让我深刻体会到破产审判中多方利益博弈的激烈及利益平衡的重要，并进一步思考如何发挥法律的价值再造功能，促成多方共赢。真正让我关注个人破产的话题，是从接触破产企业家开始的。聆听破产企业家讲述他们创业失败后经历的挫折、困顿、烦恼、抑郁，以及生无可恋的经历，更让我觉得应该有一个让他们恢复生活常态的良善机制，这个机制可以让各方的冲突达到平衡状态。

本书从选题到最终定稿花费了5年时间，从经济学和法理学角度对个人破产法进行探索是一个富有挑战的命题。有趣的是，此事的发端却只是源于一场茶馆里的闲聊。我一个学经济的朋友坚定地认为，一切法律都有其经济价值，目的都是为了实现社会财富的最大化，或者说，就是为了以最少的社会消耗组织我们的社会生产。这是一场法学学者与经济学学者的战斗。我难以接受的是，我们法律人追求的正义，居然是可以用金钱衡量的！然而，随着争论的深入，我们逐渐聚焦破产制度,进而锁定在个人破产制度上。我们讨论了为什么要有个人破产,个人破产的功能是什么,个人破产与经济发展的关系是什么,个人破产和企业破产最大的差别是什么,建立个人破产制度的推动力是什么,为什么要有免责制度,免责的范围应当如何确定,自由财产如何确定更合理,失权的边界和复权条件如何界定,如何才能让债务人真正地“重生”……

这些围绕个人破产的十万个为什么的争论,让我发现,从经济学角度审视个人破产的底层逻辑,可以发现制度背后强大的推动力,以生产要素理论为基础,解构个人破产具有其合理性。本书试图挖掘个人破产与生产要素之间的关联性,从生产要素理论对个人破产权利冲突的衡平进行解构。写作过程实际是一场法学学者和经济学学者的对话过程。特别是讨论到贾某亭案件时,我们终于对建立劳动力价值估值机制的必要性达成共识,也让我坚信后续这一理论的延展空间,书中许多观点得益于多轮探讨得出的结论。

本书在审稿过程中,恰逢“中国破产法论坛:营商环境优化与办理破产数智化专题研讨会”在杭州富阳举办,受主办方邀请,我就个人破产的专题进行了专题演讲,引起热烈的反响。苏州市姑苏区人民检察院检察长《环境公益债权在破产程序中的清偿顺位和实现路径》的主题演讲,对于环境公益债权在破产程序中实现的困境,以及其在破产程序中的顺位考量和环境公益债权在破产程序中的保护路径等鞭辟入里的分析,也让我看到了生产要素理论和权利冲突理论在破产法中进一步应用的空间。因此,我也十分期待本书能抛砖引玉,特别是书中一些纯属个人的创新观点、私见,能够在实践中进一步接受检验,并不断得以完善。

感谢本书写作过程中来自各方的帮助和支持。

恩师华东政法大学李伟群教授平日对我们十分宽厚、亲和,但学术风格却十分严谨和审慎,对本书的论证和架构等关键章节严格把关,力求精益求精。在指导本书的写作过程中,考虑个人破产并非其专长,他特地向我推荐了在破产法领域很有建树的上海交通大学凯原法学院韩长印教授和华东政法大学杨忠孝教授。为此,我特地专访了两位教授。两位专家的指导,使我对本书的写作有了一个更深一层的、新的思考方向,之后对于一些重要观点的形成也可谓大有裨益。韩长印教授提出了个人破产应当关注商主体破产和消费者破产的差异以及债务人社会性死亡的问题，并在实操过程中关注如何解决旺盛的破产需求与破产法官稀缺的问题，进一步解答了我的疑惑。特别要感谢杨忠孝教授，本书几易其稿，杨忠孝教授多次进行指导和把关，提出了研究应当有更广泛的问题面向以及针对如何将生产要素理论贯穿个人破产的各个制度中提出有创新性的观点，本书最终成稿有赖杨忠孝教授的批评和指正。

华东政法大学国际金融法律学院院长贺小勇教授以国际法和金融法的广博视野，把本书的研究提升到了系统性与理论性的高度。河南大学法学院名誉院长、华东政法大学特聘教授郝铁川老师从法理学角度对本书进行了批评和指正。厦门大学法学院王兰教授对书稿出谋划策，进行精准指导；厦门大学法学院、新闻传播学院双聘教授郑金雄老师从法理学和传播学的角度为书稿深化主题画龙点睛。一路走来，要感谢的人实在太多。感谢攻读博士期间引领我们不断前行的顾功耘教授、吴弘教授、罗培新教授、肖国兴教授、钱玉林教授、胡改蓉教授等诸位老师。

感谢实务界同行的支持。浙江省法院的个人债务清理一直走在全国法院的前端。在本书写作过程中我进行了田野调查与访谈，得到浙江省杭州市中级人民法院毛煜焕副院长、浙江省高级人民法院从事破产审判多年的鞠海亭法官、台州市中级人民法院破产庭庭长钱为民等的大力支持。在浙江省杭州市富阳区人民法院进行实地调研中，与吴建锋副院长、方新平庭长、黄赛琼庭长等就富阳法院在办理个人债务清理的难点、痛点进行了热烈讨论。通过这些走访，我认识到个人破产最难的就是给“债务人进行精准画像”，以及经济发展模式不同导致的个人破产在具体适用过程中的问题和方法必然有不同的思路。

非常感谢中国人民大学王欣新教授、徐阳光教授的厚爱和法律出版社沈小英分社长的支持，将本书纳入《破产法文库》。本书的出版过程，更让我了解了编辑的不易，感谢编辑对书稿规范性的要求，不仅让我认识到了中国文字的博大精深，也折服于他们的认真、细致。

最后，感谢默默支持我的家人和朋友，当我面对满屋的论文和书籍，挥汗如雨，百折不挠地苦思冥想时，你们是我最大的底气。

谨以本书献给我亲爱的父亲、母亲。